MARRIAGE

# 幸福守护

韩宇
杜钘格
著

## 婚姻家庭财富管理密码

让父母懂传承，让爱人知关爱　　让子女晓独立，让自己明风险



中国法制出版社
CHINA LEGAL PUBLISHING HOUSE

# 推荐序

婚姻家事法律规定，是民事法律的重要组成部分；婚姻家事业务，亦是律师执业中最传统的业务领域。从法学院毕业到律师执业，多数人的执业路径一般是先广后专，经过执业初期的摸索和锻炼，逐渐专注于自己适合和擅长的领域。我执教三十多年，课堂上给一批批学生讲授专业知识，也见证了一代代学生的成长蜕变。随着经济的快速发展和社会观念的变迁，民众对于婚姻家事法规的关注度不断提升，这种社会氛围已然影响到在校求学的大学生们。作为授课老师，能够首先感受到学生们学习婚姻家事法律的热情，欣慰之时，更希望学生们通过学习夯实自己的婚姻家事法学理论基础，也希望他们树立正确的婚姻家庭观念，利用自己之所学，发挥知识专长，成人达己。

婚姻法律业务，被不少人理解为“离婚业务”，这种认识失之偏颇。伴随社会、经济的发展，个人、家庭财产的增加，积累的财富如何管理和传承，更引人思考。为回应此社会需求，婚姻家事业务逐步拓展为婚前辅导、家庭/家族财富规划、家族企业传承、离婚纠纷处理等多项业务的综合，且与公司治理、投资安排等商事业务密切相关，体现了婚姻家事与商事的深度融合。在此背景下，对于该领域执业律师的法学素养、知识广度、沟通能力以及业务技能均提出更高的要求。近年来，财富管理律师作为律师执业的新兴领域发展迅猛，以律师为主导的财富管理团队和家族办公室也如雨后春笋般涌现。

从事财富管理领域的律师，与其他执业领域相比，更需要直接参与客户的婚姻、家庭乃至家族事务的规划之中，对客户的了解越深入，为其制订的方案越合适。这项工作特点对于律师颇具挑战，在与客户的接触沟通中，交流方式必须通俗而又不失专业，需用客户听得懂的语言，解释风险和方案背后的法律原理，尤其要避免通篇“法言法语”。这其实并不容易做到，毕竟四年或七年的法学教育已然使“法言法语”成为法科生的语言习惯。

一个月前受杜钘格律师的委托，希望我为她和韩宇律师所著《守护幸福：婚姻家庭财富管理密码》一书作序。杜钘格于2004年入学，就读于我任教的中南财经政法大学法学专业，她是我婚姻家庭与继承法学课堂的学生，至今仍记得每节课她都与几位同学结伴坐在前排认真听讲的样子，也记得她讲述惊心动魄的“旧图自习室”占座位的情形。我目睹了她在校学习的过程，见证了她一步步的成长。她硕士研究生毕业走上工作岗位之后，常与我联系，依然是那么勤奋好学，做事一丝不苟。杜钘格律师目前从事的主要业务领域正是财富管理，与韩宇律师一同为众多私人和家庭提供法税规划、财富管理和传承以及相关的争议解决服务。

《守护幸福：婚姻家庭财富管理密码》一书由韩宇和杜钘格两位律师合著，内容涵盖婚前、婚后协议签订，离婚纠纷的处理，以及子女抚养等各个阶段的常见法律问题，每个章节的各个部分均用案例引出问题，然后深入浅出予以分析解答，并结合案例涉及的风险点提出应对的建议，内容翔实且专业。全书案例丰富，文风通俗生动又不失严谨，是一部难得的普法佳作。承蒙两位律师信任，先读该书，颇为欣喜，是以为序。

中国法学会婚姻家庭法学研究会 理事

湖北省法学会婚姻家庭法学研究会副会长

中南财经政法大学法学院 副教授

孟令志

2021 年 6 月 5 日

# 前言：重新认识婚姻

“知足不辱，知止不殆，可以长久。”

——《道德经》

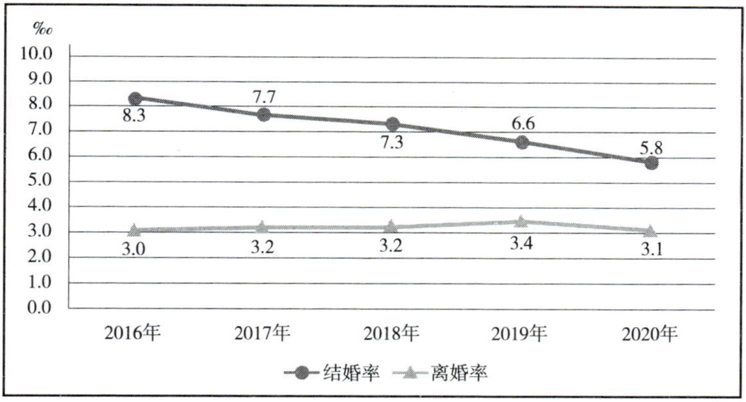


**大数据：中国离婚率数据统计走势图（2016-2020 年）**

从上述走势图可以看出，近几年来，我国结婚率呈逐年下降的趋势，离婚率总体较为平稳。2020 年全年依法办理结婚登记 814.3 万对，比上年下降 12.2%；依法办理离婚手续 433.9 万对，比上年下降 7.7%。[①]

① 《2020 年民政事业发展统计公报》，载于 https://images3.mca.gov.cn/www2017/file/202109/1631265147970.pdf，2022 年 6 月 20 日最后访问。

年少时读叔本华的《建议与箴言》，对书中一句话始终耿耿于怀：“坦白说吧，无论友谊多么深厚，爱情婚姻关系多么亲密，最终，一个人还是只能指望他自己。”友谊如此美好，爱情如此伟大，为什么叔本华如此悲观呢？

在踏入律师行业，继而又阴差阳错地步入财富管理领域，见了形形色色的当事人后，我渐渐地对叔本华的这句话有了更多理解和体会。这世间何谓永恒？是爱情还是亲情？是金钱还是名利？做财富管理律师多年，看过太多的悲欢离合，见过太多的起高楼、宴宾客、楼塌了。人生一世，恩爱者有之，怨恨者有之，不平者有之，不争者亦有之。不只是幸与不幸，因为职业和工作的原因，笔者对于婚姻与财富的关系，渐渐有了三点感悟：

**1. 坚实而温暖的感情，需要双方共同呵护。**

**2. 你永远无法挽回一个不在乎你的人。**

**3. 法典只能保护财产，无法保护爱情。**

爱情需要经营，财产也需要保护。如果你不清楚如何保护好财富，一旦感情破裂，可能会痛上加痛。

书中所收案例，部分改编自人民法院的裁判文书，部分是以“张男”和“丁女”为主角编写的法律小故事。笔者试图通过一个个生动的案例，帮助读者从法律的视角了解爱情与婚姻的差别，明晰我国婚姻家庭法关于夫妻财产的法律设计的底层逻辑，进而破解“民法典时代”婚姻与爱情的财富密码，从而找到一条真正适合自己的幸福之道。

祝各位不但能寻找到好的婚姻，还能守护住生活的财富。

# 目 录

CONTENTS

## 结婚篇

## 离婚篇

## 子女抚养篇

## 财富保卫篇

# 结婚篇

# 第一章　结婚有门道——婚前那些事儿

## 第一节　婚前同居

### 同居多年构成事实婚姻吗

时代在发展，观念也在改变。

关于“没有结婚就住在一起”这个问题，笔者特意询问父母辈的人怎么看，答案出奇一致：“没结婚，当然不能住一起！”这应当是二十世纪五六十年代生人的代表性观点。而对当下的年轻人来说，已有越来越多的人不认可这种观念，反而认为，为了更好地了解彼此，婚前同居是非常必要的，只有经过一段时间的共同生活，以及生活中的观察、磨合，才能更准确地感知是否真的适合与对方步入婚姻殿堂。加上现代社会结婚年龄的普遍推迟、生活压力大等因素，婚前同居也可以为努力打拼的年轻情侣们降低生活成本、增加情感支持。

早在 2015 年，中国妇联发布的《中国幸福婚姻家庭调查报告》就显示，受观念的影响，婚前同居比例也在逐年提升。其中，70 后有 44.4% 的婚前同居者，80 后和 90 后的比例分别为 59.6% 和 57.8%[①]。

---

①　人民日报微信公众号：《幸福婚姻家庭调查结果：有房有车重要吗？》，载于 https://mp.weixin.qq.com/s/JKCPrue0nEt8VS8xxnDS-Q，2022 年 6 月 20 日最后访问。

那么问题来了，同居关系，这种处于普通恋爱关系之上、未达婚姻关系的状态，在法律上究竟是如何认定的？我们先来看一则案例。

### 案例 1-1-1[①]

郭某与史某于 1990 年举办结婚仪式并同居生活，双方一直没有在当地民政部门办理结婚登记手续。后来两人生育两子一女，现均已成年。郭某与史某同居生活期间，因生活琐事有时生气打架。于是，郭某先后于 2019 年 4 月和 2020 年 4 月两次向法院提起诉讼，要求离婚。

两次起诉离婚，法院均判决二人不准离婚。

原因是，虽然郭某与史某没有办理结婚登记，但双方早在 1990 年就开始以夫妻名义同居生活，并生育两子一女，因此郭某与史某之间的关系已经形成事实婚姻，法院对他们的婚姻关系予以确认。

对于是否准予离婚的问题，法院经审理后，认为郭某与史某维系夫妻关系的感情基础依然存在，和好仍有一线希望，以判决不准离婚为宜。最终，两次离婚诉讼，法院都判决不准离婚。

在这个案例中，当事人没有办理结婚登记，但同居时均已符合结婚的条件，因此，法院将二人的关系认定为事实婚姻。既然是事实婚姻，那就意味着，即便没有结婚证，双方仍存在法律承

① 审理法院：商水县人民法院，两次诉讼的案号：（2019）豫 1623 民初 2073 号、（2020）豫 1623 民初 1187 号。

认的婚姻关系，和有结婚证的夫妻没有什么区别。

但是，要知道并不是所有的同居关系都会被认定为事实婚姻!

没有办理结婚登记而以夫妻名义共同生活的男女，判断他们是否构成事实婚姻，要把握一个时间节点：

1. 1994 年 2 月 1 日民政部《婚姻登记管理条例》公布实施以前，男女双方已经符合结婚实质要件的，按事实婚姻处理。

符合结婚实质要件，也就是说男女双方都要达到法定婚龄，男方满22周岁，女方满20周岁；双方之间没有禁止结婚的亲属关系（直系血亲或者三代以内的旁系血亲）；同时，双方也不是重婚。

2. 1994 年 2 月 1 日民政部《婚姻登记管理条例》公布实施以后，男女双方符合结婚实质要件，如果到法院起诉离婚，应当先补办结婚登记；没有补办结婚登记的，法院不会认可他们是夫妻关系，对于他们的“离婚诉求”，法院将按解除同居关系处理[①]。

以此推算，也就是说，男方在 1972 年 2 月 1 日前出生，女方在 1974 年 2 月 1 日前出生，才有可能构成事实婚姻。在此之后出生的人，即便以夫妻名义共同生活很多年，哪怕生育了子女，只要没有依法办理结婚登记，就不会构成事实婚姻，而只能被定性

① 参见《最高人民法院关于适用〈中华人民共和国民法典〉婚姻家庭编的解释（一）》第七条，未依据民法典第一千零四十九条规定办理结婚登记而以夫妻名义共同生活的男女，提起诉讼要求离婚的，应当区别对待：（一）1994 年 2 月 1 日民政部《婚姻登记管理条例》公布实施以前，男女双方已经符合结婚实质要件的，按事实婚姻处理。（二）1994 年 2 月 1 日民政部《婚姻登记管理条例》公布实施以后，男女双方符合结婚实质要件的，人民法院应当告知其补办结婚登记。未补办结婚登记的，依据本解释第三条规定处理。第三条，当事人提起诉讼仅请求解除同居关系的，人民法院不予受理；已经受理的，裁定驳回起诉。

为同居关系。

一旦被定性为同居关系，对财产分割会有两大影响：

一是，双方不具备配偶身份，那么就不是彼此的法定继承人，即便共同生活多年，对另一方的财产也没有继承权；顶多以对被继承人扶养照顾较多为由，要求分给适当的遗产[①]。

二是，既然双方不是夫妻关系，我国法律关于夫妻之间婚后收入共同所有的规定，在他们身上就不能适用，因此很可能会出现共同生活了多年，也为创造财富出了很多力，但最后分手时却分不到多少财产的情况。为什么会这样，我们接下来详细分析。

## 同居关系结束时，财产如何分割

现实生活中，两个人同居生活，收入和各项财产免不了经常往来，甚至干脆混同在一起，又或者是二人共同出资买房买车。如果二人没有走入婚姻而面临分手，这些财产该怎么分呢？

首先，关于同居财产的分割问题，男女双方先行协商处理。

结束同居关系，也可以理解为恋爱分手，细数同居期间二人的财产，哪些归你，哪些归我，只要能够协商一致，就按协商结果处理。这也是我们最为推荐的方式，和平分手，好聚好散。

其次，如果协商不成，则通过法院诉讼解决。

① 参见《民法典》第一千一百三十一条，对继承人以外的依靠被继承人扶养的人，或者继承人以外的对被继承人扶养较多的人，可以分给适当的遗产。

同居关系解除时，法院对于同居生活期间双方共同所得的收入和购置的财产，按一般共有财产处理。

问题是，法院按一般共有财产会怎么处理？我们结合以下案例进行分析。

## 案例 1-1-2

张男和丁女从 2015 年开始就以夫妻名义同居生活，两人都有自己的收入，平时的工资、奖金以及其他收入都放在自己的银行卡上；日常吃饭购物等消费，谁方便付钱就由谁付，并没记账；二人也时常互赠礼物；另外，共同生活期间，张男出资 20 万元，丁女出资 8 万元购置了一辆轿车。两人还共同经营一家咖啡店，为了咖啡店的装修，张男以自己的名义借款 30 万元。后来二人分手，结束了同居关系。

关于财产的分割，张男和丁女达不成一致意见，最后诉请法院解决，那么法院审理后会怎么处理呢？

一般情况下，对于同居期间的不同财产，法院会按以下原则处理：

1. 钱在谁的银行卡上，就是谁的

如果张男说丁女卡上有十万块钱是张男的，那么需要张男拿出证据来，比如借条或张男委托丁女保管（或购买理财产品）的协议，以及相应的转账记录等证据。

反之，若没有证据，是谁的银行卡，卡上的钱就是谁的。

2. 轿车登记在谁名下，首先推定车属于该被登记人，除非另一方拿出自己出资的证据

双方同居期间购买车辆，登记在张男名下，从登记上看，这辆车是张男的。

如果丁女也出钱了，那就需要丁女拿出购买车辆时自己出资的证据，比如转账给车行的流水记录，或者在购车前夕将资金转给张男的记录，当然这个转账记录最好备注是“购车资金”；如果没有备注，并不能明确证明这笔钱转给张男是用来买车的；同时，丁女最好再提交一些买车前后能够反映二人共同出资购车的聊天记录等此类证据，才能实现证明自己也有出资的目的。

有了这些证据，就可以要求按照出资比例来分割财产。如果张男要车，那么张男需要按比例拿出资金补偿给丁女；如果把车卖了，二人按照出资比例共同分割卖车款。

因此，在同居期间若要购置汽车等大宗财产，为避免纠纷，双方最好对彼此享有的份额进行约定，或者保存好自己的出资证据，出资时注意备注资金用途，日常关于大额出资的聊天记录也要注意保存。

3. 同居生活前或同居期间，自愿赠给对方的一般财物，不能要求返还

比如，张男和丁女两人恋爱期间时常互赠衣服、包包、手机之类的礼物。在各种节日、纪念日也常常发红包表达爱意。

一般来说，这类物品以及金额为 520、1314 之类的红包，就

是为了取悦对方、增进感情的，并不附加结婚的目的，一旦实际交付给对方，就意味着赠与完成了，不能再反悔要回来。

也就意味着分手时，如果张男或丁女要求对方返还所赠的包包、手机等礼物，法院一般不会支持。

4. 以结婚为目的赠与的财物，结束同居关系时可以要求返还

如果二人同居期间，张男给丁女购买了结婚钻戒；或者张男出资买了一辆车登记在丁女名下，并且明确告知这辆车是为结婚准备的；又或者张男向丁女转账 50 万元，并且备注说是婚房购房款。

以上情形中张男赠给丁女的钻戒、汽车和 50 万元资金，附加了结婚的目的，这在法律上叫作**附条件的赠与**，条件就是结婚。现在二人要分手，结婚目的没有实现，那么张男可以要求丁女返还所赠的这些财物。

5. 两人共同经营咖啡店的收益，归共同所有

张男和丁女同居期间共同创业，合伙开店、开公司等，通过这些创业项目取得的收入也属于二人的共同财产。

那么二人应如何分这些收入呢？

若创业前签了协议，就按协议分；如果没有签协议，意味着收入混同在了一起，接下来就是要收集证据证明自己参与了创业、分担了工作、贡献了力量，才能最大限度地要求分割创业收入。

尤其需要注意的情形是，实际上是二人共同创业，但在工商登记时只登记了张男是个体工商户的经营者，或者公司股东登记、公司章程等材料中无法显示丁女的出资信息，那么从登记上看这

个创业主体（咖啡店）就是张男个人的了，与丁女无关。丁女要想分割咖啡店的经营收益，必须提交充分的证据才行。

在这些证据中，最直接、最重要的证据，无疑是他们二人关于共同创业的书面协议。

因此，结婚前共同创业或者共同购置大件资产时，建议签订书面协议，明确份额和收益分配方式，避免万一发生纠纷分割财产时陷入被动。

6. 同居期间为共同生产、生活而形成的债务，可按共同债务处理

一般来说，不具备婚姻关系的男女二人，各自对自己所负的债务承担偿还责任；但当债务是为二人同居期间共同生产、生活而形成的，可按共同债务处理。具体到本案中，若二人确认或者有证据证明咖啡店是共同经营，那么，为装修咖啡店，张男以自己名义借的 30 万元，实际上是张男和丁女的共同债务，需要他们共同偿还。

7. 照顾弱势一方

解除同居关系时，如果一方在共同生活期间患有严重疾病未治愈，分割财产应予以适当照顾，或者由另一方一次性给予经济帮助。具体分割财产时，法院也会考虑照顾女方、儿童的利益。

接下来我们看一则同居关系析产纠纷的法院判例，在这则案例中，结束同居关系时，女方因为证据不足分到的财产很少，其中的经验教训值得思考。

## 案例 1-1-3[①]

女方虞某和男方王某同居生活十余年，后来感情破裂结束同居关系，因财产分割问题产生纠纷，女方起诉到法院，要求法院依法分割二人同居期间的财产和债权债务。

女方提出的诉讼请求如下：

（1）平均分割某处房产，每人 50% 份额；

（2）平均分割某食品公司股权，每人 50%；

（3）平均分割放在家里的现金 122 万元，每人 61 万元；

（4）平均分割两座浮码头，价值 21.1 万元，每人 10.55 万元；

（5）以男方名义在外有 14 万元债权，是二人的共同债权，男方应补偿女方 7 万元；

（6）以女方名义欠债 21.5 万元，是二人共同债务，男方需要承担 10.75 万元。

关于这些财产的分割，法院通过分析双方提交的各项证据，认定如下：

根据《最高人民法院关于人民法院审理未办结婚登记而以夫妻名义同居生活案件的若干意见》（现已失效）第十条规定“解除非法同居关系时，同居生活期间双方共同所得的收入和购置的财产，按一般共有财产处理……”故对于同居期间一方名下的财产，主张共有的一方应举证证明其与对方共同购置或共同经营所得。

① 一审审理法院：舟山市普陀区人民法院，案号：（2018）浙 0903 民初 2065 号；二审审理法院：舟山市中级人民法院，案号：（2019）浙 09 民终 197 号。

【关于房产】本案中的房产购买于双方同居之前，并且产权登记在男方名下，故该房屋是男方的个人财产。关于房屋合买协议，男方称是双方为规避法院执行而签订的，且协议中女方出资的 318000 元也无具体的款项支付凭证，故认为男方的说法较为可信，对该房屋合买协议不予确认。

【关于公司股权】食品公司是由男方和案外人王某出资设立，女方主张分割食品公司的股份，但其未提供证据证明其对公司股份也有出资的事实。女方提供的合作经营协议表明，其与食品公司之间是合作关系，并非与男方或王某是合作关系，故对女方要求分割食品公司股份的主张不予支持。

【关于家中现金】关于女方要求分割现金的主张，根据现已查明的事实，该部分现金为男方存放于家中，女方没有证据证明该现金是其工作或经营所得，因此不能认定为双方的共同财产。

【关于浮码头】女方所称的浮码头，是男方从他人处购得，女方未提供证据证明为购买该两座浮码头出过资，故上述浮码头是男方的个人财产。

【关于债权】关于共同债权问题，女方提供的证据中已载明债权人为男方，故女方主张是双方共同债权欠缺事实依据。

【关于债务】关于共同债务问题，女方提供的证据不能证明是双方为共同生活而举债，且债务的形式及实质要件均不具备，故对该诉请亦不支持。

女方与男方同居生活了十余年，女方为男方的生活和生意经营也付出了很多。在共同生活中，面对债务纠纷，双方存在为规避法院执行而采取的一些举措，导致部分事实真伪不明，从证据的角度看，或多或少存在对女方不利的情形。同时，女方自称身患重病，感情的破裂对其身心造成了一定影响。综合上述情况，为减少当事人讼累、合理平衡双方当事人的利益、妥善化解纠纷，酌情确定男方补偿女方25万元。

女方不服，提出上诉，经审理后，二审法院驳回上诉，维持原判。

在此案件中，正如法院在判决中所说的那样，男女双方同居生活了十余年，女方为男方的生活和生意经营确实付出了很多。实际生活中，相信他们二人的各项收入和财产大概率也混同在了一起，无法明确区分，但二人产生纠纷要分财产时，从判决结果来看，无论是房产、公司股权、浮码头还是现金等财产，均判给了男方，主要原因在于这些财产要么登记在男方名下，要么由男方实际出资。

反观女方这边，房产登记、公司股权都没有女方的名字，女方也拿不出充分的证据证明自己出了资。若不打官司，按照双方商量的结果分割就行；若打官司，看的就是证据。女方败诉，关键就输在了证据上。

因此，借助本案再次提醒：

1. 同居生活期间共同经营或共同购置大宗财产，涉及财产登记的，最好同时登记双方的名字，并签订书面协议约定好各自的份额；

2. 对于各项出资，要保留好证据，以证明自己确实有出资；

3. 对于债权债务，如果是以一个人的名义对外负债或享有债权，但实际上归两人共有的，也要有书面协议或明确的聊天记录等证据，来证明债务是二人的共同负债、债权是二人的共有债权。

## 同居关系结束时，子女的抚养问题

我国《民法典》[①]规定，非婚生子女享有与婚生子女同等的权利，任何组织或者个人不得加以危害和歧视。

同居期间生育子女的，结束同居关系时，子女由谁抚养、抚养费如何分担、不直接抚养子女的一方如何探望子女，这些问题首先由双方协商，若能取得一致意见，双方按照协商结果履行即可。

协商不成交由法院裁决的话，法院会根据有利于子女身心健康，保障子女的合法权益的原则，结合父母双方的具体情况进行判决。这点和离婚案件中处理子女抚养问题的原则是一致的。具体我们在本书第五章第一节展开分析。

① 为便于表述，本书中法律文件名称中起始的“中华人民共和国”均予以省略。

## 本节总结

**婚前同居**

- **同居多年构成事实婚姻吗**

  1. 1994年2月1日民政部《婚姻登记管理条例》公布实施以前，男女双方已经符合结婚实质要件的，按事实婚姻处理
  2. 1994年2月1日民政部《婚姻登记管理条例》公布实施以后，男女双方符合结婚实质要件的，人民法院应当告知其补办结婚登记；没有补办的，法院按解除同居关系处理

- **同居关系结束时，财产如何分割**

  1. 先协商，协商不成再考虑诉讼
  2. 诉讼中法院的处理原则一般如下：
     a. 同居期间双方共同所得的收入和购置的财产，按一般共有财产处理
     b. 财产在谁名下，首先推定是谁的，除非另一方有相反证据
     c. 有证据证明双方出资比例的，双方对共有财产按出资比例享有
     d. 自愿赠给一方的不附加结婚目的的财物，不能要求返还
     e. 以结婚为目的赠给对方的大额财物，可以要求返还
     f. 同居期间为共同生产、生活而形成的债务，可按共同债务处理
     g. 解除同居关系时，若一方在共同生活期间患有严重疾病未治愈，分割财产时应予适当照顾
     h. 解除同居关系，分割财产时法院也会考虑照顾女方、儿童的利益
     i. 同居关系中共同创业或共同出资购置大件财产的，建议签订书面协议

- **同居关系结束时，子女的抚养问题**

  1. 非婚生子女享有和婚生子女同等的权利
  2. 男女双方解除同居关系时，子女抚养问题先双方协商，若协商不成，法院根据有利于子女原则，结合父母双方的具体情况进行判决

## 第二节　彩礼和嫁妆

### 彩礼归谁所有

现阶段我国很多地区仍然普遍存在婚前给彩礼的社会现象，尤其在一些经济不太发达的地区，是一种约定俗成的习惯。虽然各地以及各家庭对彩礼金额的要求不尽相同，但普遍来看，相对于当地的生活水平，彩礼数额还是比较大的，甚至存在为了凑彩礼而不得不全家举债的情况。

那么，男方或其家庭向女方支付的彩礼到底归谁，是女方的个人财产，还是夫妻二人的共同财产？

**案例 1-2-1**

张男和丁女打算结婚，双方家庭商定，张男给丁女 100 万元彩礼。

这 100 万元是丁女的个人财产，还是丁女和张男的夫妻共同财产？

实践中，彩礼的给付往往不是婚姻当事人双方的事情，而涉及两方家庭。很多时候男方个人无力支付彩礼，而由男方父母或者兄姐来给付；收彩礼的一方，由于各地习俗不同，有的会将彩礼给女方父母，有的会直接给女方个人。现实生活中，更多的情形是男方将彩礼给女方父母，由女方父母实际取得。

因此，上述案例中，彩礼的归属情形如下：

1. 如果张男或其家庭将100万元彩礼给了丁女的父母，那么就归丁女父母所有；

2. 如果张男或其家庭将100万元彩礼直接给了丁女，由丁女取得，那么这100万元就是丁女的个人财产。

可能有人会问，彩礼为什么不是丁女和张男的共同财产？这是因为彩礼本身是男方为实现与女方结婚的目的，而在结婚之前给女方或女方家庭的。已经给出去的财物，自然不再属于男方所有。

生活中，男女双方结婚因彩礼引发矛盾的不在少数，尤其近年来彩礼金额因当地风俗或者经济水平等因素节节攀升，甚至演变成“天价彩礼”，给不少家庭带来严重经济负担。尤其在农村地区，因为高额彩礼而负债累累的现象时有发生，使得大家常常感叹“娶不起媳妇”“结不起婚”。对此，笔者呼吁，要正确看待彩礼，婚嫁收受彩礼虽是一种风俗习惯，但在现代婚姻制度下这种风俗仅应当是一种锦上添花的礼仪形式，绝不应当成为衡量女方“排面”和男方诚意的标尺。毕竟，决定婚姻幸福的，是两个人的真诚和感情，而非金钱。

## 彩礼能要回来吗

前面说过，彩礼实际上是男方为缔结婚姻而给女方家庭或女方个人的一笔财产。给付彩礼，在法律上是一种赠与行为，这种赠与蕴含了缔结婚姻的目的。那么，彩礼给出去之后，因为各种原因，男女双方最后没能结婚，也就意味着给付彩礼的目的没有实现，收取彩礼的一方此时应当将彩礼返还。

根据相关规定[①]，以下三种情形中的彩礼应当返还：

（1）双方没有办理结婚登记手续

**案例 1-2-2**

张男和丁女打算结婚，结婚之前，张男给了丁女 100 万元的彩礼，给彩礼就是为了结婚。后来张男和丁女因为婚房加名问题产生矛盾，二人最终分手没能结婚。

这种情况下丁女应当将收取的彩礼全额返还给张男。

（2）双方离婚时，已办理结婚登记手续但确未共同生活

**案例 1-2-3**

为了婚姻长长久久，张男和丁女在 2019 年 9 月 9 日办理了结婚登记，但因婚房尚未准备好，二人并未真正共同生活。后来因为琐事不断争吵，二人觉得性格不合不应结婚，于是双方又去办理了离婚手续。

这种情形下，丁女收取的 100 万元彩礼应当返还给张男。

① 参见《最高人民法院关于适用〈中华人民共和国民法典〉婚姻家庭编的解释（一）》第五条，当事人请求返还按照习俗给付的彩礼的，如果查明属于以下情形，人民法院应当予以支持：（一）双方未办理结婚登记手续；（二）双方办理结婚登记手续但确未共同生活；（三）婚前给付并导致给付人生活困难。适用前款第二项、第三项的规定，应当以双方离婚为条件。

（3）双方离婚，彩礼给付一方因婚前给付彩礼导致生活困难

案例 1-2-4

张男家里为了凑够100万元彩礼，找亲戚朋友借了一些钱，结婚后张男和丁女常常争吵，没能建立起夫妻感情，于是办理了离婚手续，张男能否以因为给了彩礼导致自己家庭生活困难为由，要求丁女返还彩礼？

这里需要注意的是，此处的“生活困难”并不是指有外债或者是生活水平下降了，而是指生活陷入严重困难，困难到无法维持当地的基本生活水平，只有达到这种近乎赤贫的程度，才能以给付彩礼导致生活困难为由要求对方返还彩礼。

除了以上三种应当返还彩礼的情形外，还有一种情形，即彩礼给了，两人虽然没有领证，但确实共同生活了，后来又分手，这种情况下男方要求女方返还彩礼时，法院会根据双方共同生活时间的长短、彩礼数额的大小以及当地的风俗习惯等因素，确认彩礼是否返还，以及返还多少。

## 嫁妆归谁所有

嫁妆是结婚时女方父母赠给女方的财产，可以是存款或现金，也可以是汽车、家电等实物嫁妆，现在也有不少父母以大额保单这种新型方式为女儿准备嫁妆。从女方父母的角度来讲，嫁妆一般是给女儿一个人的，是女儿的个人财产。但实际生活中，因为受嫁

妆给付的时间点、嫁妆保管和财产登记等因素的影响，关于嫁妆到底归谁所有的问题，也存在区别和争议，我们分情形予以说明。

1. 登记结婚前给嫁妆，是女方个人财产

案例 1-2-5

丁女结婚前，父母为她准备了 50 万元作为嫁妆，并且在丁女和张男办理结婚登记之前就将这笔钱存入了丁女的银行账户。

丁女和张男办了结婚酒席，但还没有领取结婚证，此时，丁女的父母买了一辆车作为嫁妆，登记在丁女名下供其婚后使用。

以上两种情形，不论是否举行了结婚仪式，只要没有办理结婚登记手续，丁女和张男就还没有正式形成法律上的夫妻关系。而丁女父母给钱给车的赠与行为发生在丁女结婚之前，所以这些财产就是丁女的个人财产。

2. 登记结婚后给嫁妆，不一定是女方个人财产

案例 1-2-6

丁女和张男选吉日领取了结婚证，打算过年回老家时在老家办理结婚酒席，丁女的父母为丁女准备了 50 万元嫁妆，也打算依照当地风俗在婚礼上给丁女。

同时，丁女的父母还打算给她一套家电作为嫁妆，现婚房还在装修，家电也只能在二人婚房装修好之后置办。

那么，丁女在婚礼上收到的这 50 万元嫁妆，以及丁女父母购买

的家电，是丁女的个人财产，还是夫妻共同财产？要视情况而定。

因为此时丁女与张男已经登记结婚，这50万元嫁妆和家电是丁女在婚后收到的父母的赠与，依据我国《民法典》第一千零六十三条的规定，赠与合同中确定只归一方的财产，是夫或妻一方的个人财产。

那就意味着，如果丁女的父母在赠与这些嫁妆时，通过书面协议、手机短信等可以证明的方式，明确表明仅赠给丁女个人，那么这些嫁妆就是丁女的个人财产，万一离婚，张男是无权分割的。

反过来讲，如果丁女的父母没有明确表明只给丁女，那么丁女婚后收取的嫁妆，性质上则属于她和张男的夫妻共同财产。

所以，登记结婚之后收取嫁妆，嫁妆到底是女方的个人财产，还是夫妻双方的共同财产，关键就在于女方父母有没有强调这是仅给自己女儿一个人的。而**有没有强调这事不能光靠口头，关键要靠证据**。在日常生活中，恐怕没有这个习俗或习惯，也不会特别强调，因此，婚后才给的嫁妆往往就变成女儿与其爱人的夫妻共同财产了。

我们建议，既然是给女儿的嫁妆，不妨在女儿登记结婚之前就给；因为客观情况确实需要在女儿登记结婚之后才能给的，又担心女儿婚姻磨合期的离婚风险，那么可以通过赠与协议、内容明确的手机短信等方式强调这些嫁妆仅给女儿一方，是女儿的个人财产。

### 3. 嫁妆与婚后共同财产混同

**案例 1-2-7**

丁女结婚前，父母为她准备了50万元作为嫁妆，并且在丁女和张男办理结婚登记之前就将这笔钱存入了丁女的银行账户。前面说到，这50万元是丁女在婚前接受的赠与，是丁女的个人财产。

但是，丁女并没有将收取嫁妆的银行卡区别使用，而是在婚后继续用来存放工资奖金、张男转账过来的资金等，于是这笔50万元的婚前个人财产因与丁女婚后的夫妻共同财产发生了混同而无法区分。

如果两人离婚，会涉及财产的分割问题，这张卡里的钱当然也在被分割之列，因为此时资金已经严重混同，早已无法区分哪些是婚前的，哪些是婚后的，所以卡里的资金会作为夫妻共同财产被分割，丁女的嫁妆便因此产生了损失。

鉴于此，如果嫁妆金额较大或者对婚姻能否顺利度过磨合期略有担忧的话，可以采用“专款专户”方式收取并存放嫁妆款，避免与其他账户因转进转出而发生财产混同。当然，我们之所以选择婚姻这种生活方式，动因和目的都是更好地生活，若心存芥蒂，多少会影响对幸福的体验，因此要根据自己财产以及婚姻的实际情况来决定是否采取此类保全财产的方法。

## 离婚了，嫁妆能带走吗

结婚时女方父母给女儿置办了嫁妆，后来女儿又离婚，那么嫁妆怎么处理，女方能否带走？

关于嫁妆的分割问题，留下还是带走，要实物还是折价补偿，由双方协商，若能取得一致意见，按双方协商的结果处理即可。如果双方达不成一致意见，离婚时嫁妆一般按照以下原则处理：

1. 看嫁妆款是否与婚后财产混同或已消费。

如果嫁妆是婚前赠与女儿的存款，离婚时能否要求返还，要看嫁妆与婚后财产发生混同的情况，以及嫁妆是否已经用于生活消费。

若嫁妆款已经与夫妻二人婚后的财产混同而无法区分，则很难要求返还或全额返还；若已经消费了，也就谈不上返还的问题。

若女方专门开立银行账户收取和保管嫁妆款，并且也没有与婚后的其他财产发生混同，离婚时这个账户里的钱依然是女方的个人财产，不会作为夫妻共同财产而被分割。

2. 登记结婚之前就完成赠与的家电、汽车等实物嫁妆，属于女方的个人财产，离婚时也继续归女方所有。

3. 登记结婚之后，父母才给的嫁妆，如果父母没有明确表明是给女儿个人的，则属于女儿与配偶的夫妻共同财产，离婚时应予分割。实际操作中，法院一般也会根据财产的来源、结婚时间的长短等因素来综合考虑如何分割、分割比例等问题。

如果父母明确表明是给女儿个人的，虽性质上是女儿的个人财产，但与前述第一点一样，也要考虑财产的混同和消费问题。

4. 如果嫁妆是戒指、项链等私人物件，因为是专门给女方佩戴使用的，具有人身专属性，这类嫁妆即便是婚后赠与，一般也会被认定为女方的个人财产。

5. 如果嫁妆是父母给女儿买的大额保单，要根据保单类型、投保人、被保险人、受益人的具体情况来判断离婚时的归属问题。关于这个问题，我们在本书第四章第四节详细进行分析。

总的来说，发生纠纷，关于彩礼返还和嫁妆归属问题，要区分多种情形并结合具体证据进行判定；因为习惯使用现金支付彩礼，现金又不好证明到底是给了还是没给，对于彩礼的金额到底是多少，也常常出现分歧。最终法院只能依据双方的确认、证人证言等证据来判定彩礼的金额。

**本节总结**

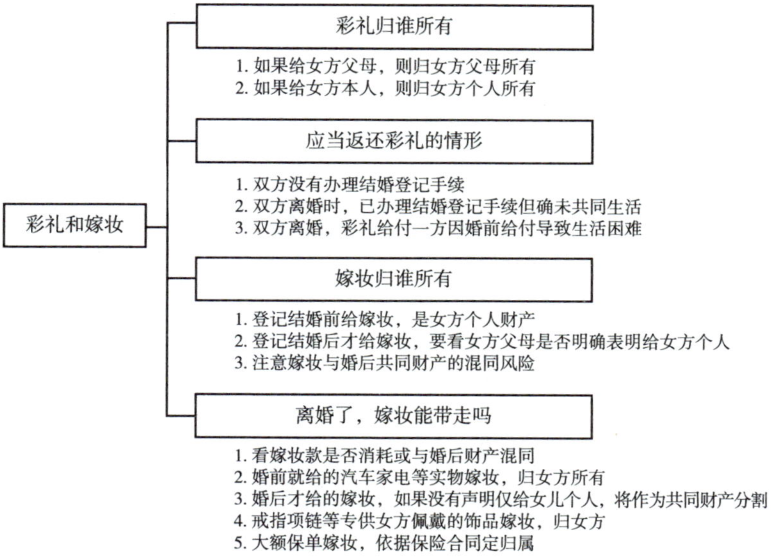

## 第三节　婚前财产协议

### 结婚前是否签订财产协议

两人结婚，形成夫妻关系，从此不再是一个人生活。正如笔者一直主张的，美好的婚姻，应当是情感上彼此尊重，财富上相互赋能。面对即将开始的婚姻，考虑是否与对方签订财产协议这个问题时，首先需要知道财产协议能够起到什么作用，然后再根据自身情况去判断到底需不需要这份协议。

根据我国《民法典》第一千零六十二条的规定，如果双方没有例外约定，那么结婚之后，任何一方取得的工资、奖金、劳务报酬，生产、经营和投资的收益，知识产权的收益等财产，都归二人共有，是夫妻共同财产。

正是有这样的“婚后收入归夫妻共有”的规定，如果一方或双方因为各种原因，不希望自己婚后的收入与对方共有，或者担心婚后财产共有会带来麻烦，这时就可以与对方签订一份财产协议。

在协议中明确列明自己婚前的财产，写清楚这些婚前财产及其收益在婚后的归属问题，同时对婚后新取得财产的归属问题作出约定。这样，万一离婚，对于财产的分割，首先按照这份财产协议来处理，如此便可有效避免双方之间的财产分割纠纷。

因此，对于婚前是否签订财产协议，具体签订什么内容的财产协议这一问题，其实没有统一答案，需要结合自身和对方的实际情况进行考量评估，建议考虑的角度如下：

1. 双方对于签订财产协议的接受程度

我们传统的社会观念认为夫妻双方应当是亲密的、不分彼此的，如果结婚之后还分你的、我的，就会显得太过生疏和见外，这不是婚姻应有的状态。在这种观念之下，将彼此的财产予以区分的财产协议，自然不被大多数人接受。

所以，签订财产协议一定是建立在男女双方都认可和接受的基础之上。

如果一方从自身价值观角度出发并不认可婚姻财产协议，最终同意签是因对方坚持，自己也只好妥协。这种情形下签订的财产协议，不排除随着时间的推移，双方对于财产协议的认识可能会趋于一致；但更加需要提醒的是，如果不是双方都理性接受，这份协议大概率会成为双方感情的芥蒂，进而诱发或助燃婚姻危机。

2. 婚后财产混同对于自己的影响

如前文所述，不签订财产协议的话，婚后取得的工资、奖金、劳务报酬，生产、经营和投资收益等财产，属于夫妻共同财产。同时，如果自己在结婚之前已经拥有一定体量的财产，包括存款、不动产等，若不对这些财产做隔离和保全，又很容易与婚后的夫妻共同财产相混同。

当然，**最易混同的是银行存款。**

**案例 1-3-1**

张男结婚之前打拼多年，银行存款有200万元，这些存款属于张男的婚前财产。结婚之后，张男的这些婚前存款与自己的婚后收入，以及妻子丁女的银行存款频繁转账往来，这些资金像水一样流动且是不记名的，时间稍久、次数稍多，便无法区分哪笔资金属于张男的婚前财产，哪笔资金属于其婚后财产。

在诉讼中，若张男拿不出证据证明哪些财产是自己婚前就已经有的，那么这些在婚后发生了混同的财产，将被认定为张男和丁女的夫妻共同财产。

万一离婚，共同财产当然要予以分割。此种情形下，受损的便是张男，毕竟目前弄混了的财产大部分是张男的婚前财产。

所以，结婚之前已经拥有一定数量的财产，不想让这些财产与将来的婚后财产混同，或者是担心婚姻无法度过磨合期就面临离婚风险，又或者想在婚姻初期保持彼此财产独立的人士，可以在结婚之前与对方理性协商，签订婚姻财产协议，对双方婚前婚后的财产归属问题做出明确约定，以预防混同风险和婚变分割风险。

3. 股东婚变风险对于公司经营的影响问题

某网站是俞某和李某某夫妇在 1999 年 11 月联合创立的。公开资料显示，2010 年 12 月，某网站于美国纽交所挂牌上市，高峰时市值曾接近 30 亿美元。2016 年 9 月，某网站完成私有化退市。2019 年李某某提起离婚诉讼，同年 11 月 29 日，二人的离婚案首次开庭，俞某本人未曾露面，但称二人婚姻感情尚未破裂。2020 年 6 月 15 日，第二次开庭，庭审中对夫妻感情是否破裂进行质证。

此前，俞某和李某某二人也多次公开反思“夫妻店”的弊端，均表示如果从头再来，肯定不会选择夫妻创业，起码在企业发展到一定阶段的时候，一定要结束“夫妻店”的治理模式。

俞某和李某某夫妇关于某网站股权的离婚争夺大战提醒我们，离婚时分割婚姻存续期间夫妻二人共同创办的公司的股权并不像分房子、分存款那样简单，公司控制人或大股东离婚，往往会导致股权的调整、资源和渠道的分流等问题，若处理不当，有时还会使公司走向分立和衰落。

创业人士也应当考虑到，自己在结婚之前创立公司并持股经营，这些婚前已取得的股份在婚姻关系存续期间的升值和分红属于夫妻共同财产，如果离婚，配偶有权要求分割。

更糟糕的情况是，如果夫妻双方关于股份及其升值、分红的分割问题协商不一致，非股东一方很可能会向法院申请冻结配偶名下的股权，这将对公司的正常经营产生影响，尤其对于那些正处在融资或上市申请阶段的公司而言，将是致命性的打击。

因此，创业人士从公司稳定经营角度考虑，应当提前签订婚姻财产协议，明确约定公司股份及其升值和分红的归属问题。有了这些书面约定，万一发生离婚纠纷，按照提前约定的方式对公司股权等财产利益进行分割处理，可在一定程度上保障公司的稳定运行。毕竟公司不是一个人的，还关系到其他股东以及整个公司的利益。

## 财产协议的参考范本

经常有朋友希望我们提供婚前财产协议的范本或模板，关于协议范本问题需要说明的是，范本仅能起到行文和条款示范的作用，协议中的具体内容则需要双方根据自身的财产情况、风险规避需求、财产归属安排等因素进行具体协商确定。

可以说，并没有能够完全照抄照搬使用的协议范本。

若需签订婚前财产协议，建议双方充分沟通细节，并征询律师等专业人士的意见，尤其是财产体量较大、涉及财产形态复杂，又有特殊风险规避需求的情形，更应当谨慎处理。

一般来说，婚前财产协议需要将以下内容约定清楚：

1. 结婚登记前双方已有财产的种类、数量、价值及其归属问题；

2. 婚前个人财产在婚后所生收益的归属问题；

3. 双方在婚后取得的财产如何归属，是共同共有，还是归各自所有，抑或是一部分共同共有，一部分归各自所有；

4. 婚后债务的承担问题等。

以张男和丁女为例，二人登记结婚前经友好协商，决定婚后财产独立，经充分沟通后签订了以下财产协议：

## 婚前财产协议

男方：（张男、出生时间、民族、身份证号码）

女方：（丁女、出生时间、民族、身份证号码）

当事人双方经自由恋爱，将办理结婚登记，为明确双方婚前婚后个人财产的范围和归属，经双方平等自愿协商，特在婚前作如下协议：

**第一条　关于双方婚前个人财产的确认。**

1. 双方婚前各自名下的财产，无论双方在订立本协议后是否结婚，均归各自所有。

2. 男方的婚前个人财产

（1）房屋

坐落在________，房屋产权证号/购房合同号为________，建筑面积为________平方米。该房系男方婚前个人出资购买，已付清全款。该房屋及房内装饰、家具、家电、产生的增值等均归男方个人所有。

（2）汽车

男方婚前购买____汽车一辆，车牌号________，该车归男方所有，为男方的婚前个人财产。

（3）存款

男方名下在____银行（卡号：________）有存款______万元，该存款为男方婚前所有，归男方所有。

（4）有价证券（股票、债券、投资基金份额等）

（5）公司股权

男方名下现有________公司________%的股权，该股权归男方个人所有，男方作为该公司的股东因为该公司产生的债权债务，取得的收益分红，无论发生时间为婚前或婚后，均视为男方的个人财产，与女方无关。

（6）住房补贴、住房公积金、养老保险金、破产安置补偿费

（7）个人债权债务

现有债务人________欠男方人民币________元，约定还款日期为____年__月__日，该债权属于男方个人财产。

男方曾于____年__月__日向____借款人民币____元，该债务属于男方的婚前个人债务，由男方自行偿还。

（8）其他，黄金白银等贵重金属、首饰、钻石、古董字画等

3. 女方的婚前个人财产

（同上）

4. 婚前财产的权利归属

男女双方对各自所有财产进行处置（包括投资、出租、转让等）所产生的收益归各自所有，男女双方各自所有财产所产生的增值、孳息均归各自所有。以上各婚前个人财产无论将来发生何种形态变化，均归原所有权人所有，仍为其个人财产。

**第二条　关于婚前共同财产的约定。**

1. 为了组建家庭，双方共同出资购买了以下财产：________，该财产为双方共同所有。

2. 对共有财产双方均享有使用权，任何一方未经对方同意不得擅自处分该财产，因该财产产生的收益或增值、孳息均属于双方的共同财产。

**第三条 关于婚后财产制及财产处理的约定。**

1. 男女双方婚后实行分别财产制，即婚后各自的财产收入、购置的动产、不动产归各自所有。

2. 各自名下的债权和债务归各自所有，自己名下债务由各自以个人财产偿还。

3. 任何一方父母在本协议双方婚后出资，登记在自己子女名下的房产、股票、公司股份等财产，均属于出资人对自己子女的个人赠与，不属于夫妻共同财产，相关财产在婚后产生的收益或亏损，均由各自承担或享有，与另一方无关。

4. 男女双方向他人借款时，必须向债权人书面声明双方存在婚前财产约定的事实，告知债权人自己婚后与配偶实行分别财产制，所借款项为己方个人债务。否则，如因一方未明确告知，导致另一方承担借款一方名下的债务的，另一方在垫付债务后，可依本协议向借款一方主张归还。

5. 共同账户的约定

为共同生活，男女双方同意每月拿出______元存入共同账户，为双方共同生活、抚养共同子女、赡养老人所用。该部分财产属于双方共同所有的财产，双方享有同等的使用权与监督权。

**第四条 本协议未列明的其他财产的归属及其他未尽事宜，**

**可由双方另行协商约定并签订书面补充协议，补充协议与本协议具有同等法律效力。**

**第五条　本协议原件一式叁份，协议双方及公证机关各执壹份，本协议自被公证之日起生效。**

男方：　　　　　　　　　　女方：

年　　月　　日　　　　　　年　　月　　日

### 婚前了解很重要

在我们处理的离婚纠纷中，有些婚姻以第三人的视角去看，并不会觉得有什么必须要离的理由，很多时候他们的婚姻在外人眼里反而比较美满。当进一步去了解他们的相处状况和离婚原因时，得到的回答往往是“婚前了解不充分”“三观不一致”“性格不合”等原因。

#### 案例 1-3-2

张男，某一线城市本地人，独生子女，父母经商，家境优越。大学毕业后就职于一家大型国企，朋友聚会时认识了丁女。丁女身材样貌姣好，热情开朗，二人很快开始交往并打算结婚。与张男相比，丁女家庭条件普通，家中姐弟三人。对于张男打算与丁女结婚的决定，父母建议多接触一段时间再作决定，但拗不过张男，二人还是在认识半年后就办了婚礼并登记结婚。

过了婚后短暂几个月的蜜月期后，二人之间开始出现矛盾。主要体现在生活习惯、人生观念、社交方式等方面。例如，张男希望家里能像母亲收拾的房间那样干净整洁，丁女则认为“乱”也是一种舒适；丁女不喜欢逢年过节张男都带着她，拜访众多亲戚以及父母的同事朋友等，张男则认为这是从小延续下来的生活礼节；丁女认为张男可能是独生子女的原因，生活中不懂得体贴关心妻子，张男则觉得自己该做的都做了，不知道到底还要如何体贴。随着时间的推移，诸如此类的冲突不断涌现，虽都不是原则上的大问题，但细小问题积累多了，逐渐给二人的婚姻埋下了隐患。

终于，三年后，这段婚姻画上了句号。

所幸的是，没有谩骂和指责，二人和平分手。因为经历了三年的相处磨合之后，张男和丁女都认识到彼此的成长经历和生活观念相差太大，彼此改变的难度也太大，与其这么痛苦地迁就着、别扭着，不如各自回归自己熟悉的生活方式。

这个案例中的张男是笔者的朋友，笔者见证了他们二人从相识相恋、顶住压力结婚、婚后磨合争吵，直至最终放弃的全过程。单评价个人，他们二人各有优点，都是非常适合做朋友的人，但两个“好人”结为夫妻过日子就一定会好吗？并不一定。通过他们的婚姻，笔者深觉男女彼此合适与相当，对于婚姻的稳定和谐来讲，真的非常重要。毕竟，结婚意味着两个完全独立和陌生的个体，因婚姻这个载体而长时间紧密地生活在一起，要一起应付日常生活中的柴米油盐酱醋茶，要一起面对来自职场、事业和生活的各种压力，如果三观不能同频，二人不能彼此认可和欣赏，大事小事常常得不到来自伴侣的理解和鼓励，难以想象这样的婚姻能够安宁幸福。

现在的婚姻关系，尤其是高净值人士家庭的结合或者破裂，不亚于两个公司的合并或重组，婚姻关系影响到的不仅是人，也可能是巨额的财富以及两个不同家族的安宁与和睦。

因此，关于结婚前的准备，我们有如下建议：

1. 充分了解彼此的成长经历、教育背景、性格特点等因素，感受并评估其与自己的契合度

“感情不和”是我们团队处理的离婚案件中经常被当事人提到的一项离婚理由。最高人民法院在 2018 年 3 月 22 日发布的关于离婚纠纷的《司法大数据专题报告》中显示，77.51% 的夫妻因感情不和向法院申请解除婚姻关系[①]。

感情不和，当然是一个很宽泛的说辞，直白说就是磁场不对，看着不顺眼，待在一起感觉不轻松，更谈不上愉悦。之所以结婚一段时间之后会有这种感受，大多是因为结婚之前没有深入了解，却因为急着结婚、父母催得紧、对方条件不错等原因选择了结婚。结婚之后经过长时间的相处，才突然发现两人谈不到一块去，对很多问题的看法都存在分歧，对人对事的态度也不尽相同，时间久了，自然觉得相处不下去，婚姻走向破裂也成为必然。

---

① 最高人民法院微信公众号 2018 年 3 月 22 日文：《司法大数据专题报告 | 离婚纠纷》，载于 https://mp.weixin.qq.com/s/uwCJsyIRP0gPet_Aeq8KYA，2021 年 9 月 30 日最后访问。

现代社会，经济压力比较大，也催生出一种不太好的风气，比如很多人在选择结婚对象时往往考虑对方工作怎么样、收入高不高、有没有买房、好不好看等外在因素，要知道这些都是随着时间而不断变化发展的，现在收入不高，不代表会一直收入不高，现在好看，但人总会变老甚至变丑。因此，这些外在因素都不应当成为择偶的决定性因素。

真正能够让婚姻长久和幸福的，一定是两个人的感情，两个人一致的三观，以及二人对彼此的欣赏和尊重。择偶时不妨少关注点外在条件，多重视人的内在。

2. 恋爱或同居期间，认真观察对方的行为特点，看是否有偏执行为或暴力倾向

我们处理的一件涉及家暴的离婚案件，婚后男方频繁对女方实施殴打，很多时候的殴打并非因为双方争吵时激怒了男方，而是男方自己心情不好。当了解到他们是自由恋爱，然后结婚时，我们问女方难道在结婚之前没有发现男方有暴力倾向，女方回答称恋爱的时候打过一次，但是男方承认错误并且保证以后不再打了。于是女方就原谅了男方，并于不久后办理了结婚登记。

在此提醒，人的性格和行为具有一定的连贯性，尤其是施暴习惯，有第一次极可能就有第二次。所以，婚前的交往观察非常必要。

3. 了解对方的征信和负债情况

现代社会，大家或因忙于拼搏，或因坚持着自己的择偶标准，

结婚都比较晚；同时，随着离婚率的提升，离婚后再婚的人也逐渐增多。于是，结婚或再婚之时，双方基本都已在社会上奋斗了多年，财富小成，当然也可能负债累累。此时，非常有必要去了解结婚对象的工作、创业和征信情况，避免结婚之后自己“被负债”陷入配偶的债务纠纷中难以脱身。

双方可以一起到当地中国人民银行分支机构设立的查询点打印个人信用报告，也可以通过央行征信中心官方网站查询，还可以在部分金融机构网点、地区政务大厅的柜台或自助机查询。

按照中国人民银行的安排，我国的征信中心于 2020 年 1 月 17 日启动二代征信系统切换上线工作，同时各家银行在 2021 年 12 月 31 日前须完成系统切换。二代征信系统在信息的采集上会选取更多维度，在个人负债信息方面，增加了循环贷、信用卡大额专项分期、共同借款人、个人为企业担保等一代征信未覆盖的信息。

总之，个人征信报告中展示的信息，可以帮助我们很好地了解结婚对象的征信情况、信用消费习惯等财务信息。同时，还可以登录中国执行信息公开网（http://zxgk.court.gov.cn/），通过身份证号码查询被执行人信息，了解其被执行或失信情况。

经过对双方的财产、债务、身份角色以及感情前景等因素的综合评估，进而考虑是否签订婚前财产协议，以规避未来或者起码是婚姻磨合阶段的财富混同风险和债务风险。

4. 要保有持续学习和成长的意识

保有自己的兴趣爱好和成长空间，能够在婚姻中增强自己的吸引力，持续为婚姻保鲜。总之，为自己赋能，不依附对方，不失去自我，才能让婚姻更加稳定，也能在万一发生婚姻危机时，自己不至于弱势到连争取合法权益的能力都没有。

婚姻是社会发展的产物，婚姻关系更是一门修行。在踏入婚姻殿堂之前，多做点功课，多了解，多思考，并不是一件坏事。甚至可以说，因为你的慎重和深思熟虑，你的婚姻就是要比盲目踏入婚姻生活的人更稳定。哪怕将来婚姻还是破裂了，至少还可以说，这一切都是我们自己选的，无怨亦无悔。

## 本节总结

**婚前财产协议**

- **结婚前是否签订财产协议**
  1. 双方对于签订财产协议的接受程度
  2. 婚后财产混同对于自己的影响程度
  3. 股东婚变风险对于公司经营的影响
- **财产协议的参考范本**
  1. 范本仅能起到行文和条款示范的作用，需要结合自己情况约定
  2. 婚前财产协议需要明确的一般内容：
     a. 结婚登记前双方已有财产的种类、数量、价值及其归属问题
     b. 婚前个人财产在婚后所生收益的归属问题
     c. 双方在婚后取得的财产如何归属问题
     d. 婚后债务的承担问题
- **婚前了解很重要**
  1. 对彼此的认可和欣赏，是婚姻幸福的决定性因素
  2. 关于结婚前的准备，建议如下：
     a. 充分了解对方的成长经历、教育背景、性格特点等因素
     b. 观察对方的行为特点，看是否有偏执行为或暴力倾向
     c. 了解对方的征信和负债情况
     d. 评估是否签订婚前财产协议
     e. 要有持续成长意识

# 第二章　婚姻需经营
# ——情感上尊重，财富上赋能

## 第一节　夫妻共同财产和财产协议

### 配偶挣的比我多，婚后财产是不是主要都归他 / 她

**案例 2-1-1**

张男和丁女是大学同学，毕业后登记结婚。两年后儿子出生，张男也在当年开始创业。为照顾家庭，丁女辞职在家当起了全职太太。张男的事业慢慢发展起来，近几年收入颇丰，家里也陆陆续续置办了几套房产，丁女在倍感欣慰的同时，也有一丝担忧，毕竟自己辞职之后一直没有收入，家里这些年积累的财产都源于张男在事业上的打拼。

丁女担心万一婚姻出现问题，自己会不会因为这些年没有收入而分不到财产，或者只能分到很少财产？

对于丁女的这个担心，先说结论：

如果张男和丁女没有签订类似 AA 制的财产协议，那么他们二人婚后任何一方取得的工资、奖金、劳务报酬、做生意挣回来

的钱以及投资赚的钱等财产，均属于夫妻共同财产，归二人共同所有。

离婚时，共同财产原则上夫妻双方均分，同时法院还会在分割财产时体现照顾子女、女方和无过错方的原则。

因此，丁女所担心的因为自己多年没有收入而分不到，或者只能分很少财产的情况，是不会发生的。

作出以上分析的法律依据在于我国《民法典》关于婚姻中财产归属问题的规定[①]。以张男和丁女为例，他们任何一人在婚姻关系存续期间取得的下列财产，都是共同财产，归夫妻共同所有：

1. 工资、奖金、劳务报酬。

2. 生产、经营、投资的收益。

婚后无论是开工厂、办公司、经营店铺赚的钱，还是投资、炒股的收益，都属于夫妻共同财产。

关于投资收益，即便是一方用自己的婚前个人财产在婚后投资，所产生的收益，也归夫妻双方共有。例如，张男一直在投资股市，结婚之前张男在股市上已有的资产，是他的个人财产；结婚之后张男持续关注股市，不断买进卖出，那么婚后张男在股市上赚取的收益，也属于他和丁女的夫妻共同财产，原因是这些投

① 参见《民法典》第一千零六十二条，夫妻在婚姻关系存续期间所得的下列财产，为夫妻的共同财产，归夫妻共同所有：（一）工资、奖金、劳务报酬；（二）生产、经营、投资的收益；（三）知识产权的收益；（四）继承或者受赠的财产，但是本法第一千零六十三条第三项规定的除外；（五）其他应当归共同所有的财产。夫妻对共同财产，有平等的处理权。

资收益中融入了婚姻存续期间张男的劳动和时间上的付出。

3. 知识产权的收益，比如丁女出版书籍获得的稿费、因发明创造获得的专利使用费等。

4. 婚后通过继承或受赠获得的财产也是夫妻共同财产，前提是被继承人或赠与人没有通过遗嘱或赠与协议的方式明确表示仅赠给夫或妻其中一方。

### 案例 2-1-2

张男的父亲在张男结婚后因病身故，张父没有立遗嘱，那么张男从父亲那里继承得到的财产（存款、房产等）就属于张男和丁女的夫妻共同财产。

如果张男的父亲生前立遗嘱强调在他百年归老后，“×× 财产由儿子张男一个人单独继承，属于儿子的个人财产，他人包括张男的配偶均无权分割”，后张男依据这份遗嘱继承得到了父亲留下来的财产，那么这些财产就归张男个人所有，而不是他和丁女的夫妻共同财产。

赠与也是一样。丁女的母亲送给丁女 50 万元或者一辆车，这在法律上叫作赠与。如果母亲赠与时，通过书面协议或者明确的短信等方式表达了仅仅赠给丁女个人，与其配偶无关。那么，这 50 万元或者汽车，就是丁女的个人财产，而非夫妻共同财产；反之，如果母亲在赠与时没有明确表明仅赠给丁女，那就应当视为对丁女及其配偶二人的赠与，归丁女和张男夫妻二人共同所有。

5. 其他应当归夫妻共同所有的财产，比如张男和丁女在他们婚姻关系存续期间已经实际取得或应当取得的住房补贴、住房公积金、养老保险金、破产安置补偿费，也都属于夫妻共同财产。

总之，以上提到的这些财产，只要是婚后取得的，**不论是由夫或妻哪一方取得，不论谁挣得多谁挣得少，也不论这些财产存放或登记在谁名下，**只要夫妻二人没有签订财产归各自所有的协议，这些财产就都属于夫妻共同财产，归二人共同所有。

前面案例中丁女之所以担忧自己多年没有收入万一离婚分不到财产，是因为对我国法律的相关规定不甚了解。要知道，在婚姻中，主内、主外，挣多、挣少，只是夫妻双方分工不同，何况对家庭的某些贡献是无法用收入多少来衡量的。

既然是共同所有，那就意味着夫妻二人不分份额地共同拥有这些财产。

如果两人感情破裂要结束婚姻关系，关于共同财产的分割，首先由夫妻二人协商处理，若无法取得一致意见进而由法院裁判的话，原则上一人一半；当然，具体到个案中，法官会依据照顾子女、女方和无过错方权益的原则，同时也会考虑一方是否存在隐藏、转移、变卖、毁损、挥霍、伪造夫妻共同债务这些情形，对离婚案件中的财产分割问题进行具体裁判。

## 结婚之后，所有的财产都会变成夫妻共有吗

虽说我国法律规定夫妻双方的婚后所得归共同所有，但并不

是说只要登记结了婚，任何财产就都归为双方共有。

下列财产是夫妻一方的个人财产，即便离婚，对方也无权分割。

1. 一方的婚前财产

**案例 2-1-3**

丁女在结婚之前全款购买了一套房产并登记在自己名下，这套房产是丁女的婚前个人财产，即便结婚，它仍然属于丁女的个人财产，而非丁女与张男的夫妻共同财产。

2. 一方因受到人身损害而获得的赔偿和补偿

**案例 2-1-4**

张男在一次意外事故中受到伤害，获得的赔偿金、补助金等，因与张男本人的身体治疗和康复密切相关，具有人身专属性，因此即便是在婚后取得，也属于张男的个人财产，而非夫妻共同财产，离婚时丁女当然无权分割。

3. 遗嘱或者赠与合同中确定只归一方的财产

**案例 2-1-5**

丁女和张男结婚之后，丁女父母买了一辆车赠给丁女。因为这辆车是丁女在婚后取得，如果丁女父母没有明确表示这是赠给丁女一个人的，那么这辆车就归丁女和张男共有。

如果丁女的父母通过书面协议等方式明确表明车只赠给丁女，

归丁女个人所有，那么这辆车就是丁女的个人财产，离婚时无须折价补偿给张男。

4. 一方专用的生活用品

例如衣服、鞋子、化妆品等，这些都属于专供个人使用的生活用品，属于个人财产，不是夫妻共有。

当然，具体到每个家庭中，因财富状况不同，对于生活用品的界定也是不同的。

同样是一块价值50万元的手表，在某些家庭属于生活用品，但对大多数家庭来说，恐怕是一项价值不菲的资产，离婚时也应当作为夫妻共同财产予以分割。

5. 其他应归一方所有的财产

案例 2-1-6

丁女在结婚之前向某张银行卡中存款30万元，婚后一直没有使用该银行卡，在婚姻关系存续期间，这30万元所产生的利息，仍属于丁女的个人财产；或者丁女婚前全款购买的房产，婚后升值了，升值的部分也属于丁女的个人财产，而非其与张男的夫妻共同财产。[①]

① 参见《最高人民法院关于适用〈中华人民共和国民法典〉婚姻家庭编的解释（一）》第二十六条，夫妻一方个人财产在婚后产生的收益，除孳息和自然增值外，应认定为夫妻共同财产。

## 如何避免婚前财产变为夫妻共同财产

通过上文分析，我们知道，一方婚前的财产，结婚之后仍是其个人财产，也就是说，婚前财产并不会因为结婚而当然转变为夫妻共同财产。离婚时分割的是夫妻共同财产，这些婚前个人财产，对方是无权分割的。

问题是，两个人结婚之后，财产会转变形态、会有资金往来，婚前财产也常常会在婚后用于投资，于是就会产生婚前财产因在婚后消耗、混同、取得投资收益而与夫妻共同财产无法区分的情形。若发生婚变，这些已经混同为共同财产的婚前财产也会面临被分割的风险。

鉴于近些年离婚率相对较高的社会现实，部分已经积累一定财产的未婚或离异人士开始考虑婚前财产的保全问题。那么，如何避免婚前财产变为夫妻共同财产，以下几种处理方法可供参考：

1. 做好银行账户隔离

### 案例 2-1-7

结婚之前，丁女将100万元存放在A银行卡上，这100万元是丁女的婚前财产，即便结婚，仍归丁女个人所有。但是，如果在与张男登记结婚之后，丁女继续使用这张银行卡收取工资、日常消费、投资理财以及平时与张男之间的各种转账往来等，就会产生婚前财产在婚后混同的问题。

要知道，夫妻双方在婚后取得的工资、奖金、劳务报酬、生产经营和投资收益都是共同财产。这张卡在婚后又陆陆续续存入了丁女的50万元工资、10万元炒股收益，还有张男的20万元奖金；平时也一直使用该卡消费或转账至其他银行卡。总之，二人离婚时，A卡中的资金一共有120万元。当没有证据对婚前财产予以证明时，只能将这120万元定性为夫妻共同财产进行分割，原则上一人一半。

这就是因婚前财产在婚后发生混同而带来财产损失的一种典型表现。

可见，为避免婚前财产在婚后发生混同，做好账户隔离工作，专款专用非常重要。

有人会觉得这太麻烦了，其实方法并不复杂。比如在登记结婚之前到银行打印现有账户的流水清单，同时准备好专供婚后使用的银行卡及部分资金，结婚之后存放婚前大额资金的银行卡就别再频繁使用，尤其注意避免婚后转入资金导致混同，这张婚前卡里的资金可以存为定期存款，也可以购买到期自动买入下一期的银行理财。那么，万一发生婚变，通过银行流水可以看出这张银行卡里的资金在婚前就已经取得，并且婚后没有与夫妻双方的其他银行账户发生转账往来，因此，这张卡里的钱仍是持卡人的个人财产，配偶无权分割。

### 2. 变卖个人房产时，保留证据并专款专户

案例 2-1-8

张男在婚前全款购买了一套房产，结婚之后张男父母付全款购买了一套房产只登记在张男一人名下，且通过书面协议明确表示仅赠给张男个人，这两套房子都是张男的个人财产，离婚时是不可被分割的。

如果张男在婚后把这两套房子卖掉，获得了 600 万元的房款，这 600 万元是由张男的婚前房产转化而来，资产的形态变了，性质实际上并不会改变，这 600 万元仍是张男的个人财产。

问题是，现金、存款这类资产不记名、易流动，最容易混同。如前文所述，如果存放这 600 万元的银行账户与张男或妻子丁女的其他银行账户发生转账往来，就会出现个人财产和夫妻共同财产混同的情形，若转账频繁，时间稍久就会混同到无法区分，那么万一发生婚变，张男变卖个人房产取得的资金终将面临被分割的风险。

针对这种情形，婚后打算变卖个人房产时，可以新开账户，在房屋买卖合同上注明该账户是收取买方购房款的指定账户，同时保留好房屋买卖合同；房款收进之后按照前文所述方法做好账户的隔离工作，避免与其他账户资金发生往来混同。

### 3. 签订婚内财产协议

**案例 2-1-9**

张男和丁女两人在结婚之前均事业小成，已购置房产、汽车，也有一定数量的存款。以存款为例，二人婚前已经拥有的存款虽是个人财产，但如果婚后频繁与其他账户转账往来产生混同，婚前存款就会混同为夫妻共同财产。万一离婚，共同财产是需要分割的。

为明确婚前婚后各项财产和收入的归属问题，避免离婚时产生财产分割纠纷，夫妻双方可以签订书面财产协议，登记结婚之前或之后签都可以。

在协议中明确说明具体哪套房产、哪张银行卡里的多少资金、哪家公司的股份等财产是张男或丁女的个人财产，登记结婚之后这些财产本身及其升值、投资收益仍是其个人财产等内容。这样，通过书面协议的方式列明两人的婚前财产，以及婚后哪些财产仍归个人，以使个人财产和共同财产得以区分。当然，同时仍需注意做好个人财产的隔离保全工作，避免混同。

其实，认真的读者已经发现了，面对婚姻中的财富烦恼，无非就是处理好婚前个人财产和婚后夫妻共同财产的隔离，防止混同的风险。处理得好，婚前财产就不会因婚姻破裂被分割；处理得不好，婚前奋斗或者家族传承过来的财产就会因为自己的婚变而产生损失。还是那句话，结婚是为了更好地生活，要平衡好感情和财富，切忌因为财富上太小心翼翼而伤了感情；也不要因为太大大咧咧而导致感情留不住时，财富也没能留住。

## 什么样的夫妻需要签订财产协议

前文说过，若无例外约定，婚后夫妻任何一方取得的工资、奖金、劳务报酬、生产经营和投资收益等财产，归夫妻双方共有；如果夫妻一方或双方不希望因为结婚而带来财产共有的问题，希望彼此的财产归个人，或者一部分归个人，一部分共同所有，那么通过签订书面财产协议的方式来实现这种目的，在法律上是可行并且允许的[①]，司法实践也是支持的。

婚姻财产协议的内容非常灵活。比如张男和丁女可以约定彼此婚后的财产归各自所有，或部分各自所有、部分共同所有；甚至还可以对婚前财产的归属进行约定，例如在财产协议中约定张男婚前位于某处的房产归丁女所有。（提醒：对房产的归属做出变更约定的，建议同步办理不动产登记变更手续；若因存在按揭等原因暂时无法办理变更登记的，建议对协议进行公证。）

也就是说，结婚之后，夫妻二人对于婚前或婚后财产的归属问题，可以通过书面协议的方式进行约定；如果没有约定，

① 参见《民法典》第一千零六十五条，男女双方可以约定婚姻关系存续期间所得的财产以及婚前财产归各自所有、共同所有或者部分各自所有、部分共同所有。约定应当采用书面形式。没有约定或者约定不明确的，适用本法第一千零六十二条、第一千零六十三条的规定。夫妻对婚姻关系存续期间所得的财产以及婚前财产的约定，对双方具有法律约束力。夫妻对婚姻关系存续期间所得的财产约定归各自所有，夫或者妻一方对外所负的债务，相对人知道该约定的，以夫或者妻一方的个人财产清偿。

那么就按照法律来确定。即，有约定，按约定；没有约定，按法律规定。

但是，关于夫妻间签订财产协议这个问题，实际上与大多数人的传统观念有所冲突。毕竟，儒家社会的传统家庭观念一般认为夫妻本是一体，区分就是有外心，所以大多数人出于各种各样的顾虑不会签订婚姻财产协议。在我们处理的众多离婚案件中，签订了财产协议的夫妻屈指可数。

其实，可以这样理解，是否签订婚内财产协议，实际上相当于**是否愿意接受“结婚之后，婚后取得的绝大部分财产都将与配偶共有”这一结果。**

如果不希望婚后财产共有，财产协议便是一种现实方案，它能够起到在夫妻关系平和的状态下，明确财产归属问题，从而避免婚变时争夺揪扯的作用。

是否考虑签订婚姻财产协议，我们以张男和丁女为例，给出三种情况向大家举例说明：

1. 已经积累了不少财富，担心婚姻不稳定的晚婚人士

**案例 2-1-10**

张男奋斗多年，目前有车有房有存款。因为平时主要精力放在工作上，一直没有遇到合适的人结婚，直到最近遇到一位可以考虑结婚的对象。但是这些年看着身边几位朋友结婚又离婚，其中一位朋友还因为离婚分财产的问题闹上了法庭，张男更加觉得

结婚应当谨慎。

经过做功课，张男了解到，婚前他已经取得的这些财产，即便他结婚，在法律上依然是他的个人财产。但是，婚姻毕竟是两个人的紧密结合，两人在婚后免不了要产生资金上的往来，一旦这些婚前财产和婚后双方取得的财产频繁发生往来，那就极容易导致婚前财产和婚后共同财产混同而无法区分。

而且，张男用婚前的财产进行投资，在婚后取得的投资收益也属于夫妻共同财产。若发生婚变，这些混同了的财产，以及婚前财产在婚后带来的投资收益，就会作为夫妻共同财产进行分割。

考虑到目前整个社会离婚率逐年升高，张男认为在财产问题上还是应当谨慎些，起码在婚姻磨合阶段各自的财产还是不要弄混为好。

基于这种需求，张男决定与结婚对象充分沟通，签订财产协议，对双方各项财产的归属、婚后各项收入的分配方式等问题进行明确约定，若将来发生婚变，这份财产协议就成为两人分割财产的首要依据，从而避免不必要的纠纷。

### 2. 不希望财产混同的再婚人士

#### 案例 2-1-11

张男和丁女在一次朋友聚会中认识，后来开始交往，到了谈婚论嫁的阶段。两人都有过一段婚姻，张男与前妻育有一子，按照与前妻的离婚协议，张男每月承担儿子 3000 元的抚养费。丁女没有子女。两人均有稳定的收入，张男有两套房产，一套仍在按揭还款；丁女也有一套按揭中的房产。

两人共同到律师办公室了解婚姻财产规划的相关问题，经律师分析，两人了解到：

① 结婚之后夫妻任何一方取得的工资、奖金、劳务报酬、生产经营和投资的收益都属于夫妻共同财产；

② 按揭中的房子婚后要继续还贷，虽然贷款是从张男或丁女账上转出去的，但仍属于二人共同还款，若发生婚变，共同还贷部分及其对应的房产升值也属于夫妻共同财产，应当予以分割；

③ 张男每个月要承担儿子3000元的抚养费，这是张男个人的义务，张男首先应当用自己的个人财产来支付，但是如果张男和丁女对财产不作区分的话，实际上就无法判断张男是用婚前财产还是用婚后财产支付的抚养费；

④ 如果两人婚前的财产跟婚后财产不作区分，资金频繁往来发生混同，时间稍久，婚前财产就会混同为夫妻共同财产，离婚时分的就是这些夫妻共同财产。

张男和丁女了解了这些情况后，考虑到各自的经济条件足以自立，各自也都有正在按揭还款的房产，张男也有前婚子女需要抚养，因此二人为避免财产混同带来的麻烦，都同意签订一份婚姻财产协议，对双方婚前财产和婚后收入的归属、债务承担等问题进行明确约定。

### 3. 持有公司股份的创业人士

**案例 2-1-12**

张男和丁女是夫妻关系，张男的父亲在张男结婚之前将其创办的机械公司 60% 的股份转让给了张男，结婚之后张男与李四、王五创办了一家科技公司，张男在两家公司均担任管理人员。

机械公司的股份，张男在婚前就已经取得，属于张男的婚前财产，但张男所持股份在婚后的升值和分红都属于夫妻共同财产。

科技公司的股份，是张男在婚后取得，本身就属于张男和丁女的夫妻共同财产，股份的升值和分红自然也是夫妻共同财产。

如果张男和丁女发生婚变，两人关于财产分割的问题达不成一致意见，丁女起诉到法院，可以要求冻结张男名下的公司股份，并分割科技公司的股份，这对公司的稳定经营和股东间合作的契合度都会带来不利影响。更有甚者，如果公司有融资上市的计划，股东的婚姻风险无疑会成为公司发展中的一项重大隐患。

因此，像张男这样持有公司股份的创业人士非常有必要与配偶签订婚姻财产协议，对公司股权及其升值和分红的归属进行明确约定，避免股东的离婚纠纷波及公司的经营发展。

以上仅是现实生活中比较常见的三种情形，但生活复杂多样，法律不可能面面俱到。因此，每个人需要思考自己的现状和未来并积极采取相关行动。记住，“法律不保护在权利上睡觉的人”，保护权利，守卫幸福，先靠自己，再靠法律。

## 本节总结

**夫妻共同财产和财产协议**

- **配偶挣得多，婚后财产是不是主要都归他/她**

  如果夫妻双方没有签订财产协议，以下婚后收入归二人共有：

  1. 工资、奖金、劳务报酬
  2. 生产、经营、投资的收益
  3. 知识产权的收益
  4. 继承或受赠获得的明确表明仅归一方的财产
  5. 其他，如婚姻关系存续期间的住房公积金、住房补贴等

- **结婚之后，所有的财产都会变成夫妻共有吗**

  下列财产是夫妻一方的个人财产：

  1. 婚前财产
  2. 一方因受到人身损害获得的赔偿和补偿
  3. 遗嘱或者赠与合同中确定只归一方的财产
  4. 一方专用的生活用品
  5. 其他应当归一方的财产

- **如何避免婚前财产变为夫妻共同财产**

  1. 做好银行账户隔离
  2. 变卖个人房产时，保留证据并专款专户
  3. 签订夫妻财产协议

- **什么样的夫妻需要签订财产协议**

  1. 已积累了不少财富，担心婚姻不稳定的晚婚人士
  2. 不希望财产混同的再婚人士
  3. 持有公司股份的创业人士

# 第二节　婚姻中的房产问题

## 婚后买房写一个人的名字有风险吗

### 案例 2-2-1

张男和丁女结婚多年，近几年做生意赚了不少钱。一日看到房产中介发布的房源信息，他们同小区有位业主因资金周转急需卖房，比小区同类房源优惠20万元，但前提是必须一次性付清全款。张男打算过几年把父母从老家接来养老，最好与老人分开居住但又不能离得太远，同小区若有不错的房子是最合适不过的。于是在与丁女商量后，迅速与中介联系看房，对房子比较满意，价格也确实优惠，敲定后开始办理房屋买卖和过户手续。因为丁女那段时间工作较忙，各项手续都是张男独自办理的，办理房屋所有权和国有土地使用权登记时也仅登记了张男一个人的名字。

那么，这套房子是张男的个人财产，还是夫妻二人的共同财产？产权登记上只登记张男一人，对丁女来说有风险吗？

首先，关于房产的归属问题。房子是张男和丁女在婚后购买的，购房款又来自夫妻共同财产，如果二人没有签订财产协议明确约定这套房子归张男个人所有的话，即便产权登记上仅写了张男一人，这套房子也是他们的夫妻共同财产，两人有平等的处理权；万一离婚，丁女有权分割房子。

其次，关于产权登记中没有丁女的风险问题。案例中的房子虽然是张男和丁女的夫妻共同财产，但毕竟产权上只登记了张男，不排除张男擅自抵押或变卖房产的风险。

例如，张男因公司经营急需资金，没有告知丁女，便以这套房子作为抵押向银行申请了200万元贷款，将来如果贷款还不上，房子则会被用于偿还债务，这无疑侵害了丁女对这套房子的所有权。

大家可能会问，房子明明是张男和丁女的夫妻共同财产，难道银行不应当审查张男的婚姻情况，并要求张男的配偶签字吗？办理过户手续的时候，不动产登记中心也不审查婚姻情况吗？

关于这个问题，先说结论：房产交易或不动产登记时，银行、买方以及不动产登记中心依据现有的登记信息办理即可，在此之外并没有法律义务去审核当事人的婚姻状况。

根本原因是：在我们国家，像房子这种不动产，法律规定它的取得、变动和归属，以登记为准，登记了谁是产权人，那就是谁的，这种登记相当于对外界的一种宣告，其他人应当相信登记的内容。因此，不动产登记具有对社会的公示和公信效力[①]。他人出于对不动产登记的信任所进行的交易，理应受到法律的保护。

① 参见《民法典》第二百零九条，不动产物权的设立、变更、转让和消灭，经依法登记，发生效力；未经登记，不发生效力，但是法律另有规定的除外。依法属于国家所有的自然资源，所有权可以不登记。

**银行或者买方为何没有法律义务去审查张男的婚姻状况？**

张男以房子作为抵押向银行申请贷款，或者张男将房子卖给其他人，双方之间进行的是商事交易。张男一方首先应当遵循诚实信用原则，真实披露房屋的产权情况，同时张男需向银行或买方提交涉及房屋的不动产权利证书，案例中证书上登记了张男一个人是权属人；到不动产登记机构查档，登记簿上也显示权属人仅为张男一人。

既然产权登记上写得明明白白，只登记了张男一人，银行或买方当然会相信，也应当相信。那么，如果银行或买方在看了产权登记以及张男所作的自己对该房产有权处分的声明之后，还要求他们继续去调查了解张男的婚姻情况，以及张男到底是不是这套房子的唯一权属人的话，无疑增加了银行和买方的负担以及交易成本，降低了交易效率。

所以在实践中，银行基于房产登记的公信力，正常办理了房产抵押贷款；或者买方基于对产权登记的信任，以合理的价格买入房产，并完成了房子的过户手续。即便后来张男的配偶丁女站出来说房子是他们的夫妻共同财产，自己之前不知情，知道后不同意把房子办抵押或卖掉，要求撤销抵押合同或房屋买卖合同，这种诉求很难得到法院的支持。因为在这种情况下，对于银行或买方来说，他们已经善意取得了房子的抵押权 / 所有权[①]。

**不动产登记中心为何没有法律义务去审查张男的婚姻状况？**

讲到这里，大家可能会想，银行和买方是为了做生意，让他们去审查张男的婚姻情况，会增加社会的交易成本，这能理解。但是，张男在抵押房子或者卖房子的时候，要到不动产登记中心去办理手续，作为政府部门，不动产登记中心应该要求张男提交婚姻状况证明，如果证明中显示张男有配偶，就应当让其配偶也一起签字参与交易，这样就不会侵害到配偶的共同财产权，这难道不是不动产登记中心应该做的吗？

关于这个问题，其实还是那个道理，夫妻双方在婚后购买的房屋，到底是登记在一方名下，还是双方名下，这是夫妻内部的事情，如果登记在一方名下，应当认为是该夫妻自愿做出了这样的决定，是大家的自由；那么，对于作为仅负责办理登记手续的不动产登记部门来说，其没有必须去审核登记人婚姻状况的义务。

---

①　参见《民法典》第三百一十一条，无处分权人将不动产或者动产转让给受让人的，所有权人有权追回；除法律另有规定外，符合下列情形的，受让人取得该不动产或者动产的所有权：（一）受让人受让该不动产或者动产时是善意；（二）以合理的价格转让；（三）转让的不动产或者动产依照法律规定应当登记的已经登记，不需要登记的已经交付给受让人。受让人依据前款规定取得不动产或者动产的所有权的，原所有权人有权向无处分权人请求损害赔偿。当事人善意取得其他物权的，参照适用前两款规定。

见《最高人民法院关于适用〈中华人民共和国民法典〉婚姻家庭编的解释（一）》第二十八条，一方未经另一方同意出售夫妻共同所有的房屋，第三人善意购买、支付合理对价并已办理不动产登记，另一方主张追回该房屋的，人民法院不予支持。夫妻一方擅自处分共同所有的房屋造成另一方损失，离婚时另一方请求赔偿损失的，人民法院应予支持。

房产已经登记了，登记具有公示和公信效力，不动产登记中心在办理房产的抵押、过户等手续时，按照登记的内容审查相关材料即可，如果房产登记中不涉及产权人的婚姻状况，那就没有义务去审查登记人的婚姻状况。

实际操作中，一些地区的不动产登记中心确实会要求登记人提交自己的婚姻状况证明，以审核房子上是否还有其他共有人，这对于保障配偶的财产权能够起到积极作用，但是也存在一些问题。

例如，有些大龄未婚人士，不动产登记中心要求其提供未婚单身证明，此时很多人会认为自己婚否与房产抵押或买卖并没有关系，反而让自己跑腿去开一个婚姻状况证明，实在是多此一举，于是引发抵触情绪，不愿意配合；也有的因为各种原因无法提供婚姻状况证明等。因此，如果一律要求提供婚姻状况证明，有时会增加大家的办事难度，也会给不动产登记中心的工作带来困扰。

为了简政便民，自全国不动产实施统一登记以来，很多城市的不动产登记中心都陆续推出了“不再审查权利人婚姻状况”的新规，这样，申请人就不用再为婚姻证明跑腿费力了。

比如2020年5月14日厦门市不动产登记中心发布了《关于厦门市不动产登记不再收取婚姻状况证明的通告》[①]。通告内容如下：

一、婚姻关系存续期间取得的不动产属于夫妻共有的，应当

① 厦门市不动产登记中心微信公众号2020年5月14日文：《关于厦门市不动产登记不再收取婚姻状况证明的通告》，载于https://mp.weixin.qq.com/s/--_nk5MWf4sOKKUlAYq9LA，2020年10月20日最后访问。

由夫妻共同申请登记在夫妻双方名下。对于已经登记在一方名下的夫妻共有不动产，夫妻双方可以申请增加另一方为登记权利人。

二、自 2020 年 10 月 1 日起，不动产登记簿记载权利人处分不动产时，登记机构只核验申请人与登记簿记载的权利人是否一致，不再核验申请人的婚姻状况，不再收取婚姻状况证明材料，但以下情形除外：1、夫妻之间增减、变更登记权利人的；2、处分以夫妻资格取得房改房、经济适用房、统建房、房改安置房、危改安置房、落实华侨政策安置房、保障性住房的。

三、为保护夫妻双方共有不动产权益，建议夫妻双方将属于共有但已经登记在一方名下的不动产申请登记在双方名下。

基于以上原因，我们建议，**对于夫妻共有的房产，房产登记时最好将夫妻二人都登记为权利人。**既然产权登记上有两个人的名字，那么房产的抵押和变卖需要两个人都签字同意才能进行，这样便能够有效预防夫妻一方擅自抵押或变卖共同房产的行为。

## 房产加上配偶的名字，离婚时就得被分一半吗

**案例 2-2-2**

张男在结婚之前和父母共同出资全款购买了一套房子，登记在张男名下，这套房子是张男的个人财产。张男和丁女恋爱多年后结婚，丁女提出既然结婚了，希望在房产登记上加上自己的名字。张男和父母左右为难，父母觉得两人刚结婚，不愿意现在就

加上儿媳的名字，要加也得等两年，等婚姻稳定了再加；张男虽然觉得加上丁女的名字也没关系，但毕竟房子花费了父母半辈子的心血，还是应该考虑父母的感受。

那么，如果加上丁女的名字，会不会像张男父母担心的那样，万一离婚，丁女就能分走一半房产？

房产登记加名，实际上是一种赠与行为。案例中，加名后房子由张男个人所有变成了张男和丁女共同共有。既然是共同共有，是不是离婚的时候就得一人一半呢？答案是：并不一定。

众所周知，房产在我国现阶段是一个家庭的重要资产，不少父母为了给子女购置婚房，几乎花去了毕生的积蓄，有的家庭甚至要动用“六个钱包”[①]。父母出资买了房子，如果因为结婚加名导致离婚时房子被分走一半，显然不太公平。

因此，实践中法院在处理这类加名房产的分割问题时，首先会看双方在加名时对各自的份额比例有没有约定，有约定则按约定；若没约定，会综合考虑购房款的来源、双方对房产的贡献、结婚时间长短、加名后婚姻持续时间的长短以及离婚原因等因素，对房产分割的比例进行确定。一般来说，原所有人一方多分，后加名一方少分是常态，双方平分只是例外。

最后，关于此类房产加名问题，我们认为：

对于男女双方来说，感情好，婚姻幸福，加不加名都一样；

① 网络流行词，是指男方的父母、祖父母、外祖父母加上女方的父母、祖父母、外祖父母共六个钱包。

如果因为房产加名问题诱发或加速了感情破裂、婚姻失败，即便加名一方确实得到了一定的财产利益，一得一失两相比较，很难评价这个名加得是否值得。因此面对房产加名，无论是房产所有人一方，还是要求加名一方，都应当综合评估，谨慎处理。

关于因婚姻关系而加名的房产，在离婚时如何分割的问题，给大家分享一则法院判例。

这则判例中，房产本来登记了男方及其父母三个人的名字，男方结婚后又加上女方的名字。后来男女双方离婚，因为房产的分割问题产生纠纷，女方要求至少分割房产市值的四分之一（约169万元），案件经一审、二审，最终法院综合考虑房屋首付款及男方父母参与偿还贷款、男女双方婚后共同生活的时间等因素酌定由男方及其父母补偿女方80万元。

### 案例 2-2-3[①]

2009年9月，男方胡某与其父母共三人与开发商签订房屋买卖合同，购买房屋。房屋总价为1408428元，男方父母共支付了698428元。男方本人与银行签订按揭贷款合同，共贷款80万元。

2011年8月，男方与女方张某登记结婚。

2011年9月，女方与男方及其父母签订一份约定，写明因男方与女方是夫妻关系，自愿增加女方为该处房产的产权共有人，以后该处房产归女方、男方以及男方父母四人共有。同时，办理

① 审理法院：南京市中级人民法院，案号：（2019）苏01民终3478号。

了房屋所有权登记，登记在前述四人名下，没有区分各自的份额。

2016年9月，男方与女方开始分居。后来诉讼离婚，未对房产分割问题进行处理。

2018年，女方另就房产分割问题起诉，要求依法分割，认为男方及其父母应当向女方支付四分之一的房屋折价款。经第三方评估，房屋的评估值为6760300元。

一审法院综合首付款及按揭款的支付、男女双方共同生活的时间，以及案涉房屋配有车位等案情事实，酌定男方及其父母向女方支付对价款40万元。女方应配合男方及其父母将案涉房屋所有权变更登记至男方及其父母名下。

一审法院作出上述判决后，女方认为40万元房屋折价款太低，至少应分房产价值的20%。于是提起上诉。

二审法院认为：四人对于案涉房屋产权份额未做明确约定，因房屋首付款698428元是男方父母支付，且二人结婚之前的房屋贷款都是由男方及其父母偿还，并且男方父母提前偿还商业贷款及部分公积金贷款，因此一审法院在分割时综合考虑到房屋的来源以及各方对房屋所做贡献大小，对诉争房屋产权没有作等额分割并无不当。但一审法院酌定男方及其父母给付女方房屋补偿款40万元明显偏低，对此予以调整。

综合考虑房屋首付款及男方父母参与偿还贷款数额，二审法院酌定男方及其父母给付女方房屋补偿款80万元。

虽然女方曾提取其公积金账户余额参与房屋还贷，双方婚姻关系存续期间也偿还了部分公积金贷款，但双方自2016年9月分居后经济不再混同，因此女方主张其应享有房屋至少20%产权份额的上诉请求，依据不足，二审法院对此不予支持。

在中国的离婚诉讼当中，房子往往是双方争议的重头戏，不管是房屋的所有权、分割份额，还是离婚后的居住权等，房屋分割虽在家事法律修改和司法实践中不断变化，但脉络还是比较清晰的，即**保护房屋真正出资一方**。因此，在面临房屋讼争时，保留和寻找房屋出资证据尤为关键。

## 配偶把房子给我，签份协议就行吗

### 案例 2-2-4

张男和丁女结婚多年并育有子女，因张男有过一段婚外恋情，丁女发现后提出离婚，张男不同意，并表态今后会忠于家庭。为表诚心，张男和丁女签订了一份协议，协议中写明张男婚前全款购买的房产A归丁女所有，是丁女的个人财产，丁女可以随时要求过户，张男必须配合。张男和丁女均在协议上签字捺印。

协议签订后，丁女心想反正协议写得很清楚了，房产A归丁女所有，于是就没急着去办理房产过户手续。

两人的感情裂痕一直没能修复，后来在一次争吵中，张男提出房产A不给丁女了，丁女认为白纸黑字写得很清楚，签了字就不能反悔，并且要求张男配合去办理房产过户手续，张男不同意。

丁女打算起诉，要求张男履行协议，将房产A过户到丁女名下，法院会如何判决？

先说结论：

案例中，房产A是张男在婚前全款购买，因此属于张男的个人财产。张男在协议中写明将房产A给丁女，归丁女所有，实际上这是一种房产赠与行为。房子是不动产，在我们国家，不动产以登记为准，登记到谁名下才算是谁的。

所以，只要没有办理房产过户登记，说明房子还不是丁女的，如果这时候张男反悔，提出撤销赠与，那么确实是可以撤销的。张男撤销后，丁女自然就拿不到房子。

如果当时签了协议之后，丁女马上要求张男去办理房产过户手续，将房子登记在丁女名下；或者即便没有办过户手续，但二人将那份协议做了公证，经过公证的赠与合同是不能撤销的[1]。那就意味着，这两种情形下张男都不能再反悔要回房子了。

生活中，还有一种情形也比较常见：

张男和丁女结婚后购买了一套房，登记在二人名下，这套房子是二人的夫妻共同财产。后来他们签订了一份协议，内容约定婚后买的这套房归丁女所有，是丁女的个人财产。因为房子仍在还贷，暂时无法办理过户手续，于是在协议中写明等具备过户条

① 参见《民法典》第六百五十八条，赠与人在赠与财产的权利转移之前可以撤销赠与。经过公证的赠与合同或者依法不得撤销的具有救灾、扶贫、助残等公益、道德义务性质的赠与合同，不适用前款规定。

件时，丁女可以随时要求将房子过户至自己一个人名下。

这种约定相当于张男将自己在共有房产上的份额赠给了丁女，如果没有同步办理过户登记的话，张男能否像上例中那样反悔撤销赠与呢？

关于这个问题，目前来说，实践中法院的审判观点尚未统一，有的认为是赠与，没过户就可以撤销；有的认为是夫妻财产协议，签字了就不能反悔。

这里给大家分享另一个法院判例，在这个案件中，一审法院和二审法院的观点就截然不同。

### 案例 2-2-5[①]

男方谢某1和女方谢某2登记结婚，二人在婚后购买了一套房产B，以女方名义向银行按揭贷款并由夫妻二人共同还贷，这套房产是二人的夫妻共同财产。

婚姻存续期间二人签订了一份《婚内财产协议书》，协议约定房产B归女方所有。

其后，两人因感情不和离婚。离婚后女方向广州增城法院起诉，要求确认房产B归女方所有，并要求男方配合办理房屋产权证并协助过户。

一审法院审理后认为：根据《婚内财产协议书》的内容，男

① 一审法院：广州市增城区人民法院，案号：（2018）粤0118民初200号；二审法院：广州市中级人民法院，案号：（2019）粤01民终3828号。

方实际是将夫妻共同财产房产B中属于其所有的份额赠与女方。《最高人民法院关于适用〈中华人民共和国婚姻法〉若干问题的解释（三）》第六条[①]规定，婚前或者婚姻关系存续期间，当事人约定将一方所有的房产赠与另一方，赠与方在赠与房产变更登记之前撤销赠与，另一方请求判令继续履行的，人民法院可以按照《合同法》第一百八十六条的规定处理。《合同法》第一百八十六条第一款[②]规定，赠与人在赠与财产的权利转移之前可以撤销赠与。

现在房产B并未办理变更登记手续，房产B的所有权尚未发生转移，男方不同意房产B归女方一人所有，认为应平均分割，符合上述法律规定。

于是，一审法院对男方要求平均分割房产B的请求予以支持。

女方不服，认为两人签订的是夫妻财产协议，法律规定夫妻财产协议对双方有效，男方应当按照协议内容配合将房产B过户到女方一人名下。

二审法院审理后认为：关于房产B的分割处理问题。《婚姻法》第十九条第一款[③]规定，夫妻可以约定婚姻关系存续期间所得的财产以及婚前财产归各自所有、共同所有或部分各自所有、部分共同所有。

经查，房产B购买于男女双方的婚姻存续期间，并以女方名

① 已失效，现对应《最高人民法院关于适用〈中华人民共和国民法典〉婚姻家庭编的解释（一）》第三十二条。

② 已失效，现对应《民法典》第六百五十八条第一款。

③ 已失效，现对应《民法典》第一千零六十五条第一款。

义向银行申请贷款和共同还贷，故一审认定房产B性质上属于夫妻共同财产正确，二审法院对此予以确认。

男女双方签订了《婚内财产协议书》，该协议第二条明确约定了房产B归女方所有。审查男方与女方均为完全民事行为能力人，签订上述协议时不存在法律规定无效或者可以撤销的法定情况，上述协议是二人在婚姻存续期间对夫妻部分共同财产的归属作出的明确清晰的约定，合法有效，应当遵照执行。

同时，房产B是夫妻共同财产，而非男方的个人财产，故本案亦不适用《最高人民法院关于适用〈中华人民共和国婚姻法〉若干问题的解释（三）》第六条的规定。一审适用上述法律规定判决案涉房屋平均分割不当，二审法院对此予以纠正。

同一份协议，相同的内容，即将婚后夫妻的共同房产约定都给其中一方，一审和二审法院的观点却截然不同。一审法院认为是房产赠与，既然没有过户就能撤销；二审法院认为是夫妻财产约定，自愿签订了就应当遵守。当然，我们国家实行二审终审制，这个案子的结果以二审法院的判决为准。特别说一句，笔者认同该案二审法院的判决。

大家可能会觉得法院作为权威专业机构，他们的观点怎么还经常不统一呢？其实这很正常，我国法律的适用不是靠过往的判例，而是主要依赖成文法律。法律本身是立法者制定的一种规则，既然是人制定的，自然不可能全方位无死角地覆盖生活的方方面面；同时，法律也需要人来理解和执行，那么不同的人对法律有不同的理解也是正常的。因此，实践中有些情况法律没有规定，或者同一个案子，法官对法律的适用和理解不同，所作的判决不同，也就不奇怪了。

当然，法律也在不断变化当中，面对社会的新变化、新需求，法律也会相应地进行调整和完善。就像《民法典》，为了回应时代需求，增加了许多新规定，也对之前的很多规定做了修改和完善。

**从保障婚姻财富的角度来讲，大家并不需要深入掌握这些法律的立法背景和具体的适用情况，但建议理解并记住以下内容总结。**

如果夫妻双方通过签订协议的方式改变房产归属，比如，将一方婚前的房产约定为归另一方所有，或归双方共有；或者，将双方的夫妻共同房产约定为仅归一方所有，或一方享有 80% 的份额，另一方享有 20% 的份额，等等。只要是协议涉及房产的产权变动，安全起见，我们建议如下：

1. 签订协议后，马上同步办理房产的过户登记手续；

2. 如果因为房产有按揭等原因无法及时办理过户登记，那么就去公证处对协议进行公证，因为经过公证的赠与合同不能再任意撤销；

3. 如果因为某些原因不能办理公证，可以在协议中加上一条，如“本协议中赠与房产或赠与房产份额的一方自愿承诺放弃赠与的任意撤销权，不论是否办理房产过户登记，赠与方都不能撤销对另一方的赠与”。

## 婚后买房时父母出资，是赠与还是借款

### 案例 2-2-6

张男和丁女在2016年结婚，两年后小孩出生，两人决定置换一套四室的大房，以方便将来孩子活动以及双方父母过来照顾。将原有的两居室卖了之后，置换大房还有较大的资金缺口。张男的父母准备了一部分资金，在张男和丁女向开发商支付购房款的前一天，张男母亲转到张男卡上100万元。购房手续办妥之后，房产登记在了张男和丁女两人名下。

张男和丁女因为在子女教育问题上存在较大分歧，常常争吵导致感情受到影响。2019年两人决定离婚，离婚时关于房子的分割问题又出现了分歧。

这套房子是两人婚后购买的，归两人共同共有，离婚时应当予以分割，房产的价值原则上一人一半，两人对于这点能取得一致。问题是，当年购房时张男母亲出资的100万元如何处理？是借给他们，需要返还？还是赠给他们，不用归还了？如果是赠与的话，100万元是赠给张男个人，还是赠给张男和丁女夫妻两人？

张男当然认为钱是父母借给他们买房的，应当还给父母；丁女则认为，钱是赠给他们，支援他们买房的，不需要返还。两人争执不下，起诉到了法院。法院会如何判决？

早在2014年，笔者团队就代理过一件与上述案例相似的离婚纠纷，那时全国房价还没有开始新一轮普涨，房产的总价值相对来说不算高，那个案件中男方父母的出资款也只有15万元。后来男女双方离婚，房产作为夫妻共同财产分割，关于男方父母出资的这15万元，男方认为是借款，应当由男女双方一起偿还；女方则认为是赠与，是赠给他们夫妻双方用于婚后购房的，既然是赠与，就不需要返还。

诉讼中一审法院依据《最高人民法院关于适用〈中华人民共和国婚姻法〉若干问题的解释（二）》第二十二条的规定[①]，认为男方父母的出资发生在儿子结婚之后，并且出资时没有明确表示仅赠给儿子一人所有，因此，男方父母的这15万元应当认定为对儿子夫妻双方的赠与，且赠与已完成，无须返还。

按照以上分析来说，前述案例中张男母亲为张男婚后购房出资的100万元，似乎也应当认定为赠给张男和丁女夫妻双方的，无须返还。

但是，今非昔比，房价经历了2015年那轮大涨之后，房产价

① 《最高人民法院关于适用〈中华人民共和国婚姻法〉若干问题的解释（二）》第二十二条规定，当事人结婚前，父母为双方购置房屋出资的，该出资应当认定为对自己子女的个人赠与，但父母明确表示赠与双方的除外。当事人结婚后，父母为双方购置房屋出资的，该出资应当认定为对夫妻双方的赠与，但父母明确表示赠与一方的除外。

最高人民法院关于适用〈中华人民共和国民法典〉婚姻家庭编的解释（一）》出台后，前述解释已经失效，对应的条文为第二十九条，当事人结婚前，父母为双方购置房屋出资的，该出资应当认定为对自己子女个人的赠与，但父母明确表示赠与双方的除外。当事人结婚后，父母为双方购置房屋出资的，依照约定处理；没有约定或者约定不明确的，按照民法典第一千零六十二条第一款第四项规定的原则处理。

值在家庭资产中的比重再次大大提升。子女结婚购房，以子女工作短短几年的积累来说，远远不够支付房款。

实践中，父母为子女购置房屋，或者父母在子女购房时大额出资已是普遍现象。很多父母为了筹钱帮子女买婚房，往往倾尽半生积蓄，甚至还要找亲戚朋友借贷凑钱。在目前这种现实环境之下，如果让父母的出资因为子女离婚而受到损失的话，对于父母来说，非常不公平，也会成为社会的一种不安定因素。

基于以上社会现实，这两年不少法院在处理类似案件时，对父母在子女婚后购房时的出资行为，不再当然认定为赠与。如果主张是赠与的一方没有明确证据（比如赠与协议、聊天记录等）证明是赠与的话，法院基于公平原则和公序良俗，倾向于认定资金是父母在子女婚后购房时的临时性出借，子女负有偿还义务①。这样，若子女离婚，子女婚后购买的房产作为夫妻共同财产被分割，但是子女购房时父母的出资，两人仍有义务偿还，这便使得父母的出资不至于因为子女的离婚而要不回来。

司法实践中，虽有这种裁判倾向，但也有法院继续依据前述司法解释的规定，将父母在子女婚后购房时的出资，认定为对子女夫妻双方的赠与，无须返还。也就是说，关于这一问题，目前

① 例如，宜宾市中级人民法院在（2019）川15民终1985号案件中的观点："在当前高房价的背景下，部分子女经济条件有限，父母在子女购房时出资属于常态，但这种现象并不能被当作理所当然，也绝非法律所倡导。子女成年后，父母已尽到抚养义务，并无继续供养的义务。子女买房时父母出资，除明确表示赠与的以外，应视为以帮助为目的的临时性资金出借，子女负有偿还义务。"

不同法院的裁判标准存在分歧。

**为避免分歧和潜在的纠纷，对于在子女结婚之后出资帮子女购房的父母，我们建议如下：**

1. 可以明确表示出资是借款

作为帮子女出资的父母这一方，大可明确告知子女及其配偶这是借贷，而不是赠与。

即便告知钱是借给他们，并让子女及其配偶写借条，也不至于影响家庭关系的和谐，因为父母同时也可以告诉子女“钱你们放心用着，我们老两口现在也花不到，不用急着还，打借条是想让你们有奋斗的动力……”等等。宽心的话说了，只要手上有借条，就可以锁定这笔钱是借款，万一子女婚变，则可要求他们返还。

当然，作为父母，肯定希望子女的婚姻幸福美满，只要子女幸福，这张借条永远不发挥作用是最好的。

2. 可以明确表示出资是赠给自己子女个人的

如果实在担心让子女夫妻二人写借条会影响家庭和睦，同时又担心子女的婚姻不稳定，最终导致自己的出资款被分掉的话，那么作为父母，在出资的同时，可与自己子女个人签订一份赠与协议，协议中明确表示该笔资金用于子女婚后购房，是对其子女一方的赠与。这样，购房资金来源会成为房产分割比例的一个重要影响因素，利于自己子女争取更多的房产份额。

3. 以全款购房并登记在自己子女名下，同时通过赠与协议等书面

方式明确仅赠给子女个人，实现房产仅归子女个人的法律效果

当然，作为子女，也应当认识到自己已经成年，父母对成年子女已无继续抚养的义务。不管是作为婚姻中的哪一方，都不应将双方父母对自己小家庭的资金支持，理所当然地认为是无偿赠与。**子女面对父母的付出与资助，心怀感恩，并主动提出为父母出具借条是更值得提倡的方式。**

## 本节总结

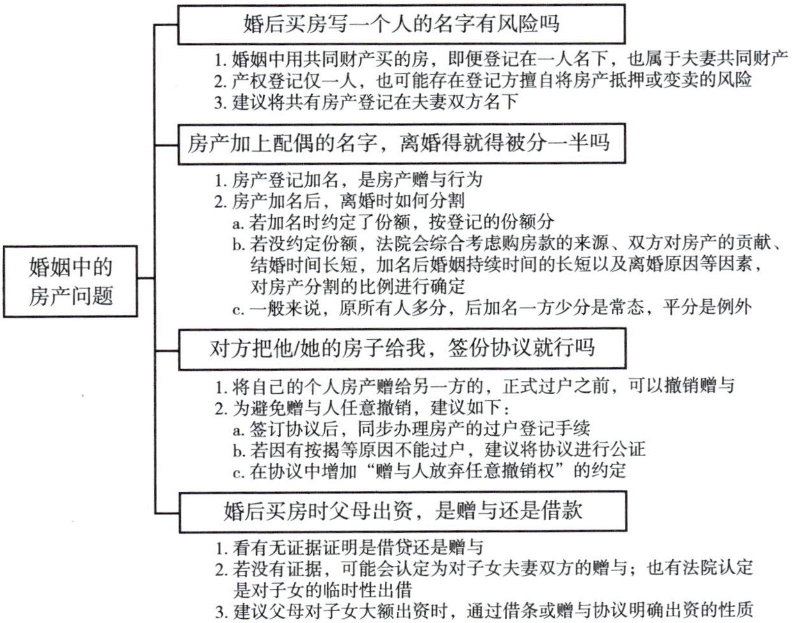

# 第三节　夫妻应当相互忠诚

## 配偶送给情人的钱财，能要回来吗

### 案例 2-3-1

张男和丁女在 2006 年结婚，两人白手起家，婚后创业开了一家贸易公司，生意不错，后来丁女退出公司管理做起了全职太太。结婚十余年，二人积累了不少财富。2017 年某天，张男在一次应酬中认识了王某，两人迅速发展为情人关系，一直到 2019 年初才被妻子丁女发现，夫妻二人大吵一场，在丁女的追问之下，张男说出这两年陆续给了王某几十万元，并帮王某购买了房产。

丁女非常生气，打算起诉将张男送给情人的资金和房产要回来。问题是，能否要回，如何要回？

我们知道，在婚姻关系存续期间，如果夫妻双方没有签订类似 AA 制的财产协议，那么夫妻任何一方在婚后挣的工资、奖金，做生意赚的钱等财产都属于夫妻共同财产，归双方共同所有，而且是不分份额地共同享有所有权。

同时，夫妻二人对这些共同财产也享有平等的处理权，如果超过日常生活需要而对共同财产做出处理时，比如买房、投资，或将大额财产赠给别人，则需要夫妻双方平等协商，取得一致意见。

案例中，张男擅自用夫妻共同财产赠给情人大额资金、给情人买房这样的行为，实际上侵害了丁女的共同财产权，这种赠与行为是无效的。丁女可以向法院提起诉讼，要求确认张男对王某的赠与行为无效，进而要求王某返还受赠财产。

从另一个角度讲，法律规定了夫妻之间相互忠诚的义务[①]，禁止有配偶者与他人同居。有配偶者与婚外异性发展为情人关系，也违反了夫妻忠诚义务，对社会公共秩序和善良风俗都是一种损害，因此，对案例中类似张男擅自将夫妻共同财产赠给情人的行为，也应当认定为无效。

需要注意的是，如果丁女要求王某返还受赠财产，而王某拒不返还，那么丁女只能到法院去起诉。前文多次强调，打官司证据是关键，需要丁女提交相关证据来证明张男在婚姻关系存续期间给了王某财产，包括给了什么，给了多少，通过什么方式给的等。这些证据又往往需要张男配合提供，所以配偶的配合度对能要回多少财产，影响还是非常大的。同时，有些财物确实赠与了，比如名贵化妆品、手表、包包等，即便张男手上还保留有购物记录，但有购物记录并不能证明买了之后是赠给王某了，因此，对于这类物品的追回相对有难度。

---

① 参见《民法典》第一千零四十三条，家庭应当树立优良家风，弘扬家庭美德，重视家庭文明建设。夫妻应当互相忠实，互相尊重，互相关爱；家庭成员应当敬老爱幼，互相帮助，维护平等、和睦、文明的婚姻家庭关系。

## 有配偶出轨的证据，就能让他/她净身出户吗

### 案例 2-3-2

张男和丁女在 2006 年结婚，婚后创业开了一家贸易公司，生意不错，后来丁女退出公司管理做起了全职太太。结婚十余年，两人积累了不少财富。

2017 年某天，张男在一次应酬中认识了王某，两人迅速发展为情人关系。丁女有所察觉，后来在张男的手机中发现了两人外出游玩的照片，举止亲密；并且看到了张男和王某的聊天记录和一些转账记录，确认张男出轨了。

丁女把照片和聊天记录都拷贝保存了下来，希望借助这些证据在与张男的谈判或离婚诉讼中让张男净身出户。

问题是，一方出轨，离婚时就会净身出户吗？

首先需要说明的是，“一方有出轨行为，离婚时就会净身出户”，这是一条流传甚广的“谣言”。《民法典》以及相关司法解释中，通篇没有关于“出轨”就净身出户（不分财产）的说法，法律规定的离婚时少分或不分财产的情形中也没有包含“出轨”这一情节。

其实所谓出轨和净身出户，并不是法律上的用语，而是生活中大家的习惯说法。大家说到净身出户，通常指的是离婚时一方不分财产或者仅分得极少一部分。根据法律关于婚姻财产归属的规定，我们知道，如果夫妻双方没有例外约定，那么双方婚后挣的钱、购置的财产属于夫妻共同财产，离婚时双方要对这些共同

财产进行分割，原则上是均等分割。

《民法典》规定了夫妻一方在离婚时不分或少分财产的情形，包括夫妻一方存在隐藏、转移、变卖、毁损、挥霍夫妻共同财产，或者伪造夫妻共同债务企图侵占另一方财产的行为[①]。其中，并未包括类似“出轨”“与他人同居”的情形。

当然，根据我国《民法典》的规定，离婚时，夫妻双方关于共同财产的分割问题协商不成的，由人民法院根据财产的具体情况，按照照顾子女、女方和无过错方权益的原则判决。那么，有配偶的人有重婚，或者与婚外异性长期稳定同居的话，会构成婚姻中的过错，法院在判决财产分割时，可以对无过错方进行照顾，既然是照顾，幅度必然不会倾斜到完全不分给过错方。

毕竟，让夫妻一方净身出户完全不分财产，或者仅分一点点近乎不分，相当于剥夺了夫妻一方分割共同财产的权利，**除非其自愿，否则，从司法实践来看，在离婚时完全不分给“出轨”一方财产也并不常见。**

既然实现不了“证明出轨就能让他 / 她净身出户”的目的，那么动辄花费几万元甚至十几万元聘请“私家侦探”去收集配偶出轨的证据，完全没有必要；况且，如果取证的方法不合法，收集到的证据并不能被法院采纳，还可能涉及侵害他人隐私权的问题，得不偿失。

---

①　参见《民法典》第一千零九十二条，夫妻一方隐藏、转移、变卖、毁损、挥霍夫妻共同财产，或者伪造夫妻共同债务企图侵占另一方财产的，在离婚分割夫妻共同财产时，对该方可以少分或者不分。离婚后，另一方发现有上述行为的，可以向人民法院提起诉讼，请求再次分割夫妻共同财产。

## 忠诚协议到底有没有用

### 案例 2-3-3

前述案例中，丁女在发现张男和王某的婚外情后，提出离婚，张男不同意离婚，并向丁女写了保证书，保证断绝与王某的联系，也不会再与其他异性发生婚外情，否则离婚时张男就净身出户。

丁女担心保证书不够正式，又与张男签订了一份更加正式的忠诚协议，在协议上明确列举了哪些行为属于不忠行为，如果张男违反就必须在丁女提出离婚后两日内与丁女到民政局办理离婚手续，同时约定离婚时张男必须净身出户，家里所有财产都归丁女。

问题是，忠诚协议是否具有法律效力，离婚时法院是否会依据夫妻双方签订的忠诚协议进行判决？

忠诚协议，简单来说就是夫妻双方签订的，双方不得违反夫妻忠诚义务，否则承担支付赔偿金、离婚少分或不分财产、失去子女抚养权等有惩罚性后果的协议。

常见忠诚协议的内容如下：

“若一方出轨，离婚时出轨一方就净身出户。”

“若一方出轨，出轨一方向另一方支付 ×× 万元赔偿金。”

“若一方出轨，就失去子女的抚养权。”

在此首先提醒，如果协议中出现“出轨一方必须同意离婚，必须放弃子女抚养权”等内容，这些条款是无效的，因为离婚自由、对子女的抚养权都属于人身权利，限制或剥夺人身权利的条款是无效的，法院不会据此进行判决。

具体何种行为算是出轨和不忠，不同夫妻有不同的约定。另外，除了比较正式的忠诚协议之外，现实中还有以惩罚出轨行为为内容的保证书、认错书、空床费协议等，实际上也属于忠诚协议。

常常有客户咨询，能否通过签订忠诚协议，做到离婚时让出轨方净身出户？

关于这个问题，先说结论：难！难！难！

因为，净身出户的约定相当于完全剥夺了出轨一方分割夫妻共同财产的权利，是一种比较严厉的惩罚。**除非他 / 她自愿净身出户，否则，这样的约定很难得到法院的支持。**

因此，实践中如果双方签订出轨一方少分或不分财产，或者出轨一方要给对方高额赔偿金的忠诚协议，法院在处理离婚财产分割问题上，一般不会直接据此进行裁判。但毕竟协议是双方自愿签订的，因此多数法院在判决时也会适度参考忠诚协议的内容①。

---

①　例如江苏高院在其发布的《家事纠纷案件审理指南（婚姻家庭部分）》（2019年7月18日）第二十五条规定：夫妻双方订立如果夫妻一方发生婚外情、实施家庭暴力、赌博等行为，离婚时放弃财产的协议，离婚时能否作为裁判的依据？夫妻双方订立如果夫妻一方发生婚外情、实施家庭暴力、赌博等行为，离婚时放弃财产的协议，不属于夫妻财产约定。离婚时无过错的夫妻一方以夫妻财产约定为由主张据此分割财产的，不予支持。但在分割财产时，应当综合考虑当事人过错情况等对无过错的夫妻一方酌情予以照顾，以平衡双方利益。

那么，签订忠诚协议一点儿作用也没有吗？并不是。

首先，夫妻双方在一方出轨之后签订的忠诚协议、保证书等，一般都会在上面陈述出轨方的出轨事实。将来非出轨一方起诉要求离婚时，这些内容能够作为双方感情破裂的证据之一；也能证明出轨一方对双方的感情破裂和离婚存在过错，进而依此在共同财产分割问题上向法院争取照顾[①]。

其次，如前文所述，虽然无法直接通过忠诚协议让出轨一方净身出户，但毕竟是双方自愿签订的协议，多数法院会酌情考量忠诚协议的内容，因此，忠诚协议对财产的分割，多少也能产生一些影响。

但是，建议忠诚协议约定的内容不要太苛刻、显失公平，像出轨就净身出户，或者家庭年收入二三十万元但协议中却约定出轨就赔偿对方过百万元的，法院一般不会直接按照协议判决。

最后，需要提醒的是，如果打算在配偶出轨之后惩罚对方的不忠行为，也让自己在离婚时获得更多财产补偿，应当签的不是忠诚协议，而是婚姻财产协议，也即专门就双方婚前婚后的财产归属问题进行约定。比如，双方婚后购置的三套房产本来属于夫妻共同财产，可以通过书面协议的方式约定其中两套归未出轨一方所有（同步办理房产变更登记，或对协议进行公证），另外一套归夫妻共有。注意，协议中仅就财产归属问题进行约定，避免出

① 参见《民法典》第一千零八十七条第一款，离婚时，夫妻的共同财产由双方协议处理；协议不成的，由人民法院根据财产的具体情况，按照照顾子女、女方和无过错方权益的原则判决。

现“离婚时按此协议执行”等涉及离婚的相关表述。因为按照最高人民法院的司法解释，以离婚为条件的财产分割协议，如果婚没离成，这种协议不会生效[1]。

笔者多次强调，好的婚姻，感情上尊重，财富上赋能。尊重是感情存在的基础，财富是感情成长的保障。但凡事过犹不及，把金钱和感情绑定得过死，有可能既丢了感情，又得不到财富。感情和财富，贵在平衡。

## 本节总结

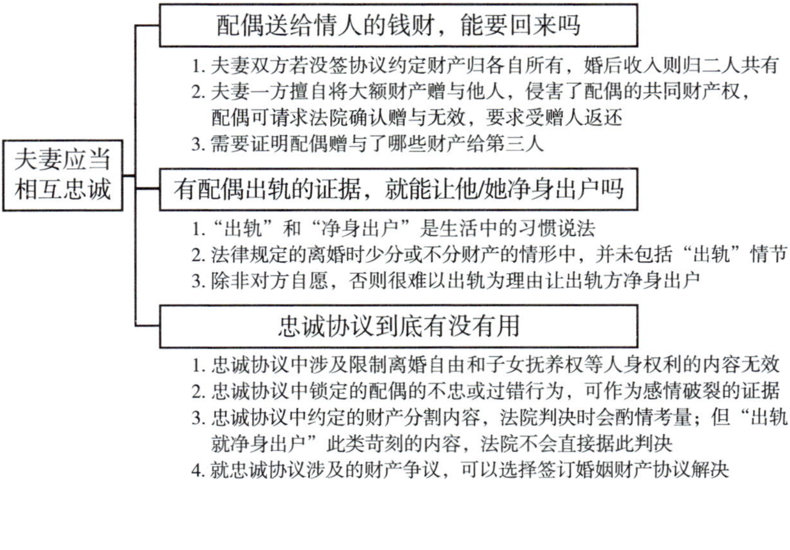


① 参见《最高人民法院关于适用〈中华人民共和国民法典〉婚姻家庭编的解释（一）》第六十九条第一款，当事人达成的以协议离婚或者到人民法院调解离婚为条件的财产以及债务处理协议，如果双方离婚未成，一方在离婚诉讼中反悔的，人民法院应当认定该财产以及债务处理协议没有生效，并根据实际情况依照民法典第一千零八十七条和第一千零八十九条的规定判决。

# 离婚篇

# 第三章　婚姻幸福两大天敌
# ——出轨、家暴不可忍

## 第一节　离婚的成本和理由

### 给离婚算算账

每段婚姻都在男女双方的期望和亲朋好友的祝福中开始，幸福美满、白头偕老，是大家共同的期待。遗憾的是，一部分婚姻会在各种各样的现实面前提前结束。

2020 年 1 月 19 日，民政部举行 2020 年第一季度例行新闻发布会，会上公布 2019 年全国婚姻登记机关共办理结婚登记 947.1 万对，离婚登记 415.4 万对[①]。这意味着 2019 年有 415.4 万对曾经亲密的伴侣选择结束婚姻。

在我国，离婚有两种方式：通过民政局登记离婚和通过法院调解或诉讼离婚。

登记离婚以双方协商一致为前提，如果双方都同意离婚，并且对于财产分割、子女抚养等问题也能取得一致意见，那么通过婚姻登记机关登记离婚即可；如果一方提出离婚，另一方不同意，

---

①　民政部 2020 年第一季度例行新闻发布会，载于 http://www.mca.gov.cn/article/zwgk/xwfbh/n22/，2022 年 6 月 20 日最后访问。

或者双方关于财产分割、子女抚养等问题无法协商一致时，只能通过法院解决离婚问题。

登记离婚的流程问题，在此次《民法典》的修订中改变非常大。根据《民法典》的最新规定，夫妻双方通过民政局办理离婚登记的，不能再像以往一样“当场拿证”，而是需要先向婚姻登记机关提交离婚登记申请，在婚姻登记机关收到申请之日起三十天内，任何一方经过考虑不愿意离婚的，可以撤回申请，这就是网络上大家讨论较多的“离婚冷静期”。即双方在提交离婚登记申请后，都有一个为期三十天的冷静时间，认真考虑到底离还是不离[①]。

如果是一时冲动提起的离婚，或者是经过综合考量后认为婚姻还有挽回的必要和空间，那么任何一方都可以在这三十天内撤回离婚申请。

如果经过“冷静”，还是决定离婚，则需要双方在冷静期届满后三十天内，亲自到婚姻登记机关申请发给离婚证，这时才算是正式离了婚；如果双方都没去或者一方没去的，就当是撤回了之前提交的离婚申请，自然就领不了离婚证。此后又想登记离婚的，还得重新申请；重新申请的程序和第一次申请一样。

可见，在《民法典》新增的“离婚冷静期”规定之下，虽然确实可以避免一些冲动离婚、草率离婚的情形，进一步增强大家

---

①　参见《民法典》第一千零七十七条，自婚姻登记机关收到离婚登记申请之日起三十日内，任何一方不愿意离婚的，可以向婚姻登记机关撤回离婚登记申请。前款规定期限届满后三十日内，双方应当亲自到婚姻登记机关申请发给离婚证；未申请的，视为撤回离婚登记申请。

对婚姻和家庭的重视，对缓解近年来持续增高的离婚率有一定作用；但同时，“离婚冷静期”的规定，也增加了协议离婚的时间成本。

即便如此，与诉讼离婚相比，协议离婚的时间成本仍是最低的。除时间成本外，不管是哪种离婚方式，给当事人带来的金钱成本、精神压力等影响都不小。

1. 协议登记离婚的隐性成本并不低

平时向笔者团队咨询离婚问题的客户非常多，对于双方均有离婚意愿，共同财产相对不多，子女抚养问题也有协商空间的客户来讲，我们一般建议尽量通过协商，选择向民政局登记离婚的方式解决离婚问题，这样对于双方来说效率最高、成本最低。但对于情况稍复杂的客户，则有必要由律师介入，提供咨询、谈判等专业法律服务，以在财产分割和子女抚养等问题上争取更多利益。

尤其需要关注的情形是，很多夫妻或是为了快速结束婚姻，或是因为对共同财产没有摸清，又或是因为对财产分割、子女抚养等问题没有认识清楚，而草率签订了离婚协议并办理了离婚登记，在登记离婚后又常常产生新的问题。比如认为自己分得的财产少，对方支付子女抚养费金额太低，或者发现对方隐瞒了财产等。如果这时再去找对方就这些问题进行协商，难度可想而知，协商不成就只能通过打官司的方式来解决，这种情况下就绝不是登记离婚时几块钱工本费的问题了。所以，协议离婚看似成本低，一旦处理不好，带来的后续问题会更加耗时耗力。

以下这则案例恰能说明草率协议离婚带来的隐患。

**案例 3-1-1**

丁女和张男在 2016 年通过知名婚恋网站认识，考虑到年龄和家人的催促，二人交往半年后便结了婚，并在婚后第二年生下儿子。但因婚前了解不足，婚后发现彼此的生活习惯、处事风格以及性格等均有较大差异，导致常常争吵、冷战。

婚后第三年，丁女终于决定结束婚姻，向张男提出后，张男不同意，为此又大吵了一架。此后，二人感情并未好转，争吵不断。丁女再次提出离婚，张男说离婚可以，但前提条件是孩子由张男抚养，婚后二人共同出资购买的房屋也归张男，各自名下的存款归各自所有，无须与对方分割。丁女为早日从常年或争吵或冷战的婚姻生活中解脱，便答应了张男提出的条件，二人到民政局办理了离婚手续。

离婚后丁女想念儿子，又不能跟儿子共同生活，倍感失落；探望儿子时，丁女感觉张男总是以这样那样的理由阻挠。丁女觉得当初不应当那么快答应张男的离婚条件，自己完全可以争取儿子的抚养权，也可以争取更多的财产利益。

丁女为了要回儿子的抚养权，提起了变更子女抚养关系的诉讼；同时认为财产分割对自己很不公平，也打算起诉要求重新分割夫妻共同财产。

问题是，丁女打算变更子女抚养关系以及重新分割夫妻共同财产的请求，能实现吗？

丁女在变更抚养权纠纷立案之后，经朋友介绍找到我们团队，想咨询案子胜诉的概率，并希望委托我们代理（之前的离婚程序，以及此次提起变更抚养权诉讼，丁女均未咨询或委托律师，主要是自己通过网络了解部分法律知识）。

我们向丁女了解了案件的详细情况以及相关证据，分析后认为，丁女要求变更儿子抚养关系的诉讼请求大概率会被法院驳回。

原因是，离婚时丁女和张男关于儿子由哪一方直接抚养的问题已经达成一致意见。离婚不是小事，一般情况下，当事人都会综合多种因素慎重考虑。离婚后又反悔，进而要求变更子女抚养权的，需要有特殊情况，如与子女共同生活的一方因患严重疾病或因伤残无力继续抚养子女，或者与子女共同生活的一方不尽抚养义务或有虐待子女行为，或者有其他对子女身心健康不利的情形，法院才会支持变更抚养关系。

若没有类似特殊情况，而仅仅是因为自己想孩子了、后悔了，认为孩子跟着自己生活会更健康快乐等原因，进而要求变更子女抚养关系的话，法院是不会支持的。

丁女便属于这种情况，她并没有变更儿子抚养权的有力证据。我们预判该案丁女会败诉，并建议她无须额外在这件案子上花律师费。最后，正如我们所料，法院驳回了丁女的诉讼请求。

关于丁女咨询能否起诉要求重新分割财产的问题，男女双方协议离婚后就财产分割问题反悔，请求撤销财产分割协议的，法院会受理；但受理不代表会重分财产。法院审理后，如果没有发现订立财产分割协议时存在欺诈、胁迫等情形的，会驳回当事人的诉讼请求①。

像丁女和张男这种情况，他们是经协商后自愿签署的离婚协议，不存在所谓的欺诈或胁迫。现在只是因为事后觉得自己分到的太少了、不公平，才打算起诉要求重分财产。这种情况下，法院是不会支持的。毕竟，法治社会要有契约精神，自己签字认可的协议，就应当履行。动辄反悔，是一种不诚信的表现，法院也不会支持。

2. 诉讼离婚需要花多少钱

通过诉讼方式离婚，涉及的费用往往包括案件受理费、保全费、评估费、鉴定费、律师费等。

（1）案件受理费

离婚案件每件交纳 50 元至 300 元。涉及财产分割的，若财产总额超过 20 万元，超过的部分，按照 0.5% 交纳②。

---

①　参见《最高人民法院关于适用〈中华人民共和国民法典〉婚姻家庭编的解释（一）》第七十条，夫妻双方协议离婚后就财产分割问题反悔，请求撤销财产分割协议的，人民法院应当受理。人民法院审理后，未发现订立财产分割协议时存在欺诈、胁迫等情形的，应当依法驳回当事人的诉讼请求。

②　《诉讼费用交纳办法》第十三条第二项规定，非财产案件按照下列标准交纳：1. 离婚案件每件交纳 50 元至 300 元。涉及财产分割，财产总额不超过 20 万元的，不另行交纳；超过 20 万元的部分，按照 0.5% 交纳……

也就是说，如果离婚不涉及财产分割问题，到法院仅是请求法院判离婚或一并解决子女抚养问题，那么只需要交 50 元到 300 元的案件受理费即可，相当于按件交纳。各地根据当地经济文化发展水平决定具体金额，北京市是 150 元 / 件，广东、浙江等地区按 300 元 / 件收取；实务中，为便利当事人诉讼，法院立案时通常减半收取，至于另一半则在法定情况下补交。

如果同时涉及财产分割，比如原告张男在广东起诉离婚，且要求分割的财产价值 400 万元，那么张男需要交纳的案件受理费是 300 元 +（400 万元 −20 万元）× 0.5% = 19300 元。如果最终案件是调解结案，或者法院采用简易程序审理的话，还会减半收取，即 9650 元。

同时，因为离婚案件具有较强的人身家庭属性，诉讼费的承担并非简单地由败诉方承担，而是先由双方当事人协商，协商不成的，再由法院决定。在原告撤诉的情况下，案件受理费则由原告承担。

（2）保全费

离婚时，为了防止对方转移财产，可以向法院申请将对方名下的财产查封或冻结，此时则需要交纳保全申请费。保全费用也有其交纳标准，但最多不超过 5000 元[①]。

---

① 《诉讼费用交纳办法》第十四条第二项规定，申请保全措施的，根据实际保全的财产数额按照下列标准交纳：财产数额不超过 1000 元或者不涉及财产数额的，每件交纳 30 元；超过 1000 元至 10 万元的部分，按照 1% 交纳；超过 10 万元的部分，按照 0.5% 交纳。但是，当事人申请保全措施交纳的费用最多不超过 5000 元。

（3）评估、鉴定费

离婚中，如果双方对于房产、公司股权等财产的价值无法协商一致，则需要由第三方机构进行评估；涉及证据真实性、亲子关系等鉴定事项的，也需要支付鉴定费用。

（4）律师费

离婚案件中，律师费也是一种必要的支出，尤其双方对子女抚养和财产分割等问题争议较大时，由律师介入证据收集和整理、离婚谈判、诉讼代理等工作非常必要。如今是知识付费时代，更何况因为离婚案件往往涉及情感和情绪，律师除了需要做好专业法律服务工作外，往往还额外扮演着为当事人疏导排解情绪的角色；加之若没有特殊情况，第一次起诉离婚常常离不了的现实，离婚诉讼涉及的时间跨度往往较长，这对于律师来说都是成本，收取与成本相当的律师费自然也是应当的。所以现实生活中，你会发现离婚案件的律师费，有的几万元，而有的竟高达几百万元，这些是律师根据实际代理情况进行的报价，而客户自然也可以根据自身情况和判断选择接受或者不接受。

（5）其他费用

例如，法院判决或调解生效后，若对方拒不履行，还会涉及向法院申请强制执行时的执行费用；涉及公告的，还会产生公告费；另外，交通差旅等费用也不可避免。

3. 离婚诉讼的时间成本

没有经历过离婚诉讼的人，往往以为只要到法院起诉就能判决离婚。但在司法实践中，第一次起诉，法院判决不准离婚是常态。毕竟，结束一段婚姻，当事人要慎重，法院作为裁判者更要慎重。如果一方提出离婚，另一方坚决不离，而又没有存在一方有重婚、与他人同居，有赌博吸毒等恶习屡教不改，实施家庭暴力或虐待遗弃家庭成员，以及因感情不和分居满两年等法定情形的，第一次起诉离婚，法院一般不会准许。

法院判决不准离婚后，仍然坚持要离的话，原告在判决生效六个月后才能再次起诉离婚[①]。算上前后两次起诉，案件的审理期间（简易程序审限为三个月，普通程序审限为六个月），多数当事人通过诉讼实现离婚，往往需要一年左右的时间。如果共同财产数量多或者形态复杂，需要评估鉴定的，这些评估鉴定工作还会再拖长整个诉讼的时间。

在这样“漫长”的离婚诉讼过程中，二人的夫妻关系并没有结束，因为诉讼需要，或因探望子女等原因，往往仍需要多次接触，若处理不好自己的心态以及与对方的关系，整个过程或者每一次接触，都将是不愉快甚至是身心俱疲的体验。

4. 离婚的精神成本

在与离婚案件当事人沟通的时候，能够全程感知他们的悲伤、愤怒、茫然等情绪。毕竟，纠纷的对方是与自己携手迈入婚姻的人，曾经一起共同生活，一起孕育子女，一起期待白头偕老。现

---

① 参见《民事诉讼法》第一百二十七条，人民法院对下列起诉，分别情形，予以处理：……（七）判决不准离婚和调解和好的离婚案件，判决、调解维持收养关系的案件，没有新情况、新理由，原告在六个月内又起诉的，不予受理。

在却成为“对手”，两人要争子女，争财产，整个过程都在承受着巨大的精神压力。

曾经有位当事人说，在与配偶出现感情危机直至整个离婚诉讼期间，因为实在是无法接受与曾经最信赖和亲近的人这样瞬间反目，几乎夜夜失眠，可见其压力之大。同时，如果夫妻双方的情绪波及未成年子女，对子女的影响也是不可估量的。

总而言之，开始一段婚姻要谨慎，结束一段婚姻也要慎重。婚姻纠纷除带给双方精神上的痛苦外，常常也需要双方为之付出时间和经济上的重大代价。

## 离婚协议怎么写

网上曾经流传一个段子，甲地两个当事人协议约定发生纠纷时在乙地仲裁。后来仲裁时书记员问，为何大老远从甲地过来，是不是觉得乙地的司法环境比甲地要好。当事人回答说：“啥司法环境啊，俺们不懂那个，当时就是从网上下载了一份合同，没有注意看，结果现在可倒好，必须得跑你们这儿来处理。”

段子归段子，这里面也反映了一个问题，很多当事人签合同、写协议都希望找到一份模板或范本。其实，每笔交易、每个案件，都有自己的特点和具体需求，协议应当是依据这些具体特点有针对性地制定的，并没有所谓可以照搬使用的范本。

具体到离婚协议，也是需要男女双方就其财产分割、债务承担、子女抚养和探视等问题进行充分协商，取得一致意见后，将协商结果以具体条款的形式落实到书面协议中。因此，同样没有可以照搬使用的离婚协议范本。涉及财产项目较多、金额较大或者债权债务比较多的，慎重起见，应当在律师等专业人士的指导下拟定离婚协议。

一般来说，离婚协议应当体现以下内容：

1. 登记离婚以及协议内容均是双方当事人的真实意思表示。

2. 子女与哪一方共同生活，而没有与子女共同生活的一方承担抚养费的标准、支付方式和期限等，以及探视子女的时间、频次和具体方式等问题。

3. 共同财产如何分割，建议列明各项财产及其具体分割方法。

**4. 涉及一方需要搬离原住所、户口迁出、产权过户等问题时，**务必注意应当对相关期限和对方的配合义务做出明确约定，还可以写上如果对方不配合需要承担什么样的责任等，以起到督促作用。

5. 写明共同债权归谁享有。

#### 案例 3-1-2

王伍在其购房时找张男和丁女借了 30 万元，约定 2022 年 5 月一次性还清本息 33 万元，这就是张男和丁女夫妻二人的共同债权。两人可以在离婚协议中就该笔资金的收取和享有问题进行约定。如果考虑到王伍是张男的朋友而约定由张男收取这笔资金的话，那么可在其他财产的分割上进行均衡，比如在分割夫妻共同存款时由丁女多分。

6. 债务承担问题。在离婚协议书中要把各项债务以及债务的承担方式写清楚。

注意，如果是婚内产生的共同债务，即便离婚协议中约定仅由夫妻一方来承担，将来债权人起诉时也可以将夫妻二人都列为被告要求还款。针对这种情况，如果夫妻双方在离婚协议中约定了债务由其中一方承担，与另一方无关，那么同时应当增加一项向债务承担方的追偿条款。

**案例 3-1-3**

张男和丁女婚后在 2019 年 10 月买房时找李陆借了 20 万元，约定 2021 年 12 月一次性还清本息 22 万元。张男和丁女两人在离婚时约定该笔债务由张男负责偿还，与丁女无关。

那么，相关条款可以这样表述：

“男女双方确认因婚后购房在 2019 年 10 月向李陆借到的 20 万元尚未偿还，该笔债务的本息由张男负责清偿，与女方无关。若女方因法院判决或调解等司法程序确认需对外共同承担该笔债务的，则女方在其支付后有权就自己承担的金额向男方进行追偿。”

同时，为了避免对方恶意创设债务或者隐瞒自己借的债务，在离婚协议书中应当进一步明确说明，除了列举的各项债务外，双方确认没有其他共同债务。

7. 其他事项，如一方不按协议履行时要承担什么样的违约责任等。

## 离婚协议可以反悔是怎么回事

关于离婚协议，除了上述签订协议时的注意事项外，还有一点需要特别注意：夫妻双方协议离婚的，关于财产分割达成的协议，在正式拿到离婚证或法院的离婚调解书之前，任何一方反悔的，这些财产分割协议就没有生效，相当于白写。①

### 案例 3-1-4

张男和丁女二人结婚多年，积累了不少财富。近几年张男越来越忙，夜夜晚归，引发丁女强烈不满，怀疑张男对婚姻是否忠诚，于是两人常常争吵。丁女提出离婚，张男同意，但二人对财产的分割无法取得一致意见。

张男认为自己贡献得多，应当多分；丁女认为自己很多时间都花在了照顾家庭上，导致这几年没能更多地接触社会和增强工作能力，更应当多分。

经过多次沟通、谈判，张男终于同意将两人婚后购买的三套房产中的其中两套给丁女，自己留一套，同时在存款分割上，丁女也多分 100 万元。谈妥后，二人签订了离婚协议，打算过了周末，周一或周二工作日就到民政局办理离婚手续。

① 参见《最高人民法院关于适用〈中华人民共和国民法典〉婚姻家庭编的解释（一）》第六十九条第一款，当事人达成的以协议离婚或者到人民法院调解离婚为条件的财产以及债务处理协议，如果双方离婚未成，一方在离婚诉讼中反悔的，人民法院应当认定该财产以及债务处理协议没有生效，并根据实际情况依照民法典第一千零八十七条和第一千零八十九条的规定判决。

周一早上丁女提出要去办理离婚手续，张男却反悔了，认为自己财产分得太少，不公平。丁女很生气，认为都谈妥了，协议也签了，怎么能反悔呢？

注意，从两人谈妥到正式办理离婚手续，这个时间段内，如果张男反悔，不同意先前谈好的财产分割方式，丁女是没有办法要求张男必须按照那份协议办理离婚手续的！

原因是他们签的那份离婚财产分割协议，本身就是以离婚作为条件的，现在张男反悔，婚没离成，那份协议自然就没有生效。

鉴于这项风险，我们的建议是：

1. 协议离婚时，如果谈妥了各项内容，那就速战速决，尽早办手续。

很多当事人在离婚过程中，关于子女由谁抚养、抚养费标准是多少、财产如何分割、债务怎么分担等问题，往往需要经过多轮沟通、反复谈判，原因就是在协商离婚的过程中，今天答应，明天又反悔的现象实在是太多了。

因此，为避免夜长梦多，如果双方关于离婚心意已决，相关事宜也已经谈妥，则建议尽快把离婚手续办妥了为好。

2. 通过诉讼方式离婚，也是不错的选择。

如果双方实在没有办法协商离婚事宜；或者协议离婚过程中几次谈好，又几次反悔；尤其是《民法典》设立了“离婚冷静期”

后，双方协议离婚时有了更多的思考时间，本来已谈妥，后来又反悔的现象因此可能还会增加。

鉴于此，对于那些协商难度较大的夫妻来说，与其没有成效地长期谈判下去，还不如通过诉讼的方式离婚。在诉讼中把问题摆到台面上来，由法院依据法律进行判决，对双方来说都不吃亏。

最后补充一点，**所谓的“离婚协议可以反悔”，仅是指协议离婚手续办妥之前对财产分割问题可以反悔。**如果签了离婚协议后，双方到民政局办理了离婚证，或者到法院通过调解的方式拿了离婚调解书，在此之后又觉得离婚协议中的财产分割内容对自己不公平，想反悔，这时就很难再推翻之前那份离婚协议了。

原因很简单，双方的婚姻已经解除了，双方解除婚姻时签订的离婚协议也已经生效了，这份离婚协议对双方具有约束力，二人必须按照协议的内容履行各自的义务。

如果一方实在是觉得财产分割对自己不公平，那么在双方协议离婚后到法院起诉，请求撤销协议的，法院会受理。但是，法院在审理之后，如果没有发现双方签订财产分割协议时存在欺诈、胁迫等情形，法院将会驳回起诉一方的诉讼请求[①]。

也就是说，生活中普遍存在的那种为了早点结束婚姻，没有

① 参见《最高人民法院关于适用〈中华人民共和国民法典〉婚姻家庭编的解释（一）》第七十条，夫妻双方协议离婚后就财产分割问题反悔，请求撤销财产分割协议的，人民法院应当受理。人民法院审理后，未发现订立财产分割协议时存在欺诈、胁迫等情形的，应当依法驳回当事人的诉讼请求。

认真考虑，就签协议办了离婚手续的人，事后想想又后悔，想推翻协议重新签，除非对方同意，否则很难实现。因此，签字要慎重，做足功课，考虑周全了再签！

## 什么情况下法院会准予离婚

2020 年 4 月，深圳市中级人民法院发布了《深圳法院家事审判改革白皮书》，白皮书显示全市法院 2017 年、2018 年、2019 年三年审结的家事案件中离婚纠纷案件一共有 13324 宗。当事人主张离婚的原因，法定离婚理由的占到 27.60%，性格不合、感情基础差、家庭琐事矛盾等理由的占到 72.40%[①]。

这里出现了“法定离婚理由”这一说法，大家会想，难道离婚还要法律规定理由吗？

关于这个疑问，涉及什么情况下法院会判决准予离婚的问题。

离婚是夫妻双方的事，如果双方能够达成一致，通过民政局登记离婚便可；如果一方要求离婚，另一方坚持不离，主张离婚的一方起诉到法院，法院从维护家庭稳定、促进社会和谐的角度考虑，对于离婚案件的处理通常比较谨慎，除非有特别严重的情况，否则不会轻易解散一个家庭。

也就是说，如果法院经过审理后，发现双方闹离婚是因为生活琐事不能相互理解，性格或生活习惯有摩擦，婆媳或翁婿矛盾

---

① 深圳市中级人民法院微信公众号 2020 年 4 月 14 日文：《数读鹏法家事审判改革这三年》，载于 https://mp.weixin.qq.com/s/R68S0_DzZhY277MWid EHmA，2021 年 3 月 20 日最后访问。

引发夫妻不睦等情形，是不会轻易判决离婚的。

毕竟，人和人之间相处本身就会有摩擦，更何况夫妻二人需要在同一屋檐下长时间紧密相处，矛盾和摩擦更是难以避免。如果只要一方提出离婚，法院就准予的话，对于另一方是一种伤害，也无法起到正确的社会引导作用。

因此，法院不会贸然判决离婚，只有在双方感情确已破裂，调解无效的情况下才会准予离婚。

然而，“感情破裂”是一个相对主观的状态，一方说感情破裂了，另一方说感情没有破裂。法院作为第三方，如何判断夫妻二人的感情是否破裂?

这就需要结合一些具体的情形来判断，如果发生了严重伤害感情的情况，比如一方经常家暴，或者有赌博、吸毒等恶习屡教不改的情形，基本可以说明这个婚姻已经不正常了，还何谈幸福?这种情况下，法院就不应当再抱着“宁拆一座庙，不毁一桩婚”的态度了，而是应当果断判决准予离婚。

那么，法律规定的准予离婚的情形都有哪些呢?

根据《民法典》第一千零七十九条的规定，有下列情形之一，调解无效的，应当准予离婚：

（一）重婚或者与他人同居；

（二）实施家庭暴力或者虐待、遗弃家庭成员；

（三）有赌博、吸毒等恶习屡教不改；

（四）因感情不和分居满二年；

（五）其他导致夫妻感情破裂的情形。

一方被宣告失踪，另一方提起离婚诉讼的，应当准予离婚。

经人民法院判决不准离婚后，双方又分居满一年，一方再次提起离婚诉讼的，应当准予离婚。

关于以上法定的离婚情形，进一步说明如下：

1. 普通的婚外暧昧、偶发的婚外性行为不同于“与他人同居”

法律上规定的与他人同居，是指有配偶者与婚外异性，不以夫妻名义，持续、稳定地共同居住[①]。

这里强调的是共同居住的持续性和稳定性。毕竟，配偶与婚外异性持续稳定地同居，无疑会严重影响夫妻感情，因此，这种情形本身就能够说明夫妻感情确已破裂了。

但是，与婚外异性有暧昧关系，甚至是偶发性关系，道德上应当谴责，但基于在这种情形下夫妻感情的可修复性，法院一般不会仅凭夫妻一方与他人有暧昧关系而判决离婚。

2. 家庭暴力、虐待情形的证据问题

家庭暴力，是指夫妻一方以殴打、捆绑、残害、强行限制人身自由或者其他手段，给其家庭成员的身体、精神等方面造成一定伤害后果的行为。持续性、经常性的家庭暴力，构成虐待。很

① 参见《最高人民法院关于适用〈中华人民共和国民法典〉婚姻家庭编的解释（一）》第二条，民法典第一千零四十二条、第一千零七十九条、第一千零九十一条规定的“与他人同居”的情形，是指有配偶者与婚外异性，不以夫妻名义，持续、稳定地共同居住。

多当事人没有证据意识，不懂得及时收集取证，导致离婚时往往拿不出证明对方有家暴的证据。

**案例 3-1-5**

张男婚后心情不好时会对妻子丁女实施暴力殴打，丁女考虑到两人的感情基础，也想着给子女一个完整的家，于是一直隐忍。后来殴打的次数逐渐增多，丁女决定结束这段婚姻。前来咨询离婚相关问题时，丁女提到离婚的原因是不堪忍受张男的家庭暴力。我们问她是否保留张男施暴的证据，丁女说没有，因为虽然经常被打，但也不至于严重到类似骨折必须就医的程度，所以常常是自己在家用红药水、消肿药物涂抹一下慢慢就好了，没有去医院治疗，也没报过警。

像这种情况，仅凭丁女自己口头陈述，而没其他证据的话，法院没有办法认定张男存在家庭暴力。证明配偶有家庭暴力的证据如：报警后公安机关的询问记录、现场照片或视频、医院的诊断证明、村（居）委会工作人员上门调解的证人证言等。

3. 对感情不和分居满两年的认定

这里需要注意，分居的原因是“感情不和”，分居的时间是满两年。因此，如果是因两地工作或就医等原因分居，即便满两年，也不属于法定准予离婚的情形。

### 案例 3-1-6

张男和丁女在2015年8月结婚，婚后因家庭琐事常常争吵，感情受到影响，虽在同一套房屋内，但丁女坚持分房居住，同时两人的收入也各自支配。在此期间，丁女几次提出离婚，张男不同意。

丁女在2018年10月向法院提起诉讼，要求离婚。离婚理由是两人性格不合，没有建立夫妻感情，且婚后一直分居，已满两年。张男则认为两人仍有感情，只是生活中偶有争吵而已，这是夫妻相处的正常现象，并且否认分居。

本案中，丁女若以分居满两年为理由要求法院准予离婚的话，需要提交证据对分居的事实进行证明，且要证明分居是由感情不和导致。

关于两人的真实状态，即便张男和丁女确实一直各住一间屋，分房睡，生活上也互不照顾，但如果丁女没有证据证明这种状态，仅凭自己口头说的话，很难让人相信；加上张男又坚决否认分居，在这种情况下法院便不会认定两人存在分居的事实。

一般来说，可以证明夫妻双方的分居时间以及分居原因的证据有：双方签订的分居协议、自己另外租住房屋的房屋租赁合同、实际居住房屋的水电费缴费记录、夫妻间的微信或电话沟通记录、朋友邻居的证人证言等。

另外，**经法院判决不准离婚后，双方又分居满一年，一方再次提起离婚诉讼，说明离婚决心之坚定，感情修复的概率极低，**

**这种情形下法院便应当判决准予离婚。**这是《民法典》新增的法律规定，意味着如果第一次起诉离婚没被准许的话，又分居满一年，并且向法院提交证据证明这一事实，那么第二次起诉离婚，法院就应当判离了。

4. 其他导致夫妻感情破裂的情形

生活是复杂的，每个家庭都有自己不同的烦恼，短短三五条法律规定不可能覆盖所有可以表明夫妻感情破裂的情形。因此，在具体案件中，法院判断夫妻感情是否确已破裂，会从婚姻基础、婚后感情、离婚原因、夫妻关系的现状和有无和好的可能等多方面综合分析。而非绝对局限于《民法典》第一千零七十九条中规定的那几种情形。

比如，夫妻一方有婚外情，虽然没有达到持续、稳定同居或重婚的严重程度，但是与婚外异性生育了子女或者频繁出轨，甚至以出轨多人为乐等。这些行为无疑会严重伤害到夫妻感情，若有证据证明这些情况，我们认为即便是第一次起诉离婚，法院也应当判决准予离婚。

当今社会，结婚不大易，离婚大不易。所谓幸福的家庭都是相同的，不幸的家庭则各有各的不幸。如果感情确实已不存在，婚姻更多是一个没有温暖的空壳，那真的要想想怎么样快刀斩乱麻，怎么样得到财富上的弥补，怎么样给下一代创造更好的成长环境。只有如此，才能将苦变甜，继续寻找并获得幸福。

## 本节总结

**离婚的成本和理由**

- **给离婚算算账**
  1.《民法典》新增“离婚冷静期”，提交离婚登记申请后三十日内可撤回
  2. 时间成本、涉及离婚诉讼时的各项费用成本、精神成本
  3. 协议离婚时，考虑清楚了再签字；离婚后难再反悔
- **离婚协议怎么写**
  1. 需要双方根据自身的实际情况，沟通协商后确定协议内容
  2. 离婚协议中应当对子女由哪一方直接抚养、另一方支付多少抚养费、子女探望、财产分割、债务承担等内容进行明确约定
  3. 财产较多、涉及债务承担，或有其他复杂情况的，建议寻求专业帮助
- **离婚协议可以反悔是怎么回事**
  1. 协议离婚的，在拿到离婚证或法院的离婚调解书之前，对于双方达成的财产分割协议，或离婚协议中涉及的财产分割内容，可以“反悔”
  2. 建议协议离婚时如果谈妥了各项内容，尽快办理手续
  3. 通过诉讼方式离婚，也是不错的选择
- **什么情况下法院会准予离婚**
  1. 重婚或者与他人同居
  2. 实施家庭暴力或者虐待、遗弃家庭成员
  3. 有赌博、吸毒等恶习屡教不改
  4. 因感情不和分居满二年
  5. 其他导致夫妻感情破裂的情形

  以上情形经调解无效，应当准予离婚

  6. 一方被宣告失踪，另一方提起离婚诉讼的，应当准予离婚
  7. 经人民法院判决不准离婚后，双方又分居满一年，一方再次提起离婚诉讼的，应当准予离婚

## 第二节　出轨

近年来，在笔者团队经办的离婚案件中，有不少夫妻感情破裂是由其中一方的出轨行为诱发或直接导致。婚外情的发生涉及社会、伦理、法律、经济、文化、心理等诸方面因素，道德观的变迁、社会评价、法律后果的预期是比较突出的因素。[①]深圳市中级人民法院的这一总结，既与笔者团队的经验吻合，也引发了一个疑问：婚外情高发的现状到底会对婚姻关系和婚内财富造成怎样的影响？

### 出轨的法律后果

这里需要说明的是，"出轨"并不是法律用语，生活中大家用"出轨"来指代配偶与婚外异性有不正当男女关系。根据表现形式不同，出轨行为包括重婚、同居、通奸、婚外恋、一夜情以及嫖娼等行为。

其中，重婚和与他人同居是我国法律规定的应当判决准予离婚的情形。

重婚，是指有配偶的人与他人又领取结婚证，或者虽没领取结婚证但以夫妻相称并共同生活。有配偶的人与他人同居，指的是重婚以外的，不以夫妻名义，但持续、稳定地共同居住。

---

① 深圳市中级人民法院微信公众号 2020 年 4 月 14 日文：《数读鹏法家事审判改革这三年》，载于 https://mp.weixin.qq.com/s/R68S0_DzZhY277MWid EHmA，2021 年 3 月 20 日最后访问。

出轨和同居以外的婚外恋、通奸、一夜情等，则更多属于从道德层面予以谴责的行为。

夫妻任何一方有出轨行为，均会破坏彼此之间的感情和信任，对家庭、子女，甚至是自己的工作、社会评价等都会产生不利影响。因此，出轨成为导致婚姻破裂的重要原因之一。

### 案例 3-2-1

张男和丁女在 2006 年结婚，两人白手起家，婚后创业开了一家贸易公司，生意不错，后来丁女退出公司管理，做起了全职太太照顾家庭。结婚十余年，两人积累了不少财富。2017 年某天，张男在一次应酬中认识了王某，两人迅速发展为情人关系。丁女有所察觉，在张男的手机中发现了两人外出游玩的照片，举止亲密；并且看到了张男和王某的聊天记录和一些转账记录，确认张男出轨了。

丁女把照片和聊天记录都拷贝保存了下来，希望借助这些证据在与张男的谈判或离婚诉讼中让张男净身出户。

那么，张男的出轨行为，在法律上有什么后果？能否实现像丁女期望的那样让张男净身出户？

关于一方“出轨”是否净身出户的问题，本书第二章第三节中已有分析，结论即除非出轨方自愿，否则法院不会仅凭出轨情节就让其在共同财产的分割问题上不分或者仅分一点点。

对于夫妻一方的出轨行为在离婚诉讼中的影响，进一步分析如下：

1. 出轨这一情节，可以作为法官在处理离婚纠纷时判断双方感情是否破裂的参考

一方提出离婚诉讼要求离婚，另一方坚持不离的话，法官裁判时准不准予离婚，以夫妻感情是否破裂作为标准，如果感情确已破裂，调解无效的，法院会准予离婚。

诉讼中，主张离婚的一方需要提交证据证明夫妻感情破裂。

如上述案例中，丁女收集到的张男和王某的亲密照片和视频、聊天记录等，可以证明张男有婚外情，两人的感情受到了伤害。这些证据也能够使法官感知到两人的感情受到影响。但如果仅有显得亲密的照片视频，而没有其他证据，并且张男又不同意离婚的，其实还不足以成为法院判决离婚的理由。

如果有证据证明张男的出轨行为严重到构成重婚，或者与王某长期稳定共同生活，这才构成法院准予离婚的情形。但是，对于同居，实践中的证明难度较大。同居指的是持续稳定地共同居住生活，因此仅有配偶与第三者的合影，包括共同吃饭、游玩的照片，共同出入购物场所的视频等材料，想要证明两人同居关系的存在，其证明力度仍显不足，法院很少仅依据这些证据就认定他们同居关系的成立。

结合实践情况，如果张男确实与王某持续稳定同居的话，我们认为丁女可以采取下列一些合法方法收集证据，形成证据链以证明他们同居的事实：

第一，知道他们同居的地点后，可以向周围群众取证，比如小区保安、门口便利店老板等，以证人证言的形式证明两个人共同生活的事实；

第二，到他们共同居住的附近地域查看，并拍摄相关照片，比如阳台上晾晒着张男的私密贴身衣物或其他物品；

第三，如果是租房居住，可以向房产中介、业主了解他们是否有共同租住房屋的事实；

第四，张男与王某的聊天内容中可能会涉及两人共同生活的一些信息，丁女可以通过张男的电子邮件、短信、社交软件等途径，了解和确证同居事实；

第五，看双方是否生育子女，如果生育了非婚生子女，对认定两人同居也有积极作用；更何况婚外生子本身就是一种严重破坏夫妻感情的情形。

总之，配偶与婚外异性的同居多是私密的，要想证明他们的同居事实，往往需要多份证据相互印证，形成证据链才可以。

但不管怎样，即便收集到的证据不足以证明他们是重婚或同居关系，丁女提交的那些证明配偶与婚外异性有不正当男女关系的证据，也能向法院说明夫妻二人的感情确实受到了破坏；尤其是在法院不准离婚后，丁女第二次起诉离婚的情况下，除了这些证明张男有婚外情的证据外，若再附有其他证据补强说明两人的婚姻确实难以继续，此时便可以更有力地争取法院判决准予离婚。

2. 如果配偶有重婚或与他人同居的出轨行为，可以要求对方进行损害赔偿

根据我国《民法典》规定，如果是因夫妻一方有重婚、与他人同居、实施家庭暴力，或者虐待遗弃家庭成员而导致离婚的，无过错一方可以向对方要求损害赔偿①。

具体会因这些行为在离婚时赔偿无过错方多少钱，法律并没有规定，由法官根据具体案件中的伤害程度、过错情况、当地的基本生活水平以及过错方的经济负担能力等因素来裁判。一般来说，几千元、几万元还是可能的，十几万元、几十万元难度就非常大了。

因此，建议不要寄希望于通过损害赔偿的方式让出轨方净身出户，这是不现实的，法院裁判时毕竟还要考虑夫妻双方在婚姻中的财产权利。

3. 如果配偶有重婚或与他人同居的重大过错，可以据此就离婚财产分割问题向法院要求照顾

夫妻双方关于离婚时共同财产的分割问题，首先协商，协商不成时，由法院进行判决，法院会根据财产的具体情况，按照照顾子女、女方和无过错方权益的原则判决②。

---

① 参见《民法典》第一千零九十一条，有下列情形之一，导致离婚的，无过错方有权请求损害赔偿：(一)重婚；(二)与他人同居；(三)实施家庭暴力；(四)虐待、遗弃家庭成员；(五)有其他重大过错。

② 参见《民法典》第一千零八十七条第一款，离婚时，夫妻的共同财产由双方协议处理；协议不成的，由人民法院根据财产的具体情况，按照照顾子女、女方和无过错方权益的原则判决。

其中，照顾无过错方权益这一原则是《民法典》此次新增的内容。意味着因配偶有重婚、与他人同居等重大过错导致离婚的，无过错方除了可以要求对方给予损害赔偿外，还可以要求法院在分割夫妻共同财产时予以照顾。这一规定体现了法律旨在借此引导公民树立正确的婚姻家庭观和责任感，也体现了对婚姻中无过错方的保护。

但需注意，既然是照顾，便不会出现案例中丁女所希望的让张男完全分不到财产而净身出户的情况，毕竟离婚案件的处理除了体现对过错方的惩罚之外，同时还需关注对于婚姻过错和共同财产分割的平衡问题，不宜因为婚姻中的过错就剥夺过错方的财产权。

具体到个案中，分割夫妻共同财产时对无过错方的照顾如何体现、分割比例是多少等问题，由法官依据每个案件中财产的实际情况、过错情况以及双方的具体情况等因素确定。

## 发现配偶出轨了怎么办

生活中很多人在发现配偶出轨后非常容易走极端，对配偶质问指责、大吵大闹；甚至到配偶的工作单位去公布消息；也有人选择自伤自残以博得配偶的同情和回心转意；更有甚者，怀着报复的心态以自己出轨的方式寻找平衡，认为这样可以惩罚配偶。

以上这些都是非常不恰当的处理方式，对于解决问题没有任何好处。诚然，被配偶背叛的痛苦心情可以理解，但既然事已发生，无论怎样伤心和气愤，都不应当自伤自残，也不应当过于激烈或到处声张。没有经过思考的应对方式往往百害而无一利。

如果发现配偶出轨，我们的建议如下：

1. 面对现实，直面问题

事情已经发生，愤怒、吵闹、自残、报复，都不能再让婚姻回到没有裂痕的状态，无论是想保卫婚姻，还是想结束婚姻保卫财富，最直接也最应该的是对自己诚实，勇于直面问题，不逃避，不自欺，沉着冷静。

2. 认真思考自己这段婚姻的走向

面对配偶出轨的现实，放手还是挽回？现在放手，还是待自己有能力独立时再放手？

作何决定，与自己对于配偶不忠行为的容忍度、过往夫妻感情的基础、自己精神以及经济上的独立性等因素相关。

## 案例 3-2-2

张男和丁女结婚多年，丁女在儿子出生后辞职在家，主要照顾和陪伴儿子，张男经营的公司同时也逐渐发展起来，生意不错。结婚十余年，两人积累了不少财富。基于对张男的信任，家里的财政大权主要由张男负责，张男每月会给丁女生活费，也常常转账给丁女让其置办衣物首饰或社交等。

因几次事件，丁女察觉张男应该是有婚外情，于是留心观察，后来在张男的手机中发现了张男和另一女子的亲密照片，并进一步找机会看到了张男与其他异性的聊天记录，确信张男出轨了。

丁女找我们咨询离婚相关问题，在沟通过程中，我们感觉到丁女并非坚定要离婚，更多是因为气愤想做个决定，于是我们建议她从以下几个角度重新思考。

首先，与张男的婚姻，离还是不离？

这个问题只能问自己，能否接受张男的不忠；如果张男回头，还能否接受有过瑕疵的婚姻；是否有勇气结束自己现有的生活状态；是否有信心有能力开始另一段新生活；等等。

其次，如果经过思考，决定离的话，是现在离，还是过段时间再离？

这个问题需要结合自己对于家庭财产以及离婚时财产分割问题的评估进行分析，如果对家庭财产有什么、有多少、在哪里等问题并不清楚，则显然不适合不做准备就提出离婚。

最后，关于子女抚养问题，也需要考虑清楚。

自己目前的状况是否适合抚养儿子；如果张男坚持要求儿子的抚养权，自己是否愿意让儿子由张男直接抚养？总之，关于子女抚养的相关问题，也会影响到对于离不离、什么时候离这两个问题的评估。

### 3. 考虑好了以上问题后，最好不动声色，开始调查并收集证据

不管决定离还是不离，现在离，还是待条件成熟时再离，都

应当开始考虑自己权益维护的问题了。因此，了解情况、调查取证的工作需要重视起来。

调查的事项主要包括两个方面：一是配偶出轨情况的调查，了解配偶的婚外情发展到了什么程度，有哪些痕迹和证据，与情人有没有生育子女，有没有赠与情人大额财产等，尽量全面深入地了解并收集证据。二是财产状态的调查，掌握自己家庭的整个财产情况，各项财产的分布和价值，债权债务情况等信息。同时，还要了解第三者的情况，已婚还是未婚、职业情况、经济情况等，做到知己知彼。

建议把调查取证的精力更多地放在财产信息上，无论是配偶向其情人转移财产的线索，还是自己家庭中的财产信息，都应当充分地调查了解清楚。

4. 寻求专业律师帮助

在发现配偶出轨的情况下，情绪上需要排解，应对方式上需要商量，这两点需求可以由亲人朋友来满足。但如何最大限度地维护自己的权益，需要及时联系专业的律师进行指导。面对配偶出轨的现实，评估自己是否结束婚姻这一问题时，需要了解法律关于离婚的相关规定，比如离婚的方式、什么情形下法院会判离婚、财产的分割、子女的抚养等，只有全面了解清楚之后才能做出更加正确的决定。同时，在证据收集工作中，关于调查的方向以及什么证据有用、什么证据没用，哪些取证方式可能会违法，证据收集过程中需注意的事项等，都需要专业律师的指导。

## 偷拍的照片和视频合法吗

### 案例 3-2-3

前文案例中，丁女当时收集的证据是从张男手机上悄悄转过来的几张显得非常亲密的照片和短视频，以及张男和情人的微信聊天截图。丁女担心张男以各种理由搪塞和否认，打算进一步收集证据，还打算聘请所有私家侦探来跟踪偷拍。

问题是，在张男完全不知情的情况下，跟踪偷拍的照片和视频合法吗？

判断证据是否合法、能否被法院采用作为证据，关键在于看获取证据的方法是否严重侵害了他人的合法权益、是否违反了法律的禁止性规定或者严重违背了公序良俗[①]，而不是说只要是偷拍偷录的照片视频就一定违法。

比如，两人手机通话时，其中一方在没有告知另一方的情况下，按下了录音键将整个通话内容录了下来。这种没有告知或征得对方同意的电话录音，形式上看似是偷录，但并不违法，因为它没有严重侵害到对方的合法权益。当然，如果录音内容涉及商业秘密或他人隐私，就需要注意对这些内容进行保护。

① 参见《最高人民法院关于适用〈中华人民共和国民事诉讼法〉的解释》第一百零六条，对以严重侵害他人合法权益、违反法律禁止性规定或者严重违背公序良俗的方法形成或者获取的证据，不得作为认定案件事实的根据。

接下来对偷拍偷录的具体情形进行分析：

1. 委托私家侦探获取的证据合法吗?

很多客户找我们咨询的时候也会问，能不能找私家侦探来调查配偶的出轨行为，私家侦探拿到的证据是否合法?

判断私家侦探所收集的证据是否合法，也是要看取证的过程中有没有侵害到他人的合法权益或者违反了法律的强制性规定。类似在他人的住所、汽车里偷偷安装监听设备这种行为，侵犯了他人隐私权，这样收集的证据属于违法证据，不会被法院采用。如果是在旅游景点、购物商场拍到了两人的照片，因为是在公共场所，此类证据原则上属于合法证据，当然前提是不能使用窃听窃照专用器材。另外，如果是长期跟踪获取他人的行踪轨迹，会涉嫌违法犯罪，可能构成侵犯公民个人信息罪。

总之，关于聘请所谓私家侦探的问题，我们不建议这么做。主要是因为私家侦探往往通过长期跟踪，借助专业设备来收集证据，这些证据在诉讼中很容易被对方或对方律师发现疑点，导致证据因违法获取而不能使用，得不偿失。

2. 通过长期跟踪获取的证据可能无效，且涉嫌犯罪。

无论是所谓的私家侦探，还是自己，抑或委托亲朋，通过长期跟踪的方式，获取的视听资料等证据都可能无效，而且还可能构成侵犯公民个人信息罪。

公民个人信息，包括姓名、身份证件号码、通信通讯联系方式、住址、账号密码、财产状况、行踪轨迹等[①]。这些信息关系到公民的日常生活和隐私习惯，具有个人专属性，信息泄露则会严重影响公民的个人隐私和生活安宁。因此，窃取或以其他方法非法获取这些信息，或者向他人出售或提供公民的这些信息，都属于违法行为，情节严重的，很可能会以侵犯公民个人信息罪[②]定罪处罚，目前已经有多起私家侦探因此被判刑的案例。

3. 使用窃听、窃照专用器材取得的视听资料是非法证据。

我国禁止民间使用窃听窃照专用器材；同时，非法使用造成严重后果的，构成非法使用窃听、窃照专用器材罪[③]。类似针孔摄像头、微型录音器、可以遥控照相摄像的工具等，就属于这类窃听窃照专用器材。

如果夫妻一方在离婚诉讼中提交了此类器材拍摄的照片、录像等证据，对方律师根据经验很容易分辨出这些照片或录像与用

① 参见《最高人民法院、最高人民检察院关于办理侵犯公民个人信息刑事案件适用法律若干问题的解释》第一条，刑法第二百五十三条之一规定的“公民个人信息”，是指以电子或者其他方式记录的能够单独或者与其他信息结合识别特定自然人身份或者反映特定自然人活动情况的各种信息，包括姓名、身份证件号码、通信通讯联系方式、住址、账号密码、财产状况、行踪轨迹等。

② 参见《刑法》第二百五十三条之一，违反国家有关规定，向他人出售或者提供公民个人信息，情节严重的，处三年以下有期徒刑或者拘役，并处或者单处罚金；情节特别严重的，处三年以上七年以下有期徒刑，并处罚金。违反国家有关规定，将在履行职责或者提供服务过程中获得的公民个人信息，出售或者提供给他人的，依照前款的规定从重处罚。窃取或者以其他方法非法获取公民个人信息的，依照第一款的规定处罚。单位犯前三款罪的，对单位判处罚金，并对其直接负责的主管人员和其他直接责任人员，依照各该款的规定处罚。

③ 参见《刑法》第二百八十四条，非法使用窃听、窃照专用器材，造成严重后果的，处二年以下有期徒刑、拘役或者管制。

常规工具拍摄的并不相同，进而提出对这些证据的原始载体和录制工具进行鉴定，一旦鉴定出是使用窃听窃照专用器材拍摄的，那么不仅证据不会被法院采用，还可能面临治安处罚。

4. 在第三人家里、办公室安装窃听设备获取的视听资料合法吗？

答案是：不合法。一是别人的家里和工作场所是他人的生活工作空间，在他人的私人空间安装窃听设备本身就属于严重侵害公民隐私权的行为，所获取的视听资料当然属于非法证据。二是私自使用专业窃听窃照设备本身也是一种违法行为。

所以，建议不要因为看了太多影视剧，就考虑购买一些窃听设备放到第三人的家里、车里去收集自己配偶出轨的证据，这样得到的证据不会被采用。

5. 与配偶或其情人电话沟通、见面谈判时私下录音有效吗？

前文提到，这种“偷录”只是没有征得对方的同意，自己同时也作为谈话的一方，用录音的方式把谈话过程和内容录制下来，并没有严重侵犯到他人的隐私权，因此以这种方式取得的录音是合法的。只是注意，使用一般的手机、录音笔录音即可，避免使用专用的窃听器等器材；录音的内容也仅作为诉讼中的证据使用，避免广泛散播。

6. 在自己家里拍摄录制的照片和视频合法吗？

现在很多家庭为了防盗，或为了解子女或老人单独在家时的情况，会在家里安装摄像头。家里是夫妻共同生活的地方，双方对这个空间都有管理和支配权，因此在自己家中录制的照片和视频，无论是用已安装摄像头录制的，还是另外用手机、录音笔录制的，即便录制时没有告知另一方，也不属于侵犯配偶隐私权的行为，所取得的照片和视频是合法的。

7. 在公共场所拍到配偶出轨的照片和视频可以作为证据使用吗?

生活中，一些人发现配偶出轨以后，就在配偶经常出入的公共场所等候拍照，或者采用跟踪尾随的方式拍取配偶与第三人的照片和视频。如果这些照片是在商场、电影院、旅游景点等公共场所拍摄的，公共场所本身就是供大众使用的，因此在公共场所偷拍的视听资料并不侵犯他人隐私，原则上属于合法证据。

当然依然要注意两点：一是不能使用专用窃听窃照器材，二是不能长期尾随跟踪，否则均可能涉嫌违法。

**婚姻制度的基础要求夫妻双方应彼此忠诚和尊重。既然选择了婚姻这种生活方式，就应当接受它的规则。**婚内出轨属于过错这是毫无争议的，但很多人的维权路径往往不得要领，要么抱有过高和不切实际的期望，要么破罐破摔任其发展，这两种态度都是不可取的。维权有技巧，路径要合法。如果对方是过错方，那么，第一件事不是修行“捉奸大法”，而是要告诉自己冷静，及时寻求专业人士的帮助和指导，方为上策。

## 本节总结

- **出轨**
  - **出轨的法律后果**
    1. 出轨这一情节，可作为法官判断双方感情是否破裂的参考
    2. 重婚或与他人同居，是离婚损害赔偿的情形之一
    3. 配偶有重婚或与他人同居的行为，无过错方可以要求对共同财产照顾性多分
  - **发现配偶出轨了怎么办**
    1. 平复心情，接纳事实
    2. 思考自己对这段婚姻的态度
    3. 考虑好是否离婚、何时离婚等问题后，着手调查并收集证据
    4. 寻求专业律师帮助
  - **偷拍的照片和视频合法吗**
    1. 判断证据是否合法，关键在于看获取证据的方法是否严重侵害了他人的合法权益、是否违反了法律的禁止性规定或者严重违背了公序良俗
    2. 在自己家和在公共场所用手机、相机等日常设备拍取的照片视频原则上属于合法证据
    3. 电话通话或当面聊天时的录音原则上可以作为证据使用
    4. 在他人住所、轿车等私密空间安装摄像头偷录的视频违法
    5. 使用窃听窃照专用器材拍取的照片和视频，不合法
    6. 长期尾随跟踪他人可能构成侵犯公民个人信息罪

## 第三节 家庭暴力

2018 年 3 月 22 日，最高人民法院发布的关于离婚纠纷的司法大数据专题报告显示，2016 年 1 月 1 日至 2017 年 12 月 31 日全国范围内离婚纠纷的民事一审审结案件共约 280 万件；关于离婚原因，数据显示 14.86% 的夫妻因家庭暴力向法院申请解除婚姻关系[①]。

笔者团队近年来处理了多起涉及家庭暴力的离婚纠纷案件，根据这些案件的代理实践，笔者认为，面对家庭暴力，首先要做的是保护好自己，当无法改变现状时则需要当断则断，避免自己面临更持久的暴力危险；其次诉讼中关于家庭暴力的证明问题是维权和解除婚姻关系的关键，需要了解家暴取证的相关注意事项。

**案例 3-3-1**

张男和丁女自由恋爱结婚，婚后育有一子。张男在一次创业失败后心态受到影响，常常与丁女吵架，后来情绪激动时开始动手，动手的方式从最初的推搡、扭打，逐渐发展到暴力殴打。丁女也会反抗，但毕竟力气较小，每次吵架丁女基本都会受伤，身

① 最高人民法院微信公众号 2018 年 3 月 22 日文：《司法大数据专题报告 | 离婚纠纷》，载于 https://mp.weixin.qq.com/s/uwCJsyIRP0gPet_Aeq8KYA，2021 年 4 月 1 日最后访问。

上红一块紫一块是常事，流血挂彩也时有发生。考虑到两人的感情基础，不吵架时张男对丁女也比较关心，更重要的是张男是儿子的亲生父亲，丁女不希望儿子的成长没有父亲的陪伴，因此一直没有想过离婚。

只是近两年张男的工作一直不顺利，对丁女的殴打也越来越严重，即便是电视机声音稍大这样的小事，也常常激怒张男，引来对丁女的一顿拳打脚踢。儿子也非常害怕愤怒中的张男，平时张男说话声音一大，儿子就表现得特别惊恐。于是，丁女开始考虑结束这段婚姻，在张男心情好的时候提出过两次离婚，张男不同意，并且说以后会控制，不会再动手，结果仍是继续殴打，丁女最终决定到法院起诉离婚。

面对张男的暴力，丁女如何保护自己？诉讼中，如果认定张男的行为构成家庭暴力，对于丁女来说有什么作用？丁女需要提交什么证据来证明张男对自己实施家庭暴力？接下来我们一一进行分析。

## 面对家暴，如何有效维权

根据我国《反家庭暴力法》的规定，家庭暴力是指家庭成员之间以殴打、捆绑、残害、限制人身自由以及经常性谩骂、恐吓等方式实施的身体、精神等侵害行为。可以看到，家庭暴力并不局限于夫妻之间，夫妻之外的其他家庭成员之间也可以发生家庭暴力，生活中不乏存在父母对未成年子女，成年子女对年老父母实施家庭暴力的情形。

家庭本应当是平和温暖的，是让在外工作忙碌的家人休憩放松的地方。家庭中一旦暴力频发，家庭成员之间的感情会遭到破坏，身心健康会受到影响，久而久之家庭也会失去维系的纽带。

家庭暴力首当其冲的是给被施暴者带来身体和生命安全的危害，面对家庭暴力，不能一味忍让，应当积极采取措施保护自己，我们建议如下：

1. 采取必要的自我保护措施并报警

对于可能发生或正在进行中的暴力行为，首要目的是避免自己受到更多的伤害。因此，不应当以言语继续激怒对方，也不应当与施暴者互殴。比较安全的方法是马上离开对方正在施暴的空间，比如跑到另一个房间，或者跑到家外。与此同时，建议报警，如果手机不在身边无法报警，可以大声呼救请求邻居帮忙报警。

2. 向家人、朋友求助

对于因情绪冲动偶发性施暴的人，可以在其平和时与其沟通，或者借助家人朋友的力量规劝其认识到家庭暴力的危害不再施暴，以挽回婚姻。

习惯性施暴的人一般很难停手，长期与其共同生活确实存在危险，可以与家人约定一个求救暗号，或设置紧急呼救号码，当自己即将面临暴力危险时，可通过紧急呼救号码向家人或朋友呼救，由他们协助报警。当然，这只是权宜之计，并不能从根本上解决问题。

3. 向当地妇联、村居委会、街道办事处等组织和机构求助

家暴受害人可以向自己或施暴者的所在单位、居民委员会、村民委员会、妇女联合会等单位投诉、反映或者求助。如果家暴受害人不便上门求助，可以提前查询相关服务热线，如妇女维权热线 12338 在线求助。

4. 向法院申请人身安全保护令

当事人在遭受家庭暴力或者面临家庭暴力的现实危险时，可以向自己、对方或者家暴发生地的人民法院申请人身安全保护。

如果自己因为受到强制、威吓等原因无法申请的，可以委托近亲属、公安机关、妇女联合会、居民委员会、村民委员会、救助管理机构代为申请。

申请人身安全保护令时根据自己的实际情况，可以请求法院采取以下措施:（1）禁止对方实施家庭暴力;（2）禁止对方骚扰、跟踪、接触自己及其相关近亲属;（3）责令对方迁出自己所在的住所;（4）保护自己人身安全的其他措施[①]。

人民法院作出人身安全保护令的裁定后，会送达公安机关、居委会、村委会以及妇联等单位，这些单位有义务协助法院执行。

① 参见《反家庭暴力法》第二十九条，人身安全保护令可以包括下列措施：(一)禁止被申请人实施家庭暴力；(二)禁止被申请人骚扰、跟踪、接触申请人及其相关近亲属；(三)责令被申请人迁出申请人住所；(四)保护申请人人身安全的其他措施。

有了人身安全保护令，部分施暴者看到人民法院签发的文件后会收敛自己的行为；如果违反保护令又施暴，构成犯罪的，其将被依法追究刑事责任；尚不构成犯罪的，人民法院将给予其训诫，并可以根据情节轻重处以1000元以下罚款、15日以下拘留。注意，人身安全保护令的有效期不超过六个月，在其失效前，如果需要，可以再次申请延长。

5. 必要时果断解除婚姻关系

如果施暴者不思悔改、确已无可救药的，不应再因不愿离婚、不敢离婚，或想给孩子一个完整的家等观念而继续委曲求全，这样只会让自己处于长久的暴力危险中，对自己和子女都是一种伤害。

这种情况下应当果断提出离婚，如果能以协商的方式登记离婚最好，如果对方不同意离婚，则应快速向法院起诉离婚。要知道家庭暴力是法院准予离婚的法定情形之一。当然，此时需要自己提交证据，以证明对方的行为构成家庭暴力。关于证据的收集问题，下文将详细分析。

## 家庭暴力的法律影响

夫妻一方有家庭暴力行为的话，对于离婚诉讼而言，无过错方可以请求法院准予离婚，以及在财产分割、子女抚养问题上争取权益。

1. 家庭暴力是法院应当准予离婚的法定情形之一

我们知道，如果仅是因为性格不合等一般原因起诉离婚的，法院本着谨慎的原则，对于第一次起诉离婚的夫妻一般不会准予离婚。

前述最高人民法院发布的关于离婚纠纷的司法大数据专题报告显示，2016 年 1 月 1 日至 2017 年 12 月 31 日，全国离婚纠纷一审审结案件中 65.18% 案件的判决结果为当事人双方继续维持婚姻关系，也就是说，司法实践中第一次提起离婚诉讼，若无法律规定的情形，判决不准离婚是常态。面对家庭暴力的当事人想要第一次起诉就能争取判离，需要向法院提交配偶对其实施家暴的证据。

2. 作为无过错方，可以要求法院在离婚财产分割问题上给予照顾

如本节案例中的情形，张男和丁女任何一方在婚后取得的工资、奖金、生产经营和投资收益等财产，若没有例外约定，均归二人共同共有。离婚时关于这些财产的分割，首先由双方协商，协商不成时由法院判决。原则上一人一半，同时法院还会遵循照顾子女和无过错方的原则[①]。

因为家庭暴力导致离婚的，无过错一方可以向法院要求在分割夫妻共同财产时予以照顾。当然，既然是照顾，一般来说不可能实现多数当事人希望的那样让施暴者净身出户的愿望。

① 参见《民法典》第一千零八十七条第一款，离婚时，夫妻的共同财产由双方协议处理；协议不成的，由人民法院根据财产的具体情况，按照照顾子女、女方和无过错方权益的原则判决。

3. 作为无过错方，可以要求施暴者给予损害赔偿[①]

作为夫妻一方，在家庭中遭受配偶的暴力，身体和精神都遭受了严重打击，这也是一种损害，施暴者应当进行赔偿。支付赔偿金，对受害人一方是一种情感和精神上的安慰，有助于帮助其从怨愤、悲伤等不良情绪中重新振作以恢复身心健康。

同样，婚姻中的损害赔偿，赔偿的金额不会太高。由法官根据具体案件中的伤害程度、过错情况、当地的基本生活水平以及过错方的经济负担能力等因素来裁判。一般来说，几千元、几万元可以实现，再多的话难度便非常大。

在此需要提醒的是，可以要求损害赔偿的仅是无错方。如果双方互有暴力或者均存在法定的过错情形，则互不进行赔偿[②]。

4. 以对方有家暴行为为由争取子女的抚养权

离婚纠纷中，法院处理子女抚养问题时遵循的根本原则是有利于子女身心健康，并结合父母双方的抚养能力和条件等具体情况判断。被施暴一方应当在诉讼中提交证据证明对方存在施暴习惯，不适合直接抚养子女，同时提交证据证明自己具备抚养子女的能力和条件，由自己直接抚养子女更利于子女健康成长，以争取子女的抚养权。

---

① 参见《民法典》第一千零九十一条，有下列情形之一，导致离婚的，无过错方有权请求损害赔偿：（一）重婚；（二）与他人同居；（三）实施家庭暴力；（四）虐待、遗弃家庭成员；（五）有其他重大过错。

② 参见《最高人民法院关于适用〈中华人民共和国民法典〉婚姻家庭编的解释（一）》第九十条，夫妻双方均有民法典第一千零九十一条规定的过错情形，一方或者双方向对方提出离婚损害赔偿请求的，人民法院不予支持。

夫妻一方有家庭暴力习惯，应当成为其不适合直接抚养子女的情节，实践中法院对于这一情节也比较重视，原因如下：

首先，如果将未成年子女判由施暴方抚养，孩子可能成为家庭暴力的替代对象。毕竟，离婚使得施暴者暂时失去了配偶这个施暴对象，鉴于性格和施暴习惯的延续性，子女很可能成为新的暴力受害者。

其次，有暴力习惯的父母往往缺乏爱孩子的能力，严重影响子女的身心发育和独立发展。施暴者之所以借助体力优势对他人施加暴力，往往是因为自身具有较强的不安全感，希望通过暴力控制他人，以展示自己的权威。如果未成年子女陷入这种暴力控制中，除了直接遭受暴力危险之外，对未成年子女独立自主性格的养成和健康成长都非常不利。

最后，家长的行为模式对子女的影响非常大，在暴力环境中成长的未成年人，父母之间的暴力，或者自身遭受暴力，极易使其养成暴力崇拜观念，形成攻击性人格，影响与他人和社会的和谐相处。

总之，配偶存在家庭暴力，是其不适合直接抚养子女的原因之一，可以借助这一因素积极收集证据，以争取子女的抚养权。

## 如何收集家暴证据

### 案例 3-3-2

张男和丁女结婚多年，婚后张男常常对丁女进行暴力殴打。

丁女也会反抗，两人常常在争吵打架后受伤，当然张男作为男性，有明显的体力优势，丁女多次被打得非常严重。经再三思考，丁女决定离婚，张男不同意，于是丁女起诉到法院，提交了一次报警记录和几张自己手臂上有瘀青的照片。

庭审中，张男仍然坚决不同意离婚，希望与丁女继续共同生活，并且否认自己有家暴行为。对于丁女提交的证据，张男解释称确实报过警，也打过丁女，但丁女也会打他，夫妻二人在生活中争吵或者有互殴行为，是正常现象，不属于家庭暴力。如果说自己对丁女有家庭暴力的话，那么丁女对自己也有暴力行为。法院不能因为夫妻偶尔动手打架就判离婚。

鉴于丁女仅提交了一份报警记录和几张照片，并没有证据证明照片上丁女的伤是张男殴打所致，因此不能认定张男有家庭暴力；且张男表示愿意悔过，以后通过和平沟通的方式解决问题，不再动手打架。最后法院没有准予双方离婚。

生活中家庭暴力具有隐秘性和突发性，遭受暴力的一方往往很难收集到足够的证据来证明对方的施暴事实。同时，不少人由于存在“家丑不可外扬”的观念，一直隐忍，错过了收集证据的很多时机；也因为没有证据意识，不知道什么样的证据有用，什么样的证据作用不大，常常是收集了一些证据，但又不能有力地证明配偶的家暴事实。

然而，在因家暴而提起的离婚诉讼中，要想起诉一次就让法院判离，必须提交充足的证据证明对方的家暴事实；同时，也才可能基于对方的家暴行为去争取子女的抚养权、财产分割上的优势以及让对方支付损害赔偿金。

还是那句话，维权，证据是关键。

接下来对家暴证据的收集和注意事项进行分析。这里特别说明一下：以下介绍的证据种类虽多，并不是说，若想证明配偶存在家庭暴力就必须提交下文提到的所有证据，具体案件中只要根据自己的实际情况提交收集到的证据；同时，下列各类证据的效力也不因顺序排列前后而有区别，证据能否有力证明配偶的家暴行为主要依证据本身来判定。

1. 报警回执和报警笔录

在遭受家暴时或家暴后，应第一时间报警，由公安机关介入调停以及控制施暴方的施暴行为。为证实家暴事件的发生，建议要求公安机关出具“报警回执”并妥善保存。

仅有报警回执，并不能证明是为何事报警，因此报警后配合公安机关做好报警笔录，详细陈述自己被配偶实施家暴的过程和所受伤害；如果公安机关因各种原因没有制作笔录的，可以要求其制作笔录以记载家暴事实。

对于报警笔录，签字之前建议检查笔录内容与自己的陈述是否一致，若不一致可以提出更正。

多次遭受家暴的，建议多次报警，诉讼中多次的家暴报警记录可以佐证施暴方施暴行为的频繁性和习惯性，有利于法院认定配偶有长期施暴的习惯。

2. 公安机关出具的告诫书

因遭受家庭暴力报警后，除了报警回执、报警笔录可以作为证明配偶施暴的证据外，公安机关向施暴方出具的告诫书也是一项重要证据。

我国《反家庭暴力法》规定，家庭暴力情节较轻，依法不给予治安管理处罚的，由公安机关对加害人给予批评教育或者出具告诫书。告诫书应当包括加害人的身份信息、家庭暴力的事实陈述、禁止加害人实施家庭暴力等内容。

也就是说，如果因为家暴报警后，经公安机关了解，一方虽有殴打等行为，但并不严重，不需要进行治安管理处罚，对于这种情况警务人员一般会对施暴方或者双方进行批评教育。这时作为被施暴一方，其可以要求公安机关针对配偶的施暴行为出具告诫书。

告诫书上一般会记载双方的身份信息、关于家暴事实的陈述以及告诫对方不能再实施暴力的警示等内容。这便以公安机关告诫书的形式锁定了配偶的施暴事实，是一种比较有力的证据，对家暴行为的认定能够起到较大作用。

3. 治安调解书

因配偶对自己实施家暴报警后，在公安机关主持下，夫妻双方签订的治安调解书也是证明配偶存在家暴事实的一项重要证据。

治安调解书中会简单陈述施暴原因、施暴过程、施暴后果等内容，也会记录双方达成的调解协议，可以要求施暴方就此次暴力行为赔礼道歉，并保证以后不再对自己实施暴力殴打，这些内容记录在调解协议书中，可以成为证明配偶确有施暴的证据。

4. 伤情鉴定

因被家暴报警后，如果有明显伤情，一般来说是需要做伤情鉴定的，可以要求公安机关出具一封司法鉴定介绍信，然后持介绍信、就医材料等到司法鉴定中心做伤情鉴定。伤情鉴定也可成为证明配偶家暴的证据。

5. 妇联、居委、村委、街道的受案证明

受到配偶的家暴之后，除了报警求助，也可向妇联、街道、村居委等部门投诉、反映或者求助，根据我国《反家庭暴力法》的规定，这些部门接到求助后，应当给予帮助和处理。妇联、村居委工作人员会组织双方进行问话、调解，并将相关事实记录在案，这些受案材料同样可以作为家暴证据使用。

6. 邻居的证人证言

基于家庭暴力的突发性，向邻里呼救是最快捷的阻止家暴的方式，事后在征得邻居同意的情况下，可以申请其作为证人，出庭证明配偶对自己施暴的事实。

当然，实践中不少人考虑到与纠纷夫妻双方的邻里关系，也担心施暴方对自己的作证打击报复，一般不愿意给被施暴一方作证。这种情况完全可以理解，因此更应注意做好其他证据的收集工作。

7. 法院出具的人身安全保护令

人身安全保护令由遭受家庭暴力或者面临家庭暴力现实危险的一方向人民法院申请，法院受理申请后，应当在 72 小时内作出人身安全保护令或者驳回申请；情况紧急的，应当在 24 小时内作出。

如果法院作出了人身安全保护令，会在保护令上记载申请人夫妻双方的基本信息，以及责令或禁止施暴方实施哪些行为。人身安全保护令本身就是证明婚姻中一方有家暴行为的有力证据。

8. 自己的受伤照片

遭受配偶的暴力殴打后，要及时拍照或录像，拍照时注意不能仅拍受伤部位，起码要有几张照片将面部一起拍进去，以便能够识别受伤的主体。

拍照或录像后建议妥善保存，可以同时上传至云盘，这样一般会显示拍摄时间和上传时间；也可以微信收藏，或发送到微信朋友圈设置仅自己可见。这几种方式都会留下照片的形成时间，这个时间与相关的报警记录、治疗记录等证据显示的时间一致，各个证据相互印证，形成完整的证据链，更利于证明对方的家暴事实。

9. 就医记录

遭受家暴后，应当及时到当地正规医院就医治疗，并保留治疗相关的病历、检查单、收费票据等治疗凭证。向医生陈述病因和病情时，应当陈述自己被配偶家暴的事实并要求医生记录在病历中。同时，尽量在被配偶施暴后当天或第二天就诊，以免时间间隔过长，影响家暴行为与就诊结果之间的因果关系认定。

10. 证明配偶施暴过程的录音录像

很多家庭为防盗安装了摄像头，如果摄像头拍下了配偶对自己的施暴过程，记得及时采集保存。

在与配偶发生争执，或感知到配偶即将实施暴力时，若有可能，可以及时打开手机或录音笔的录音功能，以记录整个施暴过程。考虑到录音笔容易引起配偶的警惕，建议使用手机录音，现在很多人都有不用的旧手机，可使用这些旧手机或者备用手机录音，相对更隐蔽不至于被配偶发现。

11. 配偶自己书写的悔过书、保证书等

生活中很多人在实施完暴力殴打之后会心生愧疚，尤其看到配偶伤心哭泣、要求回娘家或提出离婚时，多会承诺以后不再打了，并表示可以写悔过书、保证书等。

作为被施暴方，这种情况下也可以要求对方写悔过书、保证书，同时要求对方将施暴事实写上，并书面保证以后不再实施家庭暴力。

一般来说，家庭暴力具有习惯性，很少有因为写了一份保证书就再也不施暴的情况，有施暴习惯和写保证书习惯的人，往往会先后写下多份保证书。这些由施暴方亲笔书写的悔过书、保证书本身便是证明家庭暴力事实的有力证据。

12. 夫妻双方之间的聊天记录

生活中不少人在施暴后会请求配偶原谅，并向配偶保证以后再也不殴打施暴了。能够反映这些内容的聊天记录，比如微信聊天、电话录音等，也可以作为证明对方有家暴事实的证据。

一言以蔽之，要想以配偶存在家庭暴力为理由，要求法院准予离婚，并据此要求对方给予损害赔偿以及要求在共同财产分割上的照顾，甚至要求直接抚养子女的，提交证据证明配偶存在家庭暴力是关键。

**本节总结**

- 家庭暴力
  - 遇到家暴，如何有效维权
    1. 采取必要的自我保护措施并报警
    2. 向家人、朋友求助
    3. 向当地妇联、村居委会、街道办事处等组织和机构求助
    4. 向法院申请人身安全保护令
    5. 必要时果断解除婚姻关系
  - 家庭暴力的法律影响
    1. 家庭暴力是法院应当准予离婚的法定情形之一
    2. 作为无过错方，可以要求对共同财产照顾性多分
    3. 作为无过错方，可以要求施暴者给予损害赔偿
    4. 对方有家暴行为，利用己方无过错争取子女抚养权
  - 如何收集家暴证据
    1. 报警回执和报警笔录
    2. 公安机关出具的告诫书
    3. 治安调解书
    4. 伤情鉴定
    5. 妇联、居委、村委、街道的受案证明
    6. 邻居的证人证言
    7. 法院出具的人身安全保护令
    8. 自己的受伤照片、就医记录
    9. 证明配偶施暴过程的录音录像
    10. 配偶自己书写的悔过书、保证书等，夫妻双方之间的聊天记录

# 第四章　离婚应体面——财产和债务怎么分

## 第一节　离婚财产分割原则

### 离婚时财产怎么分

**案例 4-1-1**

张男和丁女在2012年结婚，婚后前两年感情尚可，后来张男从公司辞职创业，丁女继续在一家公司做人力资源工作。近几年张男因为生意原因对家庭照顾比较少，同时二人圈子不同，共同语言也越来越少。张男回家时，二人常常因为对家庭的照顾、对子女的教育等问题聊着聊着就争吵起来。丁女觉得这段婚姻已经没有了幸福感，于是提出离婚。

关于丁女和张男的主要财产，情况如下：

1. 房产三套：第一套是张男在婚前全款购买，登记在张男名下，婚后用于出租，每年租金约5万元；第二套和第三套都是张男和丁女在婚后购买，登记在两人名下，其中一套已付清全款，另外一套仍在按揭还款。

2. 汽车两辆：张男和丁女每人一辆。

3. 存款：两人账户上均有存款，张男每月会给丁女转账，每月转账金额也不同，丁女对于张男的各项生意并没太多关注，因此目前对张男有哪些银行账户、共有多少存款等情况，丁女并不清楚。

4.公司股权：婚后张男与朋友开了两家建筑公司，张男均是股东。对于其具体持股多少、每年分红多少等情况，丁女表示不清楚。

5.银行理财、保险、股票等其他财产：丁女把平时自己的工资和张男转的钱绝大部分用于购买银行理财和保险，一小部分放在股市。

如果丁女和张男离婚，他们二人的财产如何分割？

关于离婚时财产的分割原则，介绍如下：

首先，如果夫妻双方在结婚之前或之后签订了书面财产协议，协议中对于各项收入和财产的归属问题做了约定的话，双方无争议的，离婚时按照约定处理。

例如，如果丁女和张男在结婚之前签订了一份财产协议，协议明确列举了两人的各项婚前财产如房产、存款等，并约定这些婚前财产及其在婚后带来的租金、利息等收益仍归各自所有；婚后两人各自的收入也归各自所有；婚后购置房产的，谁购置的就登记在谁名下；等等。

只要二人之间签订有此类协议，离婚时首先按照协议的约定分割财产。

其次，若夫妻双方没有签订书面财产协议或对协议有争议，对于共同财产的分割问题由双方协商处理。

例如，前述案例中，丁女和张男并没有签订婚姻财产协议，在丁女提出离婚后，张男表示同意。关于财产如何分割，两人充分协商后决定：三套房产都归丁女，张男再给丁女200万元，汽车保持现状仍一人一辆，两家公司的股权归张男；或者，两人经协商后决定，婚后两套房产归丁女，张男婚前的房产仍归张男，公司股权归张男，张男补偿丁女300万元等，都是可以的。

总之，只要夫妻双方对于离婚财产分割问题能够达成一致意见，就按双方的协商意见处理。至于具体哪项财产归哪一方所有，以双方协商意见为准，法律不会干涉。生活中很多人都采取这种财产分割方式，我们也认为双方协议处理是最不伤感情、最快捷的方式。协议不成时，则可通过诉讼的方式解决。

最后，若双方关于共同财产的分割问题协商不成，由法院根据财产的具体情况，按照照顾子女、女方和无过错方权益的原则判决。

例如，前述案例中，张男婚前全款购买的那套房产本身仍是张男的个人财产，不涉及分割问题。二人在婚后购买的两套房产、两辆汽车，以及两人的工资、奖金、劳务报酬、生产经营和投资收益等，都属于张男和丁女的夫妻共同财产，既然是共同财产，原则上均等分割。

均等是指价值上的均等，具体到哪项财产归谁所有的问题，法院会征询当事人的意见，本着有利生产、方便生活的原则妥善处理，也会照顾子女、女方和无过错方的利益。

再如，如果子女由丁女抚养，且一直居住在现有房屋中，从生活环境的延续、上学便利等角度考虑，现行居住的这套房屋归丁女比较合适；如果张男和丁女关于这套房屋的归属争执不下，法院本着照顾子女和女方、方便生活等原则会倾向于将这套房屋判给丁女。

以上便是法院处理共同财产分割问题时所遵循的大原则。各项财产的具体分割问题，我们在本章第二节进行详细分析。

## 照顾性多分的情形

前文已经说到，离婚时，关于夫妻共同财产的分割，首先由双方协商处理；如果协商不成，则由法院按照照顾子女、女方和无过错方权益的原则进行判决[①]。

这里的过错，并不是指一般性的过错。例如，女方认为男方是“妈宝男”，时时刻刻听妈妈的话，严重影响夫妻二人的生活而提出离婚；或者认为男方家族观念太重，常常无节制地资助家中亲戚，甚至贷款也要借钱给亲戚，严重影响了夫妻二人小家庭的生活而提出离婚。这些情形中，男方的行为顶多是由性格

① 参见《民法典》第一千零八十七条第一款，离婚时，夫妻的共同财产由双方协议处理；协议不成的，由人民法院根据财产的具体情况，按照照顾子女、女方和无过错方权益的原则判决。

特点、家庭观念以及为人处世态度所致，可能确实不利于小两口自己的婚姻生活，但还不构成法律规定的过错。

根据我国《民法典》的规定，以下几种行为构成离婚纠纷中的过错：重婚，与他人同居，实施家庭暴力，虐待、遗弃家庭成员，以及有其他重大过错[①]。再次提醒，这里的同居是稳定持续地共同居住，一般的婚外情、偶尔的婚外性行为不属于法律上的“同居”。

夫妻一方有以上过错，并导致离婚的，法院在分割他们的共同财产时应当体现对无过错方的照顾。

这项裁判原则早在1993年最高人民法院印发的《关于人民法院审理离婚案件处理财产分割问题的若干具体意见》（现已失效）中就有体现。该意见提出：“人民法院审理离婚案件对夫妻共同财产的处理，应当依照《中华人民共和国婚姻法》、《中华人民共和国妇女权益保障法》及有关法律规定，分清个人财产、夫妻共同财产和家庭共同财产，坚持男女平等，保护妇女、儿童的合法权益，照顾无过错方，尊重当事人意愿，有利生产、方便生活的原则，合情合理地予以解决。”

《民法典》增加共同财产分割时照顾无过错方权益的原则，体现了对婚姻中过错方的惩罚和通过财产方式对无过错方的补偿，有积极的价值引导作用。需要提醒的是，既然是“照顾”，那就意

① 参见《民法典》第一千零九十一条，有下列情形之一，导致离婚的，无过错方有权请求损害赔偿：（一）重婚；（二）与他人同居；（三）实施家庭暴力；（四）虐待、遗弃家庭成员；（五）有其他重大过错。

味着是在对共同财产均分的基础上有所照顾，实际的分割比例不可能倾斜太多。

司法实践中，如果希望法院依据“照顾”的原则，将夫妻共同财产按照“二八”“一九”的比例分割是不现实的，甚至“三七”都很有难度，毕竟法院处理离婚纠纷，不仅要考虑婚姻中的过错，也要考虑夫妻双方在婚姻中的财产权益，做到利益平衡，不能因为保护一项权益而过度牺牲另一项权益。

当然，如果是女方获得了子女的直接抚养权，法院从有利于子女成长的角度考虑，在处理共同财产分割问题上，对子女和女方的“照顾”会体现得相对更明显一些。毕竟女方分得较多的共同财产，会更利于子女的生活和教育。

## 不分或少分的情形

离婚时对于夫妻共同财产的分割，首先由夫妻双方协商，若协商不一致，则由法院根据照顾子女、女方和无过错方权益的原则进行判决。同时，如果法院经审理认定了以下事实，即夫妻一方隐藏、转移、变卖、毁损、挥霍夫妻共同财产，或者伪造夫妻共同债务企图侵占另一方财产的，在离婚分割夫妻共同财产时，对该方可以少分或者不分[①]。

① 参见《民法典》第一千零九十二条，夫妻一方隐藏、转移、变卖、毁损、挥霍夫妻共同财产，或者伪造夫妻共同债务企图侵占另一方财产的，在离婚分割夫妻共同财产时，对该方可以少分或者不分。离婚后，另一方发现有上述行为的，可以向人民法院提起诉讼，请求再次分割夫妻共同财产。

1. 隐藏、转移、变卖、毁损、挥霍夫妻共同财产的行为表现方式

（1）隐藏夫妻共同财产

比如，将贵重的收藏品或者现金隐匿起来，使另一方找不到，进而无法分割。

（2）转移夫妻共同财产

比如，夫妻一方将自己掌控的银行存款通过分笔转账、取现的方式转移；或与其他人串通将自己名下的公司股权通过低价转让，使得配偶无法对高价值的股权进行分割，只能分割较低的股权转让款。

（3）变卖夫妻共同财产

比如，未经夫妻另一方同意，将夫妻共有的房产卖掉、将公司股权转让给他人等，虽然变卖共有财产获得的资金也属于夫妻共同财产，但与房产、股权相比，这类资金更容易转移和消耗，一旦对方采取进一步的转移消耗行为，另一方要求分割的难度就会大大增加。

（4）毁损、挥霍夫妻共同财产

婚姻走到离婚的阶段，不少人常常是带着对配偶的怨气，甚至痛恨的，不排除有人为了实现让对方少分财产的目的，而对夫妻共同财产大肆挥霍，甚至毁坏。

（5）伪造夫妻共同债务

生活中也存在夫妻一方为了让另一方少分财产，与他人串通

伪造债务的情形。

**案例 4-1-2**

张男在与丁女的离婚诉讼中，为了达到自己多分财产的目的，与好友王某串通，称自己借了王某30万元，并向法院提交了他向王某出具的借条，进而要求丁女共同承担这笔债务，这便属于伪造债务的情形。

当然，目前司法实践中法院对此类情形审查得比较严格，如果夫妻一方只有借条，另一方对于借款又不认可的情况下，法院不会仅凭一张借条就在离婚诉讼中确认这是夫妻共同债务。

即便张男提交的是证明其与王某借贷关系的法院调解书或判决书，对于超出家庭日常生活的大额借贷，张男还需要进一步提交证据证明债务资金用于与丁女的共同生活或共同经营，否则法院也不会轻易就判令丁女共同承担债务。

2.《民法典》第一千零九十二条相对于《婚姻法》第四十七条作出了两处调整

（1）删除了转移共同财产行为的时间限定

《婚姻法》规定的是如果“离婚时”一方有隐藏、转移、变卖、毁损夫妻共同财产的行为，分割夫妻共同财产时可以少分或不分；《民法典》删掉了“离婚时”这个时间限定，意味着对于转移夫妻共同财产行为的制裁，不再局限于离婚时配偶一方有转移共同财产的行为，即便是两人没有闹离婚，没有启动离婚程序，如果一方已经提前有所准备，采取行动开始隐藏、转移、变卖、毁损、挥霍夫妻共同财产，那么在分割夫妻共同财产时，对该方就可以少分或者不分。当然，前提是得有证据证明配偶有转移共同财产的行为。

（2）增加了挥霍夫妻共同财产这一形式

《婚姻法》规定的是隐藏、转移、变卖、毁损夫妻共同财产这四种形式，“挥霍”夫妻共同财产是《民法典》新增的内容。

生活中确实有不少人为了达到离婚时让对方少分财产的目的，挖空心思用尽各种办法。比如和第三人串通，故意以高价购买一些艺术品；或者一改常态，大肆进行奢侈消费，这种挥霍夫妻共同财产的行为在《婚姻法》中并没有规定，《民法典》新增这一规定可以有效填补原规定的漏洞，更好地保护另一方的财产权益。

3. 最高人民法院第 66 号指导案例

关于夫妻一方隐藏、转移、变卖、毁损、挥霍夫妻共同财产，进而在离婚时少分或不分的问题，可以通过最高人民法院发布的第 66 号指导案例进一步理解。

### 案例 4-1-3

原告雷某某（女）和被告宋某某（男）于 2003 年 5 月 19 日登记结婚，双方均系再婚，婚后未生育子女。双方婚后因琐事感情失和，于 2013 年上半年产生矛盾，并于 2014 年 2 月分居。雷某某曾于2014年3月起诉要求与宋某某离婚，经法院驳回后，双方感情未见好转。2015年1月，雷某某再次诉至法院要求离婚，并依法分割夫妻共同财产。宋某某认为夫妻感情并未破裂、不同意离婚。

雷某某称宋某某名下在中国邮政储蓄银行的账户内有共同存款37万元，并提交存取款凭单、转账凭单作为证据。宋某某称该37万元，来源于婚前房屋拆迁补偿款及养老金，现尚剩余20万元左右（含养老金14322.48元），并提交账户记录、判决书、收据等证据。

宋某某称雷某某名下有共同存款25万元，要求依法分割。雷某某对此不予认可，一审庭审中其提交的中国工商银行尾号为4179账户自2014年1月26日起的交易明细，显示至2014年12月21日该账户余额为262.37元。

本案二审期间，应宋某某的申请，法院调取了雷某某上述中国工商银行账号自2012年11月26日开户后的银行流水明细，显示雷某某于2013年4月30日通过ATM转账及卡取的方式将该账户内的195000元转至案外人雷某齐名下。

宋某某认为该存款是其婚前房屋出租所得，应归双方共同所有，雷某某在离婚之前即将夫妻共同存款转移。雷某某提出该笔存款是其经营饭店所得收益，开始称该笔款已用于夫妻共同开销，后又称用于偿还其外甥女的借款，但雷某某对其主张均未提供相应证据证明。

另，雷某某在庭审中曾同意各自名下存款归各自所有，其另行支付宋某某10万元存款，后雷某某反悔，不同意支付。

本案二审期间双方争议的焦点在于雷某某是否转移夫妻共同财产和夫妻双方名下的存款应如何分割。

《婚姻法》第十七条第二款规定："夫妻对共同所有的财产，有平等的处理权。"[①]第四十七条规定："离婚时，一方隐藏、转移、变卖、毁损夫妻共同财产，或伪造债务企图侵占另一方财产的，分割夫妻共同财产时，对隐藏、转移、变卖、毁损夫妻共同财产或伪造债务的一方，可以少分或不分。离婚后，另一方发现有上述行为的，可以向人民法院提起诉讼，请求再次分割夫妻共同财产。"[②]

这就是说，一方在离婚诉讼期间或离婚诉讼前，隐藏、转移、变卖、毁损夫妻共同财产，或伪造债务企图侵占另一方财产的，侵害了夫妻对共同财产的平等处理权，离婚分割夫妻共同财产时，应当依照《婚姻法》第四十七条的规定少分或不分。

本案中，关于双方名下存款的分割，结合相关证据，宋某某婚前房屋拆迁款转化的存款，应归宋某某个人所有，宋某某婚后所得养老保险金，应属夫妻共同财产。雷某某名下中国工商银行尾号为4179账户内的存款为夫妻关系存续期间的收入，应作为夫妻共同财产予以分割。

雷某某于2013年4月30日通过ATM转账及卡取的方式，将

---

① 对应《民法典》第一千零六十二条第二款。

② 对应《民法典》第一千零九十二条。

尾号为 4179 账户内的 195000 元转至案外人名下。雷某某始称该款用于家庭开销，后又称用于偿还外债，前后陈述明显矛盾，对其主张亦未提供证据证明，对钱款的去向不能作出合理的解释和说明。结合案件事实及相关证据，认定雷某某存在转移、隐藏夫妻共同财产的情节。

根据上述法律规定，对雷某某名下中国工商银行尾号为 4179 账户内的存款，雷某某可以少分。宋某某主张对雷某某名下存款进行分割，符合法律规定，予以支持。故判决宋某某婚后养老保险金 14322.48 元归宋某某所有，对于雷某某转移的 19.5 万元存款，由雷某某补偿宋某某 12 万元。

上述第 66 号指导案例中，在宋某某和雷某某感情已经出现矛盾的情况下，雷某某将自己工商银行卡中的 195000 元通过 ATM 转账以及卡取的方式转到了其他人名下。

我们知道，婚后的夫妻共同财产是二人共有的，双方享有平等的处理权，雷某某在未经宋某某同意的情况下将大额资金转出，属于侵害宋某某财产权利的行为。

关于这 195000 元的去向问题，雷某某开始说用于家庭开销了，后来又说用于偿还外债，前后说法矛盾，而且也没有提交证据对钱款的去向进行合理的说明。基于这些情节，法院认定雷某某存在转移、隐藏夫妻共同财产的行为，进而依法判决雷某某少分夫妻共同财产。

雷某某少分共同财产的具体表现：一是宋某某婚后取得的养老保险金 14322.48 元，本属于夫妻共同财产，雷某某也有权分割，但鉴于雷某某有转移、隐藏夫妻共同财产的行为，该 14322.48 元全部归宋某某所有，雷某某不分；二是雷某某工商银行账户中被转移出去的 195000 元作为两人的夫妻共同财产，原则上均分，每人 97500 元，但因雷某某有转移、隐藏夫妻共同财产的行为，雷某某需分给宋某某 12 万元。

## 离婚的经济补偿和损害赔偿

### 案例 4-1-4

张男和丁女大学毕业后结婚，婚后第二年儿子张小丁出生，为了更好地照顾孩子，丁女辞职回家当起了全职太太。张男与朋友一起创办的公司也逐渐发展起来，效益不错。近几年张男因为生意忙对家庭照顾比较少，同时两人的圈子不同，共同语言也越来越少。张男回家时，两人常常因为对家庭的照顾、对子女的教育等问题聊着聊着就争吵起来，有几次张男竟然还动手打了丁女。

丁女觉得这段婚姻已经没有了幸福感，提出离婚，同时认为自己对家庭的照顾和牺牲比较多，张男也有几次实施暴力的行为，无论从哪个角度讲，丁女都认为张男应当对自己进行补偿或赔偿。张男同意离婚，但不同意赔偿丁女，因为张男认为自己对家庭的贡献也很大，那几次动手并不严重，谈不上赔偿。

如果丁女起诉到法院，丁女希望张男补偿或赔偿的要求能否得到法院的支持？

这里涉及两个问题，离婚经济补偿和离婚损害赔偿，下面我们分开来说。

1. 一方因为照顾家庭付出较多的，离婚时可以要求另一方补偿吗？

先说结论：可以。

在婚姻中有不少人，尤以女性居多，在抚养子女、照顾老人方面比另一方付出得多，甚至有的会辞职全天候照顾家庭。直到与配偶感情破裂闹离婚时，才发现自己多年来一心扑在家庭上，围着老公、孩子和老人忙前忙后、操持家务，因此失去了提升工作能力和增加社会阅历的机会，导致自己难以再返职场，或者重新进入职场后的竞争力大大降低。这种情形中家务劳动付出较多的一方，在离婚时有权向另一方请求经济补偿。

按照《婚姻法》的规定，只有双方签订有书面的财产协议，约定二人婚姻关系存续期间财产归各自所有的情况下，因家务劳动付出较多的一方才有机会向另一方要求经济补偿。然而实际生活中，大家因为婚姻观念的问题，绝大多数夫妻并不会签订婚姻财产协议，那就意味着真正能依据《婚姻法》要求经济补偿的人少之又少。这不利于保障对照顾家庭付出较多的一方的权益，当然主要是女性的权益。

《民法典》修正了这一内容，关于离婚经济补偿规定如下：

第一千零八十八条　夫妻一方因抚育子女、照料老年人、协助另一方工作等负担较多义务的，离婚时有权向另一方请求补偿，另一方应当给予补偿。具体办法由双方协议；协议不成的，由人民法院判决。

基于上述规定，即便夫妻双方没有签订财产归各自所有的书面财产协议，离婚时因照顾家庭付出较多的一方，也有权要求另一方支付经济补偿，以弥补自己在婚姻关系存续期间因抚育子女、照顾老人或者协助配偶工作而做出的牺牲。这项规定对于保障照顾家庭付出较多的一方在婚姻中的权益，无疑是一种利好，进一步体现了婚姻法照顾弱势一方的原则。

支付补偿金的标准问题，法律没有予以明确规定，如果双方不能协商一致，则需要法院在审理案件时依据男女双方的具体情况、家庭收入、当地生活水平、结婚时间长短等因素酌情确定。

一般来说，经济补偿的金额不会太高。因此，我们建议不是迫不得已不要辞职做全职太太，这不仅是失去一份收入的问题，更重要的是脱离社会久了，自己的工作能力和独立人格都会受到影响，万一婚姻出现问题，自己也将非常被动。所以说，借助工作，让自己保持与社会的联系并持续更新自己，非常重要。

2. 什么情形下，可以在离婚时要求对方进行损害赔偿？

损害赔偿，顾名思义，自己在婚姻中因为对方的行为受到了损害，进而要求对方进行赔偿，以弥补自己所受到的物质和精神上的伤害。

关于损害赔偿的情形，《民法典》的规定如下：

第一千零九十一条　有下列情形之一，导致离婚的，无过错方有权请求损害赔偿：

（一）重婚；

（二）与他人同居；

（三）实施家庭暴力；

（四）虐待、遗弃家庭成员；

（五）有其他重大过错。

关于离婚损害赔偿，这里有几点需要特别说明：

（1）离婚是损害赔偿的必要条件

如果夫妻一方有《民法典》第一千零九十一条列举的情形，另一方没有提出离婚，仅因为要求让对方进行损害赔偿而到法院起诉的，法院不会受理。

起诉离婚后，也同时提出了让对方进行损害赔偿的要求，法院经过审理，认为男女双方夫妻感情没有破裂，进而判决不准离婚的，那么对于损害赔偿的请求也不会支持。

（2）只有无过错方才有权要求损害赔偿

如果夫妻双方都有《民法典》第一千零九十一条列举的情形，一方或者双方向法院提出要求对方支付损害赔偿金，这种情形下，因为双方对于婚姻的破裂都有过错，于是便谈不上谁赔偿谁的问题，对于双方都有过错的离婚损害赔偿请求，法院不会支持[①]。

（3）损害赔偿的金额

司法实务中，离婚损害赔偿的金额一般不会太高。法院会根据过错方的支付能力、认错态度、受侵害人的精神损害程度以及当地经济水平等因素酌情确定。如果当事人的经济条件并不富裕，判处几千元的离婚损害赔偿也是极为正常的。

不少当事人不惜花钱费力地收集配偶出轨的证据，或者认为对方存在家庭暴力行为，那么自己便可以要求对方支付高额的精神损害赔偿金，这种愿望最终将会落空。

所以，我们不建议大家把自己在婚姻中的财产权益寄希望于离婚损害赔偿；从争取财产权益这一角度讲，平时多了解家庭财产的各项信息，做到心中有数；注意收集保存不归自己控制的各项财产的信息和线索，万一婚变涉及财产分割时，自己有机会把对方隐藏转移的财产挖掘出来，这才是最重要的。当然，作为受侵害的一方，损害赔偿也是自己应得的，一样应当尽力去争取。

（4）可以要求离婚损害赔偿的情形

重婚或与他人同居。以张男和丁女为例，如果张男存在与婚外异性重婚或同居的情形，严重伤害到了夫妻感情，丁女据此提出离婚的，便可以同时要求张男对其进行损害赔偿。重婚，即有

① 参见《最高人民法院关于适用〈中华人民共和国民法典〉婚姻家庭编的解释（一）》第九十条，夫妻双方均有民法典第一千零九十一条规定的过错情形，一方或者双方向对方提出离婚损害赔偿请求的，人民法院不予支持。

配偶而又与他人结婚；与他人同居，指有配偶者与婚外异性虽然没以夫妻名义相称，但是持续、稳定地共同居住。因此，一般的婚外性行为、嫖娼等不足以认定为同居。

实施家庭暴力，是指以殴打、捆绑、残害、强行限制人身自由或者其他手段，给其家庭成员的身体、精神等方面造成一定伤害后果的行为。持续性、经常性的家庭暴力，构成虐待。具体可以参阅本书第三章第三节关于家庭暴力的内容。

虐待、遗弃家庭成员。虐待是指经常以打骂、侮辱、强迫劳动、限制自由等各种方法，从肉体上、精神上迫害、折磨、摧残共同生活的家庭成员的行为。持续性、经常性的家庭暴力构成虐待。遗弃是对年老、患病或其他没有独立生活能力的人负有扶养义务而拒绝扶养的行为。

除此之外，与《婚姻法》相比，此次《民法典》增加了第五项“有其他重大过错”，那就意味着离婚损害赔偿的情形，不再局限于重婚、与他人同居、家庭暴力、虐待遗弃家庭成员这几种情形。如果配偶有其他重大过错，比如与婚外异性虽然不构成重婚和同居，但却生育了子女，这对夫妻感情无疑是一种重大伤害；或者有证据证明配偶出轨多人、长期出轨，我们认为这也应当属于“有其他重大过错”的情形，可以要求过错方支付损害赔偿金。《民法典》的这一规定有利于引导公民更加重视家庭和婚姻，增强家庭责任感。

## 如何打赢财产保卫战

一段婚姻走向破裂，如果双方能够坐下来协商解决，好聚好散，无疑是最好的离婚态度。这种和平理性的分手方式，无论是对夫妻双方，还是对子女，都伤害最小、成本最低。生活中确实有不少夫妻是这样处理的，值得推荐。

但同时，也存在很多因离婚产生纠纷的夫妻，无论是名人还是普通人，因为婚姻的破裂，彼此否定指责、相互谩骂撕扯、财产上你争我夺、子女抚养问题上也互不相让。甚至为了让自己多分，对方少分，常常利用自己对财产的掌控权，隐藏转移夫妻共同财产。

我们团队处理的离婚纠纷中，有不少人对家庭财产的数量、种类和分布情况等信息不太了解；有人甚至完全当起甩手掌柜，只要家庭生活费够用，对于家庭财产具体有哪些、有多少完全不闻不问。这类人在家庭中属于财富弱势方，一旦感情出现危机，便极为被动，因为对方非常可能利用其对财产的掌控优势，隐藏、转移或者变卖夫妻共同财产。这样，财富弱势方在婚姻中的财产权益必然会受到侵害。导致这种被动结果发生的，责任更多在于其本人。

关于财富弱势方如何打赢婚姻中的财富保卫战这一问题，我们建议如下：

1. 不是迫不得已，不要放弃工作

一份工作不论收入多少，都是自己与外界保持联系的纽带，通过工作，自己获取的信息、处理事情的态度包括人际交往的能力，都会得到持续的更新和提升。

更何况，工作还会带来收入，让自己经济上不依附于他人。这种成长和独立的感觉会让一个人的精神状态是健康积极的。这种状态延续到家庭生活中，也会给夫妻双方的相处注入活力和新鲜感。因此，无论是男性还是女性，不是迫不得已，不要放弃工作。当然，如果能够处理好自己的状态，做到即便全职在家，但精神依然独立、保持成长，甚至还能够滋养对方，则另当别论。

2. 要有婚后财产共同所有的意识，了解掌握家庭财产的详细信息

在我们国家，大家受传统观念的影响深远，认为夫妻就是一体，婚后若分彼此便是见外，因此绝大多数夫妻不会签订类似 AA 制的财产协议。那就意味着，按照法律的规定，婚后夫妻双方任何一方取得的工资、奖金、劳务报酬、生产、经营和投资收益等财产都归二人共有。因此，即便一方挣得少、另一方挣得多，或者一方完全不挣，家里的财产都由另一方积累而来，这些财产依然是双方的共同财产。

即便是互联网发达，获取信息如此便利的今天，我们仍会接到一些客户的咨询，他们自己工资低、收入少，而家里的资产主要来源于配偶的工作或生意收入，因此他们便自认为在家庭财产上不应有更多的话语权；且同时认为对方贡献多，离婚时多分也是应当的。很显然，之所以有这种观念是因为不了解法律的相关规定和婚姻财产制度的精神。

两个人结婚后，形成夫妻关系，组成家庭共同生活，婚后虽分工不同，但大家的贡献其实是相同的，况且一些贡献根本无法用金钱来衡量。因此，应当建立正确的婚姻财富观念，所谓军功章有你的一半，也有我的一半，夫妻双方对共同财产有平等的处理权。一方擅自处理超过日常生活的大额财产，应当征得配偶的同意，更何况是擅自隐藏、转移或变卖夫妻共同财产等行为，更是属于侵害另一方财产权利的行为。

作为共同财产的所有权人，有权利了解掌握财产的相关信息。再说，为了维护自己在婚姻中的财产权益，也有必要主动去了解这些财产信息。要知道，在司法实践中，离婚时要想分割共同财产，需要向法院提交证据，或者提交财产线索申请法院去进一步调查财产信息。如果连自己都不知道有哪些财产，巧妇难为无米之炊，法院也没有能力和条件去帮当事人全方位调查取证。**法典保护财产，但不保护爱情。**不要懵懵懂懂，放弃了守护财产的权利。

对于家庭财产信息的了解和掌握，应当保持常态，放在平时，一旦感情出现裂痕，离婚摆到了台面上，对方有了防备，很可能会隐藏转移财产，或者拒绝配合提供相关资料，这时再去查找取证，自然会更加困难。

3. 善于寻求外界帮助，避免盲目应对

倘若婚姻走向破裂，又不能和平协商解决的话，意味着双方将进入一段短则几个月，长则几年的离婚纠纷期。为了应对纠纷，需要付出时间和精力，对于情绪也是一种持久的消耗。这种情况下需要来自家人朋友的陪伴和支持，他们能够给予精神上的慰藉，帮助自己度过那段痛苦难熬的时光。

对于离婚诉讼启动前和诉讼中的专业问题，则应积极向律师求助。毕竟，法院是只分割浮出水面、看得见的夫妻共同财产，如果对方隐藏转移，自己又无法发现的话，分割财产时当然会受损，而律师取证的权限更大、范围更广，再加上长期的处理经验，对于婚姻中隐藏转移夫妻共同财产的方法往往看得更清楚，查证更有方向。

## 本节总结

**离婚财产分割原则**

- **离婚时财产怎么分**
  1. 离婚时，夫妻的共同财产由双方协议处理
  2. 协议不成的，由法院根据财产的具体情况，按照照顾子女、女方和无过错方权益的原则判决
- **照顾性多分的情形**
  1. 法院判决分割夫妻共同财产时，会体现对子女、女方和无过错方的照顾
  2. 照顾的幅度，依具体案件的实际情况而定
- **不分或少分的情形**
  夫妻一方隐藏、转移、变卖、毁损、挥霍夫妻共同财产，或者伪造夫妻共同债务企图侵占另一方财产的，在离婚分割夫妻共同财产时，对该方可以少分或者不分
- **离婚的经济补偿和损害赔偿**
  1. 夫妻一方因抚育子女、照料老年人、协助另一方工作等负担较多义务的，离婚时有权向另一方请求补偿。具体办法由双方协议；协议不成的，由法院判决
  2. 配偶有重婚、与他人同居、实施家庭暴力、虐待、遗弃家庭成员，或其他重大过错，导致离婚的，无过错方有权请求损害赔偿
- **如何打赢财产保卫战**
  1. 不是迫不得已，不要放弃工作
  2. 要有婚后财产共同所有的意识，了解掌握家庭财产的详细信息
  3. 善于寻求外界帮助，避免盲目应对

## 第二节 离婚房产分割

房产是我国居民尤其是城镇居民的主要财产，经济日报社2019年10月发布的《中国家庭财富调查报告2019》显示，根据我国居民家庭财产结构看，城镇居民家庭房产净值占家庭人均财富的71.35%，农村居民家庭房产净值占比为52.28%。人均财富增长的来源表明，房产净值增长是全国家庭人均财富增长的重要因素，房产净值增长额占家庭人均财富增长额的91%。因此，房产净值较高的城镇居民家庭将从房产净值大幅增长过程中获得更多的财富积累[①]。于是，房产作为家庭资产的重要组成部分，也成为离婚时财产分割的重要内容。

### 离婚时，哪些房产需要分

离婚时分割的是夫妻双方共同所有的房产，或房产上体现双方共同经济贡献的部分。

**案例 4-2-1**

张男和丁女是夫妻，二人有多套房产，关于这些房产在离婚时的分割问题，分情形讨论如下：

---

① 中国经济网：《〈中国家庭财富调查报告2019〉发布：家庭人均财产超20万，房产占比仍居高不下》，载于http://www.ce.cn/xwzx/gnsz/gdxw/201910/30/t20191030_33477567.shtml，2021年3月20日最后访问。

情形一：张男结婚之前已全款购买一套房产并登记在自己名下，这套房产是张男的婚前个人财产，而非夫妻共同财产，两人离婚时丁女无权分割。

情形二：情形一中的那套房产，如果张男结婚之后在房屋产权登记上加了丁女的名字，那么房产则由张男单独所有转变为二人共有，离婚时应当作为夫妻共同财产进行分割；至于具体分割的比例，依据双方登记时的约定，如果没有约定且双方无法协商一致的，由法院判决；法院会参考双方结婚时间长短、购房款来源、离婚原因等因素综合考量。

情形三：如果张男在与丁女结婚之前支付首付款购买了一套房屋，登记在自己名下，婚后继续按揭还款。若二人对于婚后财产归属问题没有特殊约定，婚后继续还款的资金则属于张男和丁女的夫妻共同财产，因此该套房屋上便体现了二人的经济贡献，离婚时对于婚后还贷及其对应的增值部分应当作为夫妻共同财产进行分割。

注意，即便婚后还贷的资金与婚前一样，仍然从张男的工资卡上每月扣款，我们在本书第二章及本章都有讲过，如果夫妻双方没有另外约定，那么婚姻关系存续期间任何一方取得的工资、奖金，做生意的收入、投资收益等，都归夫妻共有；因此，虽然婚后按揭还款是从张男的工资卡上支出，实际上仍是使用夫妻共同财产在还款，那么婚后还贷部分及其对应的房产升值，当然也属于夫妻共同财产。

情形四：张男和丁女在结婚之后用夫妻共同财产购房，无论登记在哪一方名下，若没有例外约定，房产属于二人共同共有，离婚时应当予以分割。

情形五：张男和丁女婚后购房，与开发商签订了《房屋买卖合同》，但还未办理房产证，直到离婚时仍未能办理，这种情况下，双方享有的仅是一项依据购房合同要求开发商交付房屋的权利，房屋产权其实并未产生，将来能否顺利办证还未知，因此法院在判决时不能对房屋的归属问题进行处理，需要双方等到取得房产证之后另行分割。

实践中离婚房产分割情形远不止上述五种，会因购买时间、出资人、有无出资协议等因素而有所区别。核心在于离婚时的房产分割，分割的是夫妻双方共有的房产，或房产上体现夫妻双方共同经济贡献的部分，归一方所有的个人房产是不需要进行分割的。

### 离婚时房产分割的原则

离婚时房产的分割，首先由夫妻双方协商处理，无法达成一致意见时由法院判决。

### 案例 4-2-2

张男和丁女是夫妻，婚后支付首付款购置一套房屋，每月按揭还款，房产登记在丁女一人名下。后来两人因感情不和离婚，关于房产的分割，经协商，张男同意房子归丁女，剩余的贷款由丁女继续偿还，同时张男不要求房屋的折价补偿。为平衡双方利益，丁女同意张男在婚后入股的某公司股权归张男所有，丁女也不要求股权折价款。

以上房产的分割方式，便是由夫妻双方在离婚时经协商达成的。具体怎么分、怎么补偿，房屋是卖掉由双方分割房款还是房屋归某一方所有，是否向另一方支付补偿款、支付多少等问题，只要双方能够取得一致意见，按照双方的意见分割即可。如果双方无法协商一致，则由法院根据房产的出资、使用等的具体情况，按照照顾子女、女方和无过错方权益的原则判决[①]。

### 双方都要房子时判给谁

关于婚后共同房产的分割问题，如果双方都提出要房子，首先由双方协商，协商不成时，则由双方竞价取得，或由法院依据具体情况进行判决。

一般来说，若有两套房子，法院会判一人一套，各自再按照两套房产的价值计算应向对方支付的补偿款，两相抵减后进行支付；如果双方只有一套共同房产，法院会结合子女的抚养情况、双方的居住情况等因素综合考量后，判定房产归哪一方，并由取

---

① 参见《民法典》第一千零八十七条第一款，离婚时，夫妻的共同财产由双方协议处理；协议不成的，由人民法院根据财产的具体情况，按照照顾子女、女方和无过错方权益的原则判决。

得房产一方向另一方支付相应补偿款；实践中也有判双方在离婚后对房屋按份共有的情况。

**案例 4-2-3**

张男和丁女结婚 7 年，有一个 3 岁的女儿。两人婚后第 3 年在广州买了一套房子，购房时写的是两个人的名字。后来两人出现感情问题，都同意离婚。关于房子，当初买时房价约 300 万元，离婚时尚有 200 万元贷款未还，房子市值约 540 万元，升值了不少，因房屋地段较好，后续仍有较大升值空间，因此两人都想要房子，僵持不下，起诉到法院，这种情况下法院会如何处理？

首先，如果双方都同意竞价取得，那么法院会准许双方通过竞价方式由报价高的一方取得房屋所有权，并向对方支付补偿款。

其次，双方不同意竞价的，由法院结合案件具体因素对房屋的归属问题进行判定，将房屋判决归一方所有，并向另一方支付相应补偿款；若双方确实没有条件向另一方支付补偿款，实践中也存在判双方在离婚后按份共有的情形。

夫妻共有的房子到底判给谁呢？法院所考虑的因素如下：

（1）照顾子女和女方利益的原则

案例中张男和丁女的女儿平时由丁女照顾得比较多，若双方同意或法院判令由丁女直接抚养女儿，则法院会把房子优先判给丁女，以维持孩子稳定的生活环境，利于子女的健康成长和就近入学。

**案例 4-2-4**

北京市中级人民法院审理的（2014）北民一终字第 337 号案例，对于夫妻双方共有房屋的处理便体现了照顾子女和女方利益的原则。法院处理意见如下：

双方只有共同的一套房屋，且都主张对房屋的所有权，在此情况下，需考虑双方的实际情况予以处理。在双方经济条件没有明显差异且仅有一套住房的情况下，分割房屋应当更多考虑女方利益以及子女利益。

考虑到女方现年 52 岁，作为女性无论从体力还是精神上难以与同龄的陈某某相匹敌，而两个婚生女儿（其中陈小某 21 岁，虽已成年，但仍在求学阶段，尚无经济来源）均表示随同母亲生活，则更应当保障母女三人居得其所。男方虽亦无房居住，但与同龄的女方相比，在身体条件及重新组建家庭的可能性上拥有较大优势，且目前在独身无须亲自照顾子女的情况下，生活相对便捷容易。故一审将涉案房屋一套判归女方所有，由女方支付一半房款给男方并无不当。

我们在代理的几起离婚案件中，也以保障子女居住环境稳定为由，为直接抚养子女的一方争取到了房屋的所有权。但是这里需要特别提醒的是，这一条大原则并不是绝对的，不同法院不同法官，甚至同一法院同一法官不同时期，对“照顾”子女和女方利益的理解都是在不断变化的，尤其是当房价越来越高，在家庭财富中占比越来越多的情况下，法官对房产的裁判就越趋于保守，对“照顾”的理解就越倾向于“均分”，这固然和原有原则有违背之处，但却是一个比较无奈的司法现实，不可不注意。

（2）另一方有无其他房产

案例中，如果丁女在结婚之前已购买一套房屋，婚后用于出租，自己和张男一同居住在婚后购买的这套房屋中，而张男在本地除了两人婚后购买的房屋外再无其他房产，则会成为张男争取该套房屋的有利因素。

### 案例 4-2-5

上海市浦东新区人民法院在其审理的（2014）浦民一（民）初字第 20980 号离婚纠纷案中，便将当事人有无其他房产作为判决共有房产归谁所有的考虑因素之一：

鉴于原告在他处有房，而被告他处无房，且被告为主贷人，故法院依法判决金桥路房屋的产权归被告所有，由被告给付原告相应的房屋折价款，具体折价款的数额根据房屋的现值、增值幅度、未还贷款金额、各自对房屋出资的贡献大小、购房至房屋分割的时间长短等酌定，判决由被告给付原告房屋折价款 60 万元。

除了以上考虑因素外，法院还会根据房屋购买时的出资情况、离婚中双方的过错、房屋的实际居住情况等因素，来综合考虑房屋判给哪一方的问题。

同时，实践中也存在将夫妻共有房屋判给双方按份共有的情形。例如，北京市高级人民法院在2016年发布的《关于审理婚姻纠纷案件若干疑难问题的参考意见》第三十条规定，离婚诉讼的当事人只有一套共有住房，双方均主张房屋所有权但均无能力补偿对方时，如双方就房屋分割问题无法达成一致，判决双方对房屋按份共有，并在此基础上结合当事人生活需要、房屋结构等因素就房屋使用问题作出处理。

## 一方婚前购买，婚后还贷的房子如何分

### 案例 4-2-6

张男在结婚之前以1.5万元每平方米的价格购买了一套80平方米的房屋，总价120万元。张男支付了36万元首付款，剩余84万元按揭贷款，贷款期限20年（240个月），利息总计为603452.87元，每月等额还款，月均还款6014.39元。

购买房屋后，张男与丁女结婚，婚后每月房贷从张男工资卡上定时扣划。两人结婚3年（36个月）后因感情不和离婚。离婚时房屋已升值为约400万元，因地段较好，仍有升值空间，两人对房屋的分割产生争议诉至法院。

关于这套房子的归属问题，法院会如何处理？

首先，如果双方本身签订有财产协议，协议上对这套房产的归属问题进行了约定的话，因为协议由双方自愿签订，是真实意思的体现，那么法院会依据协议中的约定进行判决。

其次，如果双方没有提前签订关于这套房产归属问题的协议，法院会提出让双方先行协商，如果双方能够对房产的归属及补偿问题取得一致意见，法院便会依据双方的协商结论进行处理。

最后，如果双方协商不成，实务中法院一般会判这套房产归张男所有，尚未偿还的贷款由张男继续偿还，双方婚后共同还贷36个月所支付的款项及其对应的房产增值部分，属于张男和丁女的夫妻共同财产，由张男支付一半给丁女[①]。

关于这种处理方式，就大家比较关心的几个问题，进一步说明如下：

（1）为什么会把房子判归张男所有？

因为房屋买卖合同是张男在婚前与开发商签订的，张男支付了首付款，并以房产作为抵押，通过向银行按揭贷款的方式支付了剩余房款，房产登记在张男名下；同时，张男需要按照贷款合同每月向银行偿还贷款，房产抵押贷款合同也是张男签订的，银行放贷时审核的是张男的资信状况和还款能力，那么在张男和丁女离婚时，让房子继续归张男所有，贷款也继续由张男来还，从合同权利义务以及操作便利上来说都比较合适。

---

① 参见《最高人民法院关于适用〈中华人民共和国民法典〉婚姻家庭编的解释（一）》第七十八条，夫妻一方婚前签订不动产买卖合同，以个人财产支付首付款并在银行贷款，婚后用夫妻共同财产还贷，不动产登记于首付款支付方名下的，离婚时该不动产由双方协议处理。依前款规定不能达成协议的，人民法院可以判决该不动产归登记一方，尚未归还的贷款为不动产登记一方的个人债务。双方婚后共同还贷支付的款项及其相对应财产增值部分，离婚时应根据民法典第一千零八十七条第一款规定的原则，由不动产登记一方对另一方进行补偿。

当然，虽然实务中法院多数会将房屋判给产权登记一方所有，但不排除特殊情况下法院也会将房屋判给非产权登记一方，只是这种情况相对较少。

（2）婚后的房贷是从张男银行卡上扣划的，为什么说是两人共同还贷？

关于这个问题，我们在本书中多次提到过，我国法律规定的夫妻财产制是婚后所得共同制，也就是说如果夫妻双方没有例外约定，那么婚后任何一方取得的工资、奖金、生产经营和投资收益等这些收入都是夫妻共同财产。

因此，即便房屋贷款是从张男的工资卡上扣划，也属于是用两人的共同财产还贷。离婚时张男取得房屋，那么房屋上共同还贷的部分及其对应的增值作为夫妻共同财产，张男当然要折价一半给丁女。

（3）张男取得房屋，给丁女的补偿款如何计算？

审判实践中有几种不同的计算方式，在此介绍多数法院采用的计算方式。以前述张男和丁女的情况为例：

第一步，计算出购买房产总共需要支出多少钱：房屋首付款36万元，贷款84万元，需要偿还的利息是603452.87元，也就意味着为了这套房产，需支出1803452.87元（首付36万元+贷款84万元+利息603452.87元）。

注：实务中也有按照“首付+贷款+已还利息”的方式计算购房总支出的，具体以案件审理法院的通行计算方法为准。

第二步，计算出共同还贷占购房总支出的比例：张男和丁女婚姻持续 3 年，共同还贷 36 个月，共同还款的金额是 216518.04 元（每月 6014.39 元 ×36 个月），可以计算出共同还贷部分占购房总支出的比例为 216518.04 元 ÷1803452.87 元 ×100%=12%。

第三步，确定房产在离婚时的价值：可以由双方参考同小区同类房产协商确定，或由第三方机构评估确定。一般来说，双方参考同期同小区房产的交易价格就能大致确定，还可以省笔评估费，实在不能协商时则由第三方机构评估房产的价值。本例中，假设经双方协商，确认房产市值为 400 万元。

第四步，按比例计算补偿金额：即 24 万元（房产市值 400 万元 ×12%÷2），张男取得房屋所有权，向丁女补偿 24 万元。

我们知道，婚后张男和丁女共同还贷的部分是两人共同财产，与此同时，在婚姻关系持续的 3 年里，房产因市场原因已升值，那么房产升值中与共同还贷所对应的那部分，也应当由双方共享。因此，计算补偿款时，不应只补偿共同还贷的一半，也要把房产的升值考虑进来，即应当用离婚时的房产市值作为基数来计算。

（4）计算补偿款时会体现对子女和女方的照顾吗？

以上述张男和丁女的情形为例，如果张男和丁女婚后没有生育子女，或者虽然生育子女但丁女经济独立，不需要照顾，那么一般来说按照上文介绍的方法计算补偿款即可。

如果张男和丁女离婚时，他们的女儿未成年，并且由丁女抚养，丁女虽有另外的房屋居住，但经济稍有困难，那么对于夫妻共同还贷部分对应的财产价值，法院在分割时会根据照顾子女和女方利益的原则，对丁女进行多分。

如果丁女没有住处，法院同时还可以依据法律关于离婚时有负担能力一方应当对生活困难一方给予适当帮助的规定[①]，判决张男对丁女提供帮助，让丁女在此房屋居住一段时间，比如直到丁女另行找到住处或者再婚。

## 父母出资购买的房子如何分

目前在我国房价较高的大环境之下，对于绝大多数年轻人来说，仅仅依靠毕业后工作几年的收入显然无法解决购房问题，父母全部或部分出资购房是普遍现象。房产又是家庭中非常重要的一项资产。近年来房产不断升值，除了居住之外，更是承载了家庭资产保值增值的功能。因此，离婚时因房产分割引发争议便在所难免。

关于房产的分割，首先由夫妻双方协商，协商不一致时则由法院判决。接下来我们讨论的是双方协商不成时，法院的裁判规则。

1. 一方父母出全款为子女购房，产权登记在自己子女名下

**案例 4-2-7**

张男和丁女是夫妻，张男的父母支付全部购房款，并将房屋仅登记在张男一个人名下，如果该购房行为发生在张男结婚之前，

① 参见《民法典》第一千零九十条，离婚时，如果一方生活困难，有负担能力的另一方应当给予适当帮助。具体办法由双方协议；协议不成的，由人民法院判决。

毫无疑问这套房子是张男的个人财产。如果该购房行为发生在张男和丁女结婚之后，房子属于张男个人还是属于二人共有？

曾经有这样一种说法："如果父母全款出资购房，且房产登记在自己子女一人名下，即便购房行为是在子女结婚后，房产也是子女一方个人财产。"其依据在于已经失效的《最高人民法院关于适用〈中华人民共和国婚姻法〉若干问题的解释（三）》第七条第一款的规定①。值得注意的是，2021年1月1日起实施的《最高人民法院关于适用〈中华人民共和国民法典〉婚姻家庭编的解释（一）》中删除了这一规定。那么，父母在子女结婚后出全款购房，仅登记在子女一方名下的，房产到底是子女的个人财产，还是夫妻共同财产？

先说结论，这种情形下，房产应当认定为该子女的个人财产。

子女结婚后，父母全款出资为子女购房，这是一种财产赠与，按照《民法典》第一千零六十三条的规定，赠与合同中确定只归一方的财产是夫妻一方的个人财产。按照立法精神，这里的赠与合同不应仅限于书面形式的合同，尤其在我国家庭关系中不习惯或不便通过书面形式来明确表达"仅赠给自己子女一人所有"，那么，出资过程中相关的外观行为若能表明父母仅想赠给自己子女，也应当被认定为父母是作了赠与的意思表示。此外，在我国，不动产的

① 参见《最高人民法院关于适用〈中华人民共和国婚姻法〉若干问题的解释（三）》第七条第一款："婚后由一方父母出资为子女购买的不动产，产权登记在出资人子女名下的，可按照婚姻法第十八条第（三）项的规定，视为只对自己子女一方的赠与，该不动产应认定为夫妻一方的个人财产。"

归属以登记为准。在父母出资为子女购买不动产的情况下，根据不动产登记情况来判断父母是赠与自己子女一方还是赠与其夫妻双方是比较客观的，实践中也易于掌握，与不动产物权变动登记生效主义原则也是一致的。即在父母出资意思表示不明时，如果房产登记在自己子女一方名下，应当认定为对自己子女一方的赠与。[①]

2. 房产由双方父母出资购买，产权登记在其中一方名下[②]

### 案例 4-2-8

张男和丁女是夫妻，双方父母共同出资为两人购置了一套房屋，房屋总价 400 万元，张男父母出资 100 万元，丁女父母出资 300 万元。房产登记在丁女名下。

如果购房发生在张男和丁女结婚之前，若无特殊约定，双方父母的出资多被认定为对各自子女的赠与，张男和丁女按照各自父母的出资比例享有相应份额；当然，讨论这一问题的前提是当事人自认双方父母共同出资购房并登记在丁女一人名下的事实，或有相关书面协议、聊天记录、出资记录等证据证明这一事实。具体到房屋的分割时，因房产权利人登记为丁女，一般来说，若双方对于房产由谁取得的问题无法协商一致，法院裁判时会判令

① 参见最高人民法院民法典贯彻实施工作领导小组主编：《中华人民共和国民法典婚姻家庭继承编理解与适用》，人民法院出版社 2020 年版，第 160 页。

② 参见《民法典》第一千零六十三条，下列财产为夫妻一方的个人财产：（一）一方的婚前财产；（二）一方因受到人身损害获得的赔偿或者补偿；（三）遗嘱或者赠与合同中确定只归一方的财产；（四）一方专用的生活用品；（五）其他应当归一方的财产。

房产归丁女所有，由丁女向张男支付相应补偿款。

如果购房发生在张男和丁女结婚之后，关于房产的归属及各自份额问题，有约定按照约定；如果没有约定，房产属于夫妻共同财产，至于离婚时的分割问题，双方先行协商，若协商不成由法院裁决时，双方父母的出资比例会成为法院裁判时的一个重要考虑因素，同样，取得房产一方须向另一方支付相应补偿款。

### 3. 房产由双方父母出资购买，产权登记在双方名下

**案例 4-2-9**

张男和丁女是夫妻，双方父母共同出资为两人购置了一套房屋，房屋总价 400 万元，张男父母出资 100 万元，丁女父母出资 300 万元。房产登记在张男和丁女两人名下。

如果双方父母的出资发生在张男和丁女登记结婚前，那么父母在子女婚前的赠与，显然是对子女个人的赠与，张男和丁女则根据父母的出资额分别享有这套房子 25% 和 75% 的产权。

如果双方父母的出资发生在张男和丁女登记结婚后，房产又登记在两人名下，若没证据证明父母的出资仅是对自己子女的赠与，房产会被认定为张男和丁女共同共有。至于离婚时出资多的一方子女是否可以多分，目前没有统一的标准，由法官在案件审理中结合具体情况综合考量后判决；鉴于房产是多数家庭的重要资产，普通家庭中父母往往倾尽全力资助子女购房，离婚房产分割中涉及父母出资的，出资份额成为法院裁判时的重要参考因素。

4. 子女在婚后购房时，父母部分出资

（1）父母出资时明确表示是借贷的，借款应当偿还

案例 4-2-10

张男和丁女结婚后购房，张男的父母出资支付了50万元，张男和丁女两人支付了40万元，剩余部分两人采用按揭贷款的方式每月还贷。如果张男的父母出资时，张男和丁女出具了借条，那么50万元是张男父母出借给张男和丁女夫妻双方的。

这种情形下，房子作为张男和丁女的夫妻共同财产，两人协商处理，如果协商不成，由法院结合双方以及房产的具体情况，依据照顾子女、女方和无过错方权益的原则进行判决。

关于张男父母出借的50万元，因为用于张男和丁女的共同购房，是两人的夫妻共同债务，应当由两人承担连带偿还责任，当然，两人也可以协商这笔债务的承担比例。

在此提醒，作为父母，如果为子女婚后购房大额出资，担心子女婚姻危机导致自己资金受损；或者希望通过借款而不是赠与的方式，以增强子女的独立感和责任感时，可以在出资时让子女出具借条，以明确出资的性质是借贷，而非赠与。

同时，出具借条时建议要求子女夫妻双方共同签字，若仅有自己子女一方的签字，万一将来发生纠纷，因为父母子女之间密切的关系，这种借条极容易被质疑是事后补签的。

（2）父母出资时未明确表明是借贷的

**案例 4-2-11**

前述案例中，如果张男的父母出资时，没有要求张男和丁女出具借条，张男父母出资的 50 万元多被法院认定为对张男和丁女夫妻双方的赠与。既然是赠与，就意味着无须偿还，张男和丁女仅需按两人共同房产进行分割即可。

实务中，一些法院在判决房产的归属以及取得房产一方应当补偿另一方多少价款时，也会考虑购房款的来源问题。比如，若张男提交证据证明购房款中有 50 万元是来自自己父母，进而要求自己应当多分，法院会结合两人结婚时间的长短、房产的价值等因素，综合考虑是否基于购房款的来源问题让张男多分这套房产。

另外需要注意的是，基于目前房产价值普遍较高，父母往往会倾注大额积蓄帮助子女购房的社会现实，对于子女婚后购房时父母出资的性质这一问题，一些法院倾向于认为如果子女没有证据证明父母的出资是赠与，则应认定为父母对子女的临时性出借，子女应当偿还，以此来维护父母的财产权益，体现公平。关于这一问题在本书第二章第二节中有详细阐述，可回至前文查看。

实际生活中房产的购买节点和出资情况纷繁复杂，以上几种情形远不能覆盖生活中的场景；不过总而言之，法院在分割有父母出资的房产时，首先考虑有无借贷协议、赠与协议、借名买房协议以及其他书面约定，在没有这些协议的情况下，主要根据出资的主体，出资时间是婚前还是婚后，出资比例以及产权登记情况等事实来确定房产的归属问题和补偿款的金额问题。

我们建议，为避免纠纷，涉及父母大额出资或者房产归属等重大问题时，不妨事先通过书面协议的方式加以明确。

## 本节总结

**离婚房产分割**

- **离婚时，哪些房产需要分**
  1. 离婚时分割的是夫妻双方共同所有的房产，或者房产上体现双方共同经济贡献的部分
  2. 归一方个人所有的房产离婚时不分
- **离婚时房产分割的原则**
  1. 先由双方协议处理，协议不成时由法院判决
  2. 法院会依据房产的出资、使用等具体情况，并按照照顾子女、女方和无过错方权益的原则判决
- **双方都要房子时判给谁**
  1. 若有两套房子，法院多会判一人一套，各自再按照两套房产的价值计算应向对方支付的补偿款，两相抵减后进行支付
  2. 如果双方只有一套共同房产，双方可竞价取得；若不同意竞价，法院会结合子女抚养情况、双方有无其他房产、向对方一次性支付补偿款的能力等因素综合考量判归哪一方，并由取得房产一方向另一方支付相应补偿款
- **一方婚前购买，婚后还贷的房子如何分**
  1. 双方先行协商
  2. 若协商不成，法院可以判决该房产归产权登记一方，双方婚后共同还贷部分及其对应增值，由产权登记一方对另一方进行补偿
- **父母出资购买的房子如何分**
  1. 一方父母全款出资购房，若发生在子女结婚前，房产归其子女个人；若发生在子女结婚后，且有协议明确表明仅赠给子女，房产归子女个人
  2. 房产由双方父母出资购买，产权登记在一方名下，若发生在结婚前，双方按各自父母的出资份额共有；若发生在结婚后，双方共有
  3. 房产由双方父母出资购买，产权登记在双方名下，若无例外约定，子女婚前购买的，按份共有；婚后购买的，归共同所有
  4. 子女在婚后购房，父母出资时若无借条，易被认定为是对子女夫妻双方的赠与

## 第三节　公司股权的离婚分割

对于很多家庭，尤其是创业家庭或高净值家庭来说，公司股权是一项非常重要的家庭资产。虽然根据我国法律的规定，当夫妻双方关于共同财产的分割无法协商一致时，由法院依据财产的具体情况，按照照顾子女、女方和无过错方权益的原则判决。但因股权具有身份权与财产权双重属性，股权的分割会涉及公司的经营问题，因此对股权进行分割处理时，除了依据有关民法典婚姻家庭编的法律规定外，还要结合《公司法》的相关规定进行整体研判。

在我们国家，公司分为有限责任公司和股份有限公司。

有限责任公司由五十个以下股东出资设立。生活中三五个朋友一起出资设立的多数是这种形式的公司。

股份有限公司，应当有二人以上二百人以下的发起人，公司设立时或者由发起人认购公司应发行的全部股份，或者由发起人认购一部分，其余股份向社会公开募集或向特定对象募集。股份有限公司突破了有限责任公司关于股东人数上限的限制，可以最大限度地募集资本用于公司发展。因此，相对来说，股份有限公司的规模一般较大，这类公司要么已经上市，要么计划上市。同时，股份有限公司的财务相对规范，非发起人或者没有担任公司董监高的股东，转让股份也较灵活。

夫妻离婚时涉及股份有限公司的股份分割的，可以直接按股份份数分割，如果不要股份，那么可以要求对方支付相应补偿款。相对而言，有限责任公司的股权分割则较复杂，本书主要对有限责任公司股权的离婚分割问题进行分析。

## 婚前已有的股份，离婚时如何分割

### 案例 4-3-1

张男在结婚之前与三位朋友一起创业开办了一家外贸公司，张男持股 40%。公司创办两年后，张男与丁女结婚，婚姻关系存续期间张男负责公司的市场开拓与维护业务。两人婚姻关系持续了五年，离婚时丁女提出分割公司股权，张男认为股权是他的婚前财产，丁女无权分割。

两人争执不下诉至法院，法院会如何处理？

夫妻一方在婚前已经持有的股权，属于其婚前个人财产，而非夫妻共同财产，配偶无权分割。案例中张男的股权，以及生活中很多“创二代”在结婚之前就已经持有的家族企业股权便属于这类情形。

但是，如果持有股权一方在婚姻关系存续期间参与公司经营管理，即意味着公司的经营活动融入了持股一方的婚后时间和劳动，那么其所持有的股权在婚后产生的分红以及对应的股权升值，便属于夫妻共同财产；对该部分分红和股权增值，另一方可以要求分割。

案例中张男一直参与公司的经营，根据我国《民法典》的相关规定，如果张男和丁女没有例外约定，那么丁女有权分割张男所持股份在二人婚姻关系存续期间所产生的分红和股权增值。

问题是，如果公司有盈利但一直没有分红，那意味着利润留在了公司，而分红方案需要公司股东会审议批准，丁女作为公司某位股东的配偶是无权干涉公司的利润分配的，这是丁女要求分割股权分红的现实障碍。

另外，如果丁女要求分割张男所持股份在他们婚后的增值，那么如何确定股权的增值是多少？

首先，丁女可以与张男协议，由张男根据公司的实际情况核算出股权增值，并基于增值部分对丁女进行补偿。这种处理方案下，丁女作为局外人，对公司的具体情况不了解，因此处于弱势，张男的主动权则相对较大。

其次，如果丁女和张男关于股权增值和补偿方案无法取得一致意见，丁女向法院提出分割张男所持股权的增值时，首先需要证明股权价值有增值及增值的金额是多少，此时丁女只能提出由第三方机构进行评估，这个过程中常常出现账务资料不齐全或者公司不予配合的情形，导致很难查明股权增值到底是多少。

总之，理论上丁女可以要求分割张男所持股权在婚后的分红和增值部分，但实务中存在很多障碍。因此，对于持有公司股权的夫妻来说，可以在婚前或婚后就股权及其增值的归属问题进行明确约定；同时，在离婚时关于股权增值的分割问题尽可能通过双方协商与法院调解相结合的方式进行处理，由持股一方对另一方支付相应折价补偿，当然如果公司的其他股东过半数同意，张男也可以折股补偿给丁女。

大家可能会问，如果张男仅仅具有股东身份，并没有实际参与公司的具体管理或业务，那么丁女还可以要求分割张男所持股权的分红和增值吗？

我们认为，即便张男没有在公司担任具体职务，没有参与公司的日常业务，也应当认为其参与了公司管理。

理由是：张男的身份是股东，股东需要参与股东会，对公司的经营方针和投资计划进行决策，需要审议批准公司的财务方案、利润分配方案等重要事项，以决策层的身份参与公司经营也是一种参与。

同时，《民法典》和最高人民法院的司法解释均规定，若无例外约定，婚姻关系存续期间取得的投资收益本就是夫妻共同财产。股权基于股东的出资行为而获得，是一种投资，那么股权的分红和增值便属于投资收益；如果张男和丁女没有另行约定，张男作为股东在婚后获得的股权收益应当归他和丁女夫妻二人共同所有。

但凡事都有例外。2018 年 11 月 1 日，江苏高院微信公众号发布了《“富二代”婚前拿股权婚后企业上市 增值及分红是否属于夫妻共同财产？》一文，就引起了不少律师和高净值人士的注意。

这个案例中，另一方要求分割配偶婚前已有的股权在婚后的增值和分红，却没有得到法院的支持，原因是持股一方认为其股东身份仅是挂名，自己根本没有参与公司的任何实际经营活动。

案件基本情况如下[①]：

**案例 4-3-2**

小王与小兰经人介绍相识、恋爱，2013 年底登记结婚。2015 年孩子出生后，由于小王经常出差在外，双方聚少离多，导致矛盾升级并分居。2016 年小王诉至法院要求离婚，后撤回起诉。到了 2017 年，眼看夫妻感情没有任何改善，已无和好可能，小王再次诉至法院。庭审中，小兰表示同意离婚，对夫妻之间的大部分财产分割也没有异议，只有一项，就是小王名下上市公司的股权。

原来，小王是位名副其实的富二代，他的父母一手创办了 A 公司。早在小王结婚前，他就于 2011 年通过父母向其转让股权，获得占公司出资比例近 5% 的股份。并且从那时起，小王便担任 A 公司总经理助理一职。到了 2016 年年底，A 公司登陆上海证券交易所，小王作为股东，直接持有公司近 600 万股的股份，持股比

① 江苏高院微信公众号：《“富二代”婚前拿股权婚后企业上市 增值及分红是否属于夫妻共同财产？》，载于 https://mp.weixin.qq.com/s/bCBbvXLkcqpo-oIplkYnHA，2021 年 3 月 31 日最后访问。

例接近 4%。2017 年年中，A 公司发布公告显示，小王分得 2016 年度的现金红利 110 万元。

审理期间，双方对离婚、孩子的抚养及其他财产分割问题达成共识，唯一的争议就在于：小王所持有 A 公司股权在双方婚后增值和收益部分能否作为共同财产予以分割。小兰认为，2014 年以来，丈夫小王作为股东参与公司上市进程，并实际担任总经理助理职务。其还在公司上市所需的相关文件上签字。因此，他所持有股权在双方婚后增值和收益部分应当作为共同财产予以分割。小王则表示，公司从 2008 年就开始进行上市辅导，历经 8 年上市成功。自己持有公司股份时还在国外读书，完全是父母的安排。他在法庭上回顾，自回国后，一直在从事自己的事情，与公司上市并无紧密联系也无实际参与管理，对公司上市没有贡献，仅仅是由于身份原因才获得了相应的股权。其所持有的股份上市后的增值部分应为自然孳息。

法院认为，婚姻关系存续期间，一方以个人财产投资取得的收益，属于夫妻共同财产。一方个人财产婚后取得的孳息和自然增值归一方所有。本案中，由于原告在 A 公司持有的股份是其婚前取得，属于原告的婚前个人财产；考虑到原告在庭审中主张未参与公司实际经营，公司所担任职务仅为挂名，结合公司招股说明书中对持股情况的说明，其所持上述股份的增值部分及分红，可能属于其个人财产的孳息或自然增值，而被告又未能提供证据证明上述股份增值部分及分红属于原告小王以个人财产投资，并通过劳动付出所取得的收益，且公司股权的增值主要取决于市场因素。因此，小兰认为小王持有的A公司股份婚后增值部分及分红属于夫妻共同财产，依据不足，故一审（苏州市虎丘区人民法院）、二审（苏州市中级人民法院）均不予支持。

在这个案例中，小王婚前已经取得家族企业的股权，在婚后有大额增值和分红，其配偶小兰却没有分到，原因在于小王向法院提交证据，说明其仅是挂名股东，从来没有实际参与过公司管理，股权的增值和分红对他来说完全是因为股东身份“白拿的”，而不是通过劳动换得的，因此不是夫妻共同财产。而小兰这边，配偶名下的股权在婚姻关系存续期间明明产生了可观的增值和分红，自己却没分到，原因在于没有提交有力的证据，向法院证明配偶花了婚后的时间和精力实际参与了公司经营。

当然，该案例只是个案，不具备普遍适用性，不能因为某个案件的判决结果就抱着侥幸心理学习其中的操作方法。将大额的股权财产保住还是分割的问题，寄希望于一两份关键证据以及法官基于证据的自由裁量，无疑是一种冒险！

还是那个建议，虽然婚姻讲究感情，但公司毕竟不是单个股东的公司，如果因为某个股东的家事给公司的稳定甚至是上市计划带来冲击，实在是得不偿失。因此，作为股东应当考虑通过签订婚姻财产协议的方式，明确约定股权及其收益的归属问题，同时也要注意通过其他财产形式对配偶的权益进行平衡。

## 夫妻一方在婚后所获股权的分割问题

### 案例 4-3-3

张男在与丁女结婚之后，从公司辞职与三位朋友一起创业开办了一家外贸公司。张男持股 40%，负责公司的市场开拓与维护业务。因为几位股东都有较好的上下游资源，公司发展较好。

张男和丁女两人却因为性格原因，感情逐渐破裂，两人均同意离婚，但对股权的分割问题产生争议，丁女认为张男持有的那 40% 股权是夫妻共同财产，要求分割一半，张男则不同意分股权给丁女，提出可以支付补偿款。

两人争执不下起诉到了法院，法院会如何处理？

夫妻一方在婚后取得的公司股权，若无例外约定，是夫妻共同财产。

张男在结婚之后与朋友创办公司并持有 40% 股权，如果张男和丁女没有额外约定，那么张男持有的这些股权及其增值、分红收益均是两人的夫妻共同财产，离婚时应当分割。

关于股权的分割方式，由张男和丁女先行协商解决，协商不成时法院依据股权的具体情况等因素进行判决。

1. 一方坚持要求分割股权成为股东，另一方不同意但愿意支付补偿款时，如何处理？

案例中，丁女考虑到公司近年来发展较好，利润可观，因此不同意将股权都分给张男，要求与张男平分。张男则不同意这种方式，提出由自己拿股权而向丁女支付补偿款的分割方式。

针对两人的分歧，法院对于丁女分割股权成为股东的要求，一般不予支持。原因是，虽然公司股权是一种财产权益，但同时也具备人身权的属性，也即“人合性”，持股一方需要以股东身份参与公司的管理经营，行使公司重大事项的表决权，那么股东之间经营理念的趋同、沟通的便利，很显然会更利于公司的稳定和发展，不至于使公司因为股东之间的矛盾而陷入僵局。

对于这点，我们在生活中也有明显的感受，虽然某个人很优秀、专业能力也很强，但我们就是觉得与他 / 她志趣不相投，也就是常说的“磁场不对”，于是不想跟他 / 她搭伙创业。放到公司问题上，谁能成为股东，不仅要看此人优不优秀，而且要看其他股东愿不愿意。

因此，上述案例中，张男是股东，虽然张男持有的股权是他和丁女的夫妻共同财产，但丁女毕竟不是公司股东，如果丁女坚持要求分一半股权，而张男又不同意的话，法院出于维护公司人合性的考虑，一般会驳回丁女的诉讼请求。最高人民法院在其（2018）最高法民申 796 号案件中便持这种观点。

### 案例 4-3-4

最高人民法院在（2018）最高法民申 796 号案件中，针对刘某要求法院对其和王某某的离婚后财产纠纷案件进行再审的申请，在裁定书中认为：

卓某公司成立于2004年，是在刘某、王某某夫妻关系存续期间由王某某出资设立的有限责任公司，应认定为夫妻共同财产。因二人离婚时签订的《离婚协议书》中未就该公司股权分割问题进行处理，二审判决认定该公司股权属于离婚时未处理的夫妻共同财产，并无不当。

根据《最高人民法院关于适用〈中华人民共和国婚姻法〉若干问题的解释(二)》第十六条[①]的规定，人民法院审理离婚案件时，涉及分割夫妻共同财产中以一方名义在有限责任公司的出资额，另一方不是该公司股东的，若夫妻双方不能就股权分割问题达成一致意见，为了保证公司的人合性，应对另一方请求分割的股份折价补偿。

因在本案二审审理过程中，刘某坚持要求分割股权，不同意折价补偿，也不同意评估股权价值，二审判决对刘某要求分割股权的诉讼请求不予支持，并无不当。

2. 不是股东的夫妻一方，如何才能成为公司股东？

案例4-3-3中，丁女要求分割张男持有的股权成为股东，张男不同意，法院基于维护公司人合性的考虑，对丁女的要求不予支持。

那么丁女到底如何才能成为公司股东？关于这一问题，《最高

① 对应《最高人民法院关于适用〈中华人民共和国民法典〉婚姻家庭编的解释(一)》第七十三条。

人民法院关于适用〈中华人民共和国民法典〉婚姻家庭编的解释（一）》第七十三条作了规定：

第七十三条 人民法院审理离婚案件，涉及分割夫妻共同财产中以一方名义在有限责任公司的出资额，另一方不是该公司股东的，按以下情形分别处理：

（一）夫妻双方协商一致将出资额部分或者全部转让给该股东的配偶，其他股东过半数同意，并且其他股东均明确表示放弃优先购买权的，该股东的配偶可以成为该公司股东；

（二）夫妻双方就出资额转让份额和转让价格等事项协商一致后，其他股东半数以上不同意转让，但愿意以同等条件购买该出资额的，人民法院可以对转让出资所得财产进行分割。其他股东半数以上不同意转让，也不愿意以同等条件购买该出资额的，视为其同意转让，该股东的配偶可以成为该公司股东。

用于证明前款规定的股东同意的证据，可以是股东会议材料，也可以是当事人通过其他合法途径取得的股东的书面声明材料。

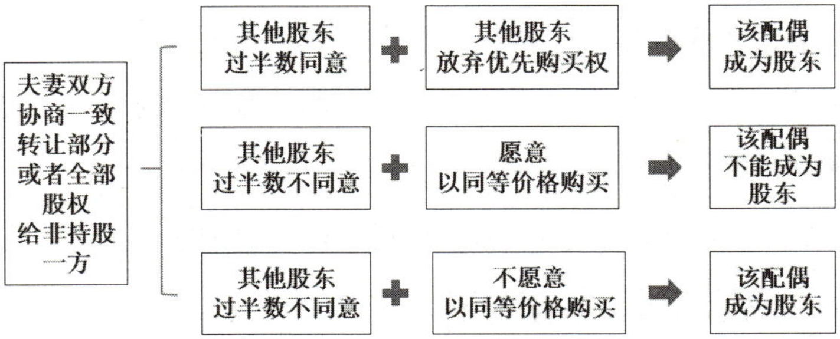

通过以上规定，可以看出丁女若想成为外贸公司的股东，首先需要由张男和丁女夫妻内部达成由张男转让部分或全部股权给丁女的协商意见，然后再看其他股东的意见，如果其他股东过半数不同意丁女成为公司股东，且愿意以同等价格购买，那么丁女是不能成为外贸公司股东的。

3. 不是股东的夫妻一方，离婚时对于股权和股权折价款，要哪个更好？

上述张男和丁女的案例，我们认为，丁女坚持要求张男转让一半股权的做法并不一定明智。

首先，公司是张男和他的三位朋友创办的，公司的各种资源和业务一直由几位股东控制，几位股东因为是朋友关系，合作比较顺畅。即便其他股东基于各种因素同意丁女也成为股东，不排除公司的实际控制人逐渐转移公司业务和核心团队，甚至另行成立新公司承接原有资源，使得原公司成为空壳的可能，届时丁女持有的将是没有任何利益的股权，不能分红，变现也很困难。

其次，即便公司照常经营，丁女与张男同为股东，也常常会因为行使股东权利而产生交集，如果两人不能理性处理好离婚后的私人关系，这种同为股东的合作关系并不一定会顺畅愉快。

因此，我们建议对于这种比较强调股东间信任和合作，人合性非常明显的公司，不是股东的配偶一方不必执着于非要拿股权，若能在离婚时取得合适的股权折价款，未尝不是最佳选择。

### 4. 离婚时一方想要取得股权折价款，如何确定股权价值？

**案例 4-3-5**

张男在婚后创办公司并持股40%，与丁女离婚时两人一致同意，由张男获得股权并向丁女支付折价款。那么如何确定股权的价值？

（1）双方可以协商确定股权价值

对于张男应当向丁女支付多少股权折价款的问题，首先可以由张男和丁女两人协商，如果能够达成一致意见，双方按照协商结果执行即可。这种方式平和快捷，可以节约双方的时间和各项成本。

需要注意的是，因为丁女不是公司的股东，也没有实际参与公司的经营，对公司的具体情况其实并不了解，双方协商确定支付多少股权折价款时只能主要依据张男提供的信息，这种信息不对称的现状往往导致难以合理确定股权的实际价值，当然也就导致张男支付的折价款与丁女实际应得的利益可能不匹配。

因此，对于非持股的丁女来说，建议提前做些功课，不要在没有任何信息支撑的情况下就达成折价补偿方案。比如，公司的资产情况、其他股东此前的股权转让情况、平时张男在与丁女聊天中提到的公司的经营情况、行业发展情况等，都能作为初步估算股权价值的参考，丁女要提前充分收集并分析这些信息，以作为与张男协商谈判的准备。

（2）当事人申请司法评估的，以评估价格作为确定股权价值的依据

如果张男和丁女关于股权价值无法达成一致意见，任何一方都可以向法院申请对股权的价值进行司法评估。

评估机构需要公司提供财务报表、会计凭证等资料，评估人员还需要前往公司进行实地勘察，以确定公司的设备、厂房等资产的实际情况，只有在公司配合，能够提供上述材料的前提下，评估才能顺利完成，出具客观可信的评估报告。

实际情况中，往往出现公司不配合提供资料，或者因为公司的财务资料本身就不规范不齐全而无法提供，这就导致评估工作无法进行使得评估失败。

（3）当事人没有申请股权评估或评估失败的，法院可以根据其他证据材料的佐证来确定股权价值

如果张男或丁女没有向法院提出股权价值评估申请，或者提出了申请但因为公司拒绝提供相关资料、资料不齐全等原因导致评估失败的，关于股权价值的确定，法院还可以依据一些已经获得或者可以公开获得的信息，间接确定股权价值，进而在此基础上确定张男应当向丁女支付多少股权折价款。

这些参考资料有：公司因其他项目而形成的审计报告，公司在工商部门备案登记的年度报告，在税务部门进行纳税申报递交的材料，过往股权转让时在税务部门的登记备案材料等。这些材料中往往会有能够反映公司资产负债情况和净资产情况的报表文

件；同时，对于土地、厂房、大型设备等实物资产是重要资产的这类公司，实物资产也会被法院作为评估公司股权价值的重要依据。

在孙某与崔某离婚后财产纠纷一案中，法院便依据公司向税务部门提交的申报纳税资料中的资产负债表认定了股权价值及股权折价款。

### 案例 4-3-6①

崔某作为公司股东，持有 23% 的股份，孙某作为其配偶对这些股份享有一半权益，两人因为离婚对股权分割产生争议，最终孙某同意不要股权，而由崔某向其支付股权折价款。

关于如何确定股权价值，二审法院观点如下：

虽然通过鉴定评估能够更准确地确定股权价值，但崔某二审申请评估鉴定后，因未按期缴纳鉴定费用导致本案未能进行鉴定。崔某提交了 2014 年 1 月至 12 月公司向地方税务局申报纳税的资料，其中附有公司同期 1 月至 12 月的资产负债表。其内容与法院向地方税务局调取的材料内容一致。因为该组证据系公司向税务机关纳税时自行申报的，以正常理性判断，一个公司向税务机关报税时虚增公司资产的可能性较小，而且孙某对该组证据的真实性表示认可。故以该组证据中公司的资产负债表为依据认定股权补偿价款不会损害崔某的利益。

① 审理法院：河南省高级人民法院，案号：（2015）豫法民一终字第 70 号。

因此，应认定案涉公司 2014 年 5 月净资产为 42725090 元，并以此为基数确定孙某应得股权份额折价款。

（4）是否可以按照当初入股时的股本确定股权价值？

大家可能会问，既然股权的价值那么不好确定，为什么不直接按照持股一方的出资额来分？比如当年张男创办公司时投入了 40 万元，现在离婚就分给丁女 20 万元，这样是否可以？

如果双方协商一致，都同意这种分割方式，当然可以。如果某一方不同意，法院较少采用这种处理方式。原因是：目前在我们国家除了商业银行、保险公司、证券公司、基金管理公司这些法律规定注册资本必须实缴的以外，其他一般类的公司，注册资本是不要求实缴到位的，各个股东认缴即可。

如果张男认缴出资 40 万元，章程中约定 20 年缴付到位，那就意味着张男其实并没有将 40 万元实际缴付到公司账上。那么离婚时对于股权的分割按照张男认缴的 40 万元或者实际缴付的具体金额来分，是不合适的。

即便张男在创办公司时就已经将 40 万元出资额实际缴付到位，但公司的经营是一个持续波动的过程，股权的价值也会随之波动。以静态的实缴资本确定动态的股权价值是不太公平的。只有在公司刚注册不久，没有或很少实际经营，股权价值没有发生明显变化的情况下，法院才会考虑按照实缴出资来确定股权价值和股权折价款。

## 股东仅为夫妻两人的公司在离婚时如何处理

### 案例 4-3-7

张男和丁女是大学同学，两人毕业后结婚，工作三年后，两人从公司辞职创业，开办了一家运输公司，股东是张男和丁女两个人，工商登记中张男持股 80%，丁女持股 20%，借助工作期间积累的资源，公司发展较好，五年来一直盈利。不幸的是两人的感情出现危机，修复无果后，两人都同意离婚，但就公司的分割问题产生争议。

张男认为，公司的业务主要是他拉来的，他的贡献最大，丁女平时仅负责日常行政事务的处理，对公司的利润贡献相对较小，因此公司应当由张男继续经营，要求丁女配合办理工商登记将股权转让给张男，张男会按照两人的持股比例支付股权折价款。

丁女不同意这种处理方式，丁女认为两人只是分工不同，不能因为负责内容的不同就区分贡献大小，自己在公司管理上倾注了全部心血，也要求经营公司，不同意张男提出的方案。

两人为此闹到法院，法院会如何处理？

1. 夫妻双方是否应按照工商登记的持股比例来分割股权？

工商登记的股权比例不应视为夫妻对公司股份的约定，除非双方都同意，否则离婚分割股权时不应当按照持股比例来分割股权。

首先，上述案例中张男和丁女在婚后共同创办公司，并都参与经营管理，付出了劳动，公司的经营所得凝结了两人的婚后劳动，公司股份是双方共同财产的一种形式。不管股权比例如何登记，都无法改变它是双方共同财产的本质。

具体到本案例，不能因为工商登记中张男持 80% 的股份就说张男应当分到股权价值的 80%，这显然是不合适的，与我国法律关于婚后收入归夫妻双方共有的规定不符。

其次，夫妻二人在婚后共同设立公司，将股东登记为夫妻二人，并且在股份比例上进行区别登记，大多数是为了避免公司成为一人公司，也有的是因为夫妻二人都要求将自己登记为股东，这样才有夫妻创业的参与感等原因。至于说工商登记中股权比例的分配，多数夫妻是为了便于公司经营管理而将其中一方登记为大股东，另一方则象征性地分配较小一部分股份；也有很多随意登记持股比例的情形，因此，工商登记的股权比例并不是夫妻双方对各自份额的真实约定。

2. 离婚时夫妻公司①的股权如何分割？

张男和丁女在婚后用夫妻共同财产创办这家运输公司，若双方没有另外约定，那么这家公司的股权属于二人的夫妻共同财产。离婚时关于公司如何处理的问题，首先应进行协商，双方协商后的处理方式一般有以下几种：

（1）夫妻双方都有经营能力，也愿意继续共同经营的，那么

① 夫妻公司即指股东仅为夫妻二人的公司。

就对股份份额进行合理分配，一般来说是两人各 50%，然后双方在离婚后以股东身份继续共同经营公司，从原来的夫妻关系转变为合作关系。当然，这种处理方式适合能够理性对待两人关系的夫妻。

（2）夫妻一方愿意经营公司，另一方不愿意继续经营的，可以由愿意经营公司的一方取得股权，并按照合理价格向对方支付补偿款。

（3）夫妻双方都想经营公司，双方可以竞价，由报价高者取得公司全部股权，并向另一方支付补偿款。

（4）夫妻双方都不愿意继续经营公司，可由双方协商一致对公司进行解散清算，并对公司剩余财产进行分配；或者如果有其他人愿意购买公司股份的，可将公司股份全部转让给一人或多人，然后双方分割股权转让款。

（5）如果双方协商不成，则由法院进行判决。例如双方都要求单独经营公司但又拒绝竞价，实践中法院可以直接判决双方各分 50% 股权。

如果不想平分股权，而希望由自己拿股权经营公司的话，则需要向法院举证证明由自己经营公司并向对方支付补偿款的方式更合理。

我们代理过一个案件，女方一直亲自经营公司，包括公司上下游客户资源的联系和维护、日常事务的处理和员工管理等工作，女方都亲力亲为以及指导管理层处理。而男方虽是股东，其实并未实际参与公司经营。女方诉请法院判令由其取得公司全部股权，同时同意向男方支付折价款。法院经审查后尊重公司的经营现状，判令女方取得公司股权，男方需配合办理工商变更登记。

3. 关于夫妻公司的处理建议

前面已经做了分析，公司股东仅为夫妻两人时，除非两人同意或另有其他约定，离婚时法院不会按照工商登记的持股比例对股权进行分割，如果双方无法协商一致，实践中不少法院会判令双方各分得 50% 股权。

这样，离婚案子是判了，一人一半股权，也没有损害到双方的婚姻财产权。但问题是，两人离婚后已经失去之前的亲密关系与合作基础，却还都持有公司股权，而且股权相当，可想而知公司的实际经营将是一个什么状态，绝大多数公司会因为股东会决议无法达成而陷入僵局。针对这种风险，我们建议如下：

（1）若发生婚变，为避免公司陷入僵局，双方尽量协商解决

每个人擅长的领域其实是不同的，自己是否适合经营公司，能否经营好，可以从自己的兴趣、擅长点、业务资源、对人生的规划等各个角度去综合衡量，避免为了与对方斗气而争夺公司。

确实决定要继续经营公司的，就尽量与对方协商，以适当折价补偿甚至是以高于公司一半实际价值的补偿来换取对方的股权。虽然看似暂时牺牲了一些经济利益，但得到了公司，通过自己的经营，未来公司的盈利大概率也足以弥补此时的经济让步，无论是从夫妻情分，还是从公司利益角度来讲，都是值得的。

（2）诉讼中，想实际经营公司的一方，应积极提交证据向法院争取

婚后夫妻双方共同设立的公司，若无例外约定，股权是两人的共同财产。离婚时，关于股权分割无法达成一致的，法院可以依法判决双方各持有 50%。

如果自己想在离婚后继续经营公司，需要向法院提交自己一直以来实际管理公司的证据，公司的日常会议记录、上下游客户的联系维护证据、各类合同文件的签字审批证据等，以此向法院证明自己更适合实际经营公司，进而请求法院同意由自己这一方取得全部股权并向对方支付折价款的分割方案。

（3）通过婚姻财产协议和公司章程，对特定情形下的股权分割做出约定

虽然婚姻财产协议与我们传统的婚姻观念有所冲突，生活中绝大多数夫妻不会选择签订此类财产协议。但应当知道，我国法律是允许夫妻双方在婚前和婚后通过书面协议的方式，对财产归属问题进行约定的。对于夫妻公司的股权问题同样可以提前约定。

设立公司之时或之后，双方可以约定彼此的持股比例，也可以约定发生婚变时股权的处理方式。

例如，约定婚变时，哪一方应当以什么样的折价方式将股权转让给另一方；或者约定即便发生婚变，两人仍按原比例持有股权，但为了公司顺畅经营，哪一方应当退出公司管理，且不以股

东身份行使表决权，而仅享有分红权；或者约定其他处理方式。同时，公司章程中也应同步体现这些内容。

有了这些提前约定好的风险处理方案，当离婚风险发生时，双方按照约定执行即可，从而可以有效避免分割争议和诉讼成本，也能使公司不至于因为双方的纠纷而陷入僵局。

## 本节总结

**公司股权的离婚分割**

- **婚前已有的股份，离婚时如何分割**
  1. 婚前已经取得的股权归个人所有，但股权在婚后的分红和增值应属夫妻共同财产，离婚时可以对这部分提出分割
  2. 如何确定婚前股权在婚姻关系存续期间的增值是难点
  3. 为避免股东婚姻风险影响公司稳定性，可签订协议对股权及其收益的归属问题进行约定
- **夫妻一方在婚后所获股权的分割问题**
  1. 婚后取得股权，若无例外约定，股权及其增值均归夫妻共有
  2. 不持股的夫妻一方想要成为有限公司的股东，如果其他股东过半数不同意其成为股东，且愿意以同等价格购买，不持股的夫妻一方将不能成为股东
  3. 有限公司具有人合性，离婚时不持股一方不必执着于股权，不要股权而要求另一方支付折价款也是可行方案
  4. 如何确定股权价值和折价款：可协商，可评估，无法评估时法院可根据其他证据材料确定
- **股东仅为夫妻两人的公司在离婚时如何处理**
  1. 工商登记中的股权比例，不能作为分割股权的依据
  2. 离婚时夫妻公司如何处理，由双方协商，协商不成时由法院判决，法院可以判二人各得50%股权
  3. 想争取继续经营公司的一方，应当提交证据证明自己更适合经营公司，并愿意向另一方支付折价款
  4. 为避免离婚风险使公司陷入僵局，可以通过财产协议以及公司章程的方式提前约定股权在特定情形下的归属或分割问题

## 第四节　人身保险的离婚分割问题

随着大家保险意识的提高，越来越多的家庭开始重视保险的配置；同时随着社会保险意识的增强，除了重疾险、医疗险、意外险这些基础保障类保险的配置之外，年金类保险和人寿类保险作为家庭资产的配置工具和财富传承工具，尤其受到高净值人士的重视。

也正因为保险在家庭资产中的比重逐渐增大，近年来离婚纠纷案件中涉及保险分割的争议也越来越多。我们团队也明显感觉到了这一变化，最近几年我们代理的离婚案件中，大都会涉及保险的分割问题。

关于保险，不少人听过“离婚不分、欠债不还”的说法。认为一旦购买了保险，离婚的时候保险不用分给对方，欠债的时候保险也不会被用于还债，这是对保险片面武断的解读。

不可否认，保险确实具备婚姻财富保全和安全资产规划的功能，但这些功能一定是建立在合法投保并合理设计保险合同架构基础之上的。没有任何前提，直接断言保险可以“离婚不分、欠债不还”，这一说法实是断章取义、不负责任。

本节接下来对保险的功能和离婚分割问题，进行详细分析。

## 什么是保单的现金价值

### 案例 4-4-1

2015 年张男为自己投保了一份重大疾病保险，共 20 年，年交保费 9000 元，保险金额 25 万元。

2018 年完成第 4 次交费后，张男经业务人员介绍了解到另一家保险公司的一款重大疾病保险，经测算保费后，张男认为该款产品交费更低，保额更高，于是打算投保。遂向原保险的承保公司提出退保申请，要求全额退还四年所交保费，共 36000 元。

保险公司答复称，投保单是投保人张男亲自签名确认的，在保险公司电话回访时张男也表示对保单的交费、保险责任、退保损失、犹豫期等内容清楚。双方签订的保险合同合法有效，投保人退保的，保险公司只能依约支付退保金约 14000 元。

张男认为自己交费 36000 元，这期间从来没有发生过理赔，也就是说保险公司并没有损失，现在要退保，保险公司应当把自己所交的全部保费退回来；而且这个诉求非常合理，36000 元放银行还有利息呢，现在不需要保险公司支付利息，仅退回保费就行。

双方就退保金额产生分歧，无法协商一致。那么，投保人退保时，保险公司到底应当退回客户所交的保费，还是要扣除一部分资金仅支付退保金？

分析这个问题时涉及一个概念：保单的现金价值。

**交进去的保费就是保单的现金价值吗？并不是。**

很多人在退保时往往要求保险公司退还其所交的全部保费，理由是自己买了保险之后，并没有发生事故让保险公司理赔，保险公司没有损失。之所以这样要求，是因为不了解保险的原理和现金价值这个概念。

例如，我们买一份银行理财或基金，尤其是净值型的理财产品，初始投入 20 万元购买，过了一段时间后，该份理财的价值其实并不是 20 万元，它的价值会随着净值的波动而波动，如果要赎回，则金额是赎回当时的净值，而非购买时所投入的 20 万元。同理，离婚时要分割这份理财，分割的也是离婚当时的净值，而不是购买时所支付的那 20 万元。

对于保险来说，现金价值的原理与上述理财产品并不相同；但相同的是，正如购买理财时支付的资金与这份理财的净值是两个概念一样，买保险时支付的保费与保单的现金价值也是两个概念，**保费不等同于保单的现金价值。**

现金价值是储蓄类保险特有的概念，我们常见的终身寿险、两全保险、长期的重疾险、分红险等都有现金价值，一年期的意外险、医疗险这些没有储蓄性质，也就没有现金价值。

以人寿保险为例，投保是为了获得保险公司对我们寿命的保障，如果发生身故，保险公司应当依据合同进行理赔，赔偿的金额一般来说要远高于所交保费。保险合同生效，就意味着被保险人开始享有保险公司提供的保障，那么作为客户，享受保障当然需要支付对价，也就是保障成本。我们所交的保费中一大部分就是用于支付保障成本的。

一般来说，对于人寿保险，随着被保险人年龄的增长，赔付概率就会增加，相应地，保障成本也会越高。也就意味着正常来说，我们交的保费应当是逐年增长的。但是，实际上我们每年支付的保费金额是相同的，原因就在于，保险公司考虑到随着投保人年龄的增长，收入呈下降的趋势，交费能力也随之下降，为避免一些客户因为后期无力交费而退保，保险公司将各年保费进行加总，然后平均到整个交费期间，每年收取等额的保费，这种保费确定方法叫作“均衡费率”。

于是产生一种现象，年轻时交的保费会超过实际的保障成本，后期年龄增大时每年交的保费会低于当年实际的保障成本。

比如，保险合同初期按照年龄来算，当年应交的保费是3000元，采用“均衡费率”确定保费后，每年要交10000元，这样就会多出7000元，这7000元就会暂存于保险公司，用于平衡保险合同后期不足的那部分保障成本。那么，这些在合同初期由保险公司多收取的保费，其实就是保单的现金价值。如果投保人要求退保，投保人能够拿回去的就是这笔现金价值，而不是其已交的保费总和。当然，投保人所交的保费除了用于支付保障成本外，还有一部分会用于支付保险公司的人员工资、销售佣金、经营场所租金等各项经营成本。

经过以上分析，我们就知道，购买了保险，即便没有发生过理赔，保险公司只是针对我们这一单没有支出保险赔偿金而已，实际上保险公司已经支出了经营成本和保障成本。因此，退保时自然不是退回已交的全部保费，只能退回扣除保障成本和经营成本之后的保费，也就是保单的现金价值。

## 离婚时如何协商分割人身保险

保单作为一种家庭财产，在离婚分割时，分的也不是当初支付的保费，而是离婚时保单所具有的现金价值。当然，如果夫妻双方都同意以所交保费作为基准向对方支付补偿款的话，法院自然不会干涉。夫妻共同财产的分割本来就是先由双方协商，协商不成时才由法院判决的。

实际生活中，针对夫妻双方婚后投保，或者婚前投保但在婚后续交保费的保险，双方可以协商的事项有：

1. 是否分割这些保险；

2. 如果分割的话，是退保分割退保金，还是不退保，由取得保险的一方向另一方支付补偿款；

3. 取得保险的一方向对方支付补偿款时，是以所交保费为基准进行补偿，还是以离婚时保单的现金价值为基准进行补偿；

4. 涉及投保人和被保险人分别为夫妻双方，或者身故受益人为对方的，考虑到婚姻关系的解除，是否变更投保人或受益人；

5. 为子女购买的保险怎么处理，退保还是不退保，不退保的话，后续保费如何支付，投保人是否变更为直接抚养子女的一方，身故受益人是否变更。

以上这些问题，夫妻双方在离婚时可以协商处理，若能取得一致意见，依据双方的协商结果处理即可。若双方无法协商一致，则由法院判决。

### 案例 4-4-2

张男和丁女在 2015 年结婚，丁女较有保险意识，婚后陆陆续续投保了多份保险。其中，为自己投保了一份重大疾病保险和一份终身寿险，年交保费共 20000 元；也为张男投保了一份重大疾病保险和一份终身寿险，年交保费共 30000 元；为女儿投保了一份重大疾病保险，年交保费 8000 元。

2019 年，二人感情出现问题，经慎重考虑，决定离婚。双方对财产分割和子女抚养问题进行了协商。关于婚后所投几份保险的分割，经咨询律师后，二人决定做以下处理：

1. 关于投保人变更

为一家三口投保的共五份保单，投保人均是丁女，鉴于二人要解除婚姻关系，为后续交费方便，为张男投保的那两份保险，投保人变更为张男本人。

2. 关于受益人变更

婚内为张男投保的那份寿险，受益人是丁女；为丁女投保的那份寿险，受益人是张男。现在二人要结束婚姻关系，张男和丁女一致同意，将前述两份保险的受益人都变更为二人的女儿。

为女儿投保的那份重大疾病保险中也含有身故保障，受益人变更为张男和丁女两个人。

3. 关于是否补偿保费或现金价值的问题

张男和丁女经协商一致同意，关于几份保单，无论所交保费多少、目前现金价值多少，变更投保人后，二人各自持有自己的保单，均不再向对方另行补偿差额，后续保费也由自己支付。

4. 关于女儿那份保单的后续交费问题

二人同意由丁女直接抚养女儿，张男按季度支付抚养费。对于女儿那份重大疾病保险的后续交费，由张男和丁女共同承担，在每年交费前 10 日内，张男需将应由他承担的那部分即 4000 元转账至丁女账户上。

以上便是张男和丁女离婚时对家庭五份保单的处理方案，可见只要协商一致，便可按照双方的协商意见进行相应处理；若双方协商不一致，就保单的分割产生分歧时，将由法院依法判决。

接下来分情形讨论法院对于保单分割问题的裁判原则，主要讨论人身保险，因车险等财产险是消费型保险，一般不涉及离婚分割问题，在此不予讨论。

## 婚前买的保险，离婚时分吗

### 案例 4-4-3

张男和丁女结婚 8 年，婚后育有一子张小丁，目前儿子 8 岁。丁女的保险意识较强，婚前就给自己买了重疾险、医疗保险以及寿险和一份 3 年交的年金保险，重疾险和寿险的缴费期都是 20 年，婚前保费交了 3 次，婚后交了 8 次；年金险已经完成交费。

结婚之后，丁女又陆陆续续给张男和儿子张小丁购买了保险，种类也包括重疾险、医疗险、意外险、寿险和年金保险。

遗憾的是，张男和丁女两人因为生活琐事和子女教育理念不同经常争吵，感情逐渐出现裂痕，修复无果，两人最终还是决定结束婚姻。对于共同财产的分割问题两人未能协商一致，起诉到了法院，其中因保险的份数较多，金额也较大，对于保险的分割也存在很大分歧。

关于丁女和张男所购保险的分割问题，法院会如何处理？

**1. 一方在婚前购买并完成交费，离婚时仍在保险合同期内的保险，属于一方个人财产，离婚时不予分割**

丁女结婚之前签订保险合同并支付完全部保费，保费来源于丁女的婚前财产，离婚时保险仍在合同期内的，这类保险属于丁女的个人财产，张男无权要求分割。

2. 一方在婚前投保，婚后继续交费的保险，视情况而定

例如，丁女在结婚之前为自己投保年交1万元，交费期限20年的人寿保险，婚前交了3次共3万元保费，婚姻关系存续的8年里又交了8万元保费，离婚时关于这份保单的分割问题双方协商不成，法院判决时会考虑婚后交费的来源和保单的现金价值等因素。

（1）婚后交费也源于投保人的个人财产

如果丁女婚后所交的8万元保费是来源于自己的个人财产，比如自己的婚前存款，或者丁女父母赠给丁女单方的资金，这样，虽然有8万元保费是在婚后支付，但这8万元并不是来源于二人的夫妻共同财产，而是丁女自己的个人财产，那么这份保单仍然是丁女的个人财产，张男无权要求分割。

这里的关键问题是，丁女如何证明婚后是用自己的个人财产交费的。要知道，两人结婚8年之久，即便丁女在婚前已有存款，但如果丁女没有做个人财产的隔离保全工作，婚后继续使用存储婚前存款的银行账户，频繁与自己的其他账户或张男的银行账户发生转账往来的话，便意味着丁女的婚前存款在婚后被消耗，或与婚后共同财产混同了，那么即便保费仍然是从丁女婚前就开立的账户中扣划，也不能说明保费来源于丁女的婚前财产。这种情况下，就不能说这份保单的全部价值都是丁女的个人财产了。若张男提出分割要求，法院会支持。

（2）婚后用夫妻共同财产续缴保费

丁女婚后所交的8万元保费来源于夫妻共同财产，如果没有

另外约定，丁女本人的工资等收入也属于两人的共同财产。

这种情形中，保单的现金价值便由两部分组成：一部分源于丁女婚前的交费，一部分源于婚后夫妻共同的交费。离婚时，婚后交费对应的现金价值应当作为夫妻共同财产进行分割。如果丁女不愿意退保的话，法院会判决丁女继续持有保单，并补偿婚后交费所对应现金价值的一半给张男。

那么，如何确定婚后交费所对应的现金价值是多少？以下是实务中常见的三种方法：

一是根据保险合同中现金价值表的内容，具体计算出婚后交费所对应的现金价值。一般来说现金价值表会显示每个保单年度所对应的现金价值，因此依据现金价值表，是可以计算出婚后交费所产生的现金价值的。

二是用离婚时保单的现金价值金额乘以婚后交费占总保费的比例，所得金额便是婚后交费所对应的现金价值。按照这种方法，假设上例中丁女那份保单的现金价值总额是6.6万元，离婚时保单一共交费11年，其中结婚之前丁女自己交了3万元，婚后用共同财产交了8万元，那么属于张男和丁女夫妻共同财产的现金价值就是4.8万元（6.6万元 ×8/11）。丁女继续持有这份保单，她需要向张男支付2.4万元的补偿款。

三是由法院根据婚前婚后交费次数、现金价值表、保险种类等因素酌情确定。

## 婚后买的保险怎么分

婚后夫妻一方为自己或配偶投保，并用夫妻共同财产交费的保险，以现金价值为基准向对方支付补偿金。

### 案例 4-4-4

丁女在和张男结婚之后，自己作为投保人，为自己和张男各投保了一份寿险。离婚时两人关于这两份保单的分割产生分歧，张男认为买的保险不划算，坚持把两份保险都退了分割退保金。丁女不同意退保，起码不同意退给自己买的那份保险。

这种情况下，退不退保，到底以谁的意见为准？

丁女为自己购买的寿险，因为投保人和被保险人都是丁女，所以丁女可以决定这份保单是否退保。如果退保，丁女需将退保金的一半补偿给张男；如果不退保，丁女需要以离婚时保单的现金价值为基准，支付一半的金额给张男[①]。

丁女为张男投保的那份寿险，投保人是丁女，被保险人是张男。人身保险以被保险人的生命和身体作为保险标的；在保险合同中投保人可以变更，被保险人不能变更。因此当投保人和被保

① 最高人民法院《第八次全国法院民事商事审判工作会议纪要（民事部分）》二（二）关于夫妻共同财产认定问题 4. 婚姻关系存续期间以夫妻共同财产投保，投保人和被保险人同为夫妻一方，离婚时处于保险期内，投保人不愿意继续投保的，保险人退还的保险单现金价值部分应按照夫妻共同财产处理；离婚时投保人选择继续投保的，投保人应当支付保险单现金价值的一半给另一方。载于 https://www.chinacourt.org/article/detail/2016/11/id/2361616.shtml，2021 年 11 月 30 日最后访问。

险人不是同一人，且双方关于是否退保意见不一致时，法院多会以被保险人的意见为准[①]。

也就是说，如果张男要求退保，那么丁女作为投保人需要与保险公司办理退保手续，并与张男分割退保金。如果丁女要求退保，而张男希望继续拥有这份保单，那么法院会尊重张男的意见，维持保险合同的效力；至于此时投保人是否变更为张男本人，一般来说，既然两人的婚姻关系已解除，为避免日后分歧，这种情形下最好变更投保人为张男，同时也方便后续保费由张男自己支付。

我们团队在去年调解的几起离婚纠纷中协助当事人梳理保单时，遇到此类投保人和被保险人不一致的保单，便建议他们及时变更投保人和受益人。

## 给未成年子女买的保险分吗

**案例 4-4-5**

丁女在婚后用夫妻共同财产以 8 岁的儿子张小丁为被保险人

① 江苏省高级人民法院《家事纠纷案件审理指南（婚姻家庭部分）》便有类似规定：如果夫妻一方为投保人，夫妻另一方为被保险人，离婚时夫妻双方可以协议退保或者继续履行保险合同。协商一致退保的，保险人退还的保险单现金价值应当作为夫妻共同财产分割；协商一致愿意继续履行的，获得保险合同利益一方应当支付保险单现金价值的一半给另一方。如果投保人要求退保，而被保险人要求继续履行的，保险合同应当继续履行，获得保险合同利益一方应当支付保险单现金价值的一半给另一方。载于江苏省高级人民法院微信公众号，https://mp.weixin.qq.com/s/WR_C1Mef5WH7AN7BhViw7A，2021 年 12 月 2 日最后访问。

投保了重疾险、年金险等保险，指定丁女和张男是受益人。两人离婚时，关于这两份保险的分割产生分歧，张男认为没必要为小孩投保年金险，要求退保分割现金价值，丁女不同意退保。二人意见不一致，法院会如何处理？

直接说结论：

关于父母为未成年子女购买的保险，父母离婚时保单的分割问题，目前并没有明确的法律和司法解释予以规定。如果夫妻双方都同意退保并分割退保金的，那是他们的自由，法院不干涉。

如果一方要求退保，另一方不同意退保的，一般来说，法院考虑到保单的被保险人是子女，涉及夫妻之外第三方的利益，且父母对未成年子女又有抚养义务，出于对未成年人权益的维护，多数法院认为保单不再是夫妻双方的共同财产，不宜进行分割。

例如，江苏省高级人民法院在其2019年7月发布的《家事纠纷案件审理指南（婚姻家庭部分）》中便规定，离婚时，如果为未成年子女购买的人身保险合同尚处于保险有效期的，因保险的最终利益归属于未成年子女，该保险应当视为对未成年子女的赠与，不再作为夫妻共同财产进行分割。

正是因为司法实践中，法院倾向于不将被保险人是未成年子女的保单作为夫妻共同财产进行分割，因此部分客户认为只要为子女多买大额保单，离婚时这些保险不分，那么自己就可以作为投保人继续持有保单，后续可用于质押贷款或退保取现等。针对这种想法或做法，提醒如下：

1. 父母为未成年子女投保的保险，父母离婚时不分，是法院的一般做法，前提是保费与家庭资产水平占比合适

如果一个家庭每年总收入30万元左右，除房产外的现金资产共约80万元，为子女投保年金保险一次性交费几十万元甚至更多。从常人角度看，很难相信这是一种合理的投保行为，毕竟仅这份保单本身就占据了家庭资产的很大比例；夫妻中非投保人一方也一定会强烈要求分割这份大额保单；法官作为裁判者也较有可能支持对这份保单的分割请求。

2. 为未成年子女投保的大额保单，即便离婚时法院判决未予分割，作为投保人一方，也不宜在离婚后将保单退保取现

法院考虑到保单保障的对象是子女，出于对未成年子女利益的维护，才判决为未成年子女购买的保险，离婚时不作为夫妻共同财产进行分割。如果离婚后，作为投保人的父母一方将保单退保取现供自己使用，无疑侵害了未成年子女的利益，也相当于变相转移了夫妻共同财产。这种情形下，我们认为另一方有权要求重新分割退保金。

因此，无论是出于保障未成年子女利益的需求，还是出于家庭资产规划的需求，都可以为子女配置健康保险、年金保险等，但需注意合理规划，选择与实际需求和资产水平相适应的投保方案。

## 投保人是父母，被保险人是子女的保险，子女离婚时分吗

### 案例 4-4-6

丁女 20 岁时，母亲作为投保人，为丁女投保了一份大额年金保险。年交保费 30 万元，交费 5 年，丁女 25 岁那年可以领取年金 30 万元，从 26 岁开始每年可以领取约 50000 元直至身故。

丁女 28 岁时与张男结婚。因为婚前接触时间较短，婚后逐渐发现性格不合，同时二人对于是否要小孩、何时要小孩的问题也存在重大分歧，无法调和，二人结婚四年后决定离婚。

张男和丁女关于财产的分割问题进行协商，其中关于丁女的这份大额保单，张男认为也应当作为夫妻共同财产进行分割；丁女认为这份保单是母亲为自己投保的，属于自己的个人财产，不应当分割。

关于投保人是丁女母亲，被保险人是丁女的这份年金保险，在丁女离婚时到底应当如何处理？

我们的分析意见如下：

1. 保单本身不属于丁女和张男的夫妻共同财产

保单的投保人是丁女的母亲，保险费是由投保人支付的，有权解除保险合同并取得退保金的是投保人；丁女在保险合同中仅是被保险人而已，她享有的是依据保险合同领取年金的权利。也就是说，保单本身是母亲的财产，并不属于丁女。

因此，如果丁女和张男离婚，这份保单本身不应作为夫妻共同财产被分割。丁女作为被保险人在离婚之后仍然可以依据保险合同领取年金。

2. 丁女在夫妻关系存续期间领取的年金是否应当分割

前述案例中，丁女结婚 4 年，每年可领取 5 万元年金，4 年共 20 万元。

如果在婚后 4 年间，这 20 万元保险年金已经消费，则谈不上分割的问题。

如果这 20 万元与婚后的其他资金混同了，无法区分哪部分是保险年金，哪部分是二人的夫妻共同财产，那么这 20 万元年金实际上也要面临分割的风险。

如果 20 万元一直没有被领取，而是在保险账户中存放着，关于这笔年金是丁女的个人财产还是夫妻共同财产的问题，实务中是有争议的。

一种观点认为，既然是丁女在婚后领取的年金，就应当认为是夫妻共同财产。例如，最高人民法院《第八次全国法院民事商事审判工作会议纪要（民事部分）》中的观点：婚姻关系存续期间，夫妻一方依据以生存到一定年龄为给付条件的具有现金价值的保险合同获得的保险金，宜认定为夫妻共同财产，但双方另有约定的除外。

另一种观点认为，这样的保单架构中，保费是丁女的母亲支付的，从投保意愿看，母亲应当是希望让自己的女儿个人因保单受益；同时，丁女作为被保险人在婚后领取的年金或生存金，与丁女婚后的劳动和付出无关，因此这些年金应当归丁女个人所有。笔者也支持这一观点。我们认为，判断婚姻关系存续期间夫妻一方作为被保险人领取的保险年金，归夫妻共有，还是归被保险人一方个人所有，应当视投保人和保费来源而定。

如果年金保险是在丁女婚后投保，投保人是丁女或张男，保费来源于二人的夫妻共同财产，毫无疑问，丁女作为被保险人领取的年金也属于二人的夫妻共同财产；但像案例中这种情形，丁女的母亲是投保人，并全额支付保费，而且投保发生在丁女结婚之前，那么丁女作为被保险人领取的年金应当推定为其个人财产。

3. 丁女的母亲投保时，若搭配投保了“万能账户”[①]，年金自动进入万能账户的，丁女离婚时不涉及该部分年金的分割问题

保险实践中，多数客户投保年金保险时会选择同时搭配投保“万能账户”，这种投保安排下，每年产生的年金会根据投保时的授权，自动进入“万能账户”进一步产生理财收益。该“万能账户”的投保人与前述年金保险的投保人一致，同为丁女的母亲，丁女仅是被保险人的身份，因此丁女的离婚不会涉及该年金保险以及“万能账户”的分割问题。

① 万能账户，可以理解为交费灵活，带有最低保证利率的一种理财型年金保险或者寿险，常常与传统年金保险组合投保。

## 保险赔偿金如何分割

1. 婚姻关系存续期间，夫妻一方获得的重疾赔偿金、残疾赔偿金，属于个人财产[①]

案例 4-4-7

丁女在婚后发生重疾，依据重疾保险合同从保险公司获得了50万元重疾赔偿金的理赔支付。这笔50万元的赔偿金专门用于丁女的疾病治疗和康复，具有人身专属性，因此，即便这笔赔偿金是丁女在婚后取得，也属于丁女的个人财产，张男无权要求分割。

需要注意的是，保险赔款是以银行存款的方式支付给被保险人，而现金、存款具有不记名、流动性的特点，如果不用专门账户保管的话，极容易与其他资金发生混同，进而无法区分到底哪笔是个人财产，哪笔是夫妻共同财产。而在离婚诉讼中，如果不能证明是个人财产的话，将被作为夫妻共同财产进行分割。

因此，必要时尤其是在夫妻感情破裂或者配偶有赌博等恶习的情形下，建议专户专款，用新开立的银行账户领取保险赔偿金，同时避免资金的转账混同。

---

① 最高人民法院《第八次全国法院民事商事审判工作会议纪要（民事部分）》二（二）关于夫妻共同财产认定问题 5. 婚姻关系存续期间，夫妻一方作为被保险人依据意外伤害保险合同、健康保险合同获得的具有人身性质的保险金，或者夫妻一方作为受益人依据以死亡为给付条件的人寿保险合同获得的保险金，宜认定为个人财产，但双方另有约定的除外。载于 https://www.chinacourt.org/article/detail/2016/11/id/2361616.shtml，2022 年 6 月 20 日最后访问。

2. 婚姻关系存续期间，夫妻一方以身故受益人身份获得的保险金，属于个人财产

**案例 4-4-8**

丁女在结婚之前，或者在婚后征得张男同意后，为自己的父母购买了重疾险、寿险等保险，后来父亲因病身故，丁女作为寿险的身故受益人从保险公司取得了 50 万元的赔偿金，一般来说，这笔赔偿金便属于丁女的个人财产[①]，张男无权要求分割。

与上一种情形一样需要注意的是资金的专款专户和隔离问题，受益人可以在办理理赔手续时用新开立的银行账户收取身故保险金，并注意专户保管，防止频繁转账造成混同。

通过本节分析可知，保险在离婚时是否分割要依据投保时间、保险合同架构以及保费来源等情况具体确定，合理的投保安排能够起到婚姻财产保全的作用。尤其对于不掌握家庭财产，在家庭中处于财富弱势地位的人来说，可以通过合理投保的方式为自己争取更多的财产权益；同时，建议配偶投保或者由配偶出资投保，

---

① 最高人民法院《第八次全国法院民事商事审判工作会议（民事部分）纪要》二（二）关于夫妻共同财产认定问题 5. 婚姻关系存续期间，夫妻一方作为被保险人依据意外伤害保险合同、健康保险合同获得的具有人身性质的保险金，或者夫妻一方作为受益人依据以死亡为给付条件的人寿保险合同获得的保险金，宜认定为个人财产，但双方另有约定的除外。婚姻关系存续期间，夫妻一方依据以生存到一定年龄为给付条件的具有现金价值的保险合同获得的保险金，宜认定为夫妻共同财产，但双方另有约定的除外。载于 https://www.chinacourt.org/article/detail/2016/11/id/2361616.shtml，2021 年 11 月 30 日最后访问。

也能够使得不由自己掌握的家庭财产转化为显性可见的保单资产，发挥“隐性财产显性化”的作用。

## 本节总结

- **人身保险的离婚分割问题**
  - **什么是保单的现金价值**
    1. 保费不等于现金价值
    2. 保费扣除保障成本和保险公司运营成本后才是保单的现金价值
  - **离婚时如何协商分割人身保险**
    离婚时保单分不分、退保分退保金还是按保费支付补偿款、是否变更投保人和受益人等，双方均可协商处理
  - **婚前买的保险，离婚时分吗**
    1. 婚前投保并完成交费，或用个人财产续交保费的保险，是个人财产，离婚时不分
    2. 婚前投保，婚后用共同财产续交保费的保险，婚后交费对应的现金价值属于共同财产，离婚时应当分割
  - **婚后买的保险怎么分**
    婚后夫妻一方为自己或配偶投保，并用夫妻共同财产交费的保险，离婚时如何分割，先协商，协商不成时，法院支持以现金价值为基准向对方支付补偿金
  - **给未成年子女买的保险分吗**
    婚后为未成年子女买的保险，法院多认为是父母对子女的赠与，离婚时不作为夫妻共同财产进行分割；但需注意保费一般应与家庭资产水平相匹配
  - **投保人是父母，被保险人是子女的保险，子女离婚时分吗**
    保险的现金价值属于投保人，因此投保人是夫妻一方的父母，被保险人是该夫妻一方的，离婚时该保单不分
  - **保险赔偿金如何分割**
    夫妻一方作为被保险人依据意外险、健康险获得的具有人身性质的保险金是个人财产，离婚时不分，前提是没与夫妻共同财产混同

# 第五节　存款、理财及股票等财产的分割问题

## 存款和理财产品如何分

虽然我们知道，如果夫妻二人没有另外约定，那么婚后任何一方挣的工资、奖金，做生意的收入，投资收益等都属于夫妻共同财产，而不论这些财产到底是谁挣的，在谁的银行账户中或登记在谁名下。也就是说，婚后由夫妻双方各项收入形成的存款，以及用这些存款购买的银行理财（无论理财期限到期与否），都是夫妻共同财产，离婚时应由双方进行分割。

正因如此，一部分人会认为反正都是共同财产，离婚时都要拿出来分的，因此便没有对各项财产进行更多的了解。我们处理的离婚纠纷中，很多当事人对配偶有几张银行卡、卡里有多少钱、在哪家银行开的户、账号是多少等这些信息知之甚少。

在这种情况下，如果与对方通过民政局登记离婚，首先需要双方对于财产分割、子女抚养等事项协商一致，既然自己不知道配偶到底有多少银行账户和存款，那么配偶隐藏一些大额账户，只拿出双方知道的那些钱来分，自己恐怕也难以发现。

同时，如果担心协议离婚少分财产而吃亏，希望通过诉讼方式，借助律师或法院收集对方更多财产线索的，一般来说，确实能够进一步调查了解到更多的财产信息，但前提仍然是需要由夫

妻一方提供最基础的线索，提供给律师的基础线索越多，律师能够挖掘出来的信息自然也就越多。

以下案例可以反映律师是如何在已知线索基础之上，一步步深挖收集更多财产信息的。

### 案例 4-5-1

张男和丁女结婚十年，婚后育有一子。儿子出生后，丁女辞职全心照顾家庭，张男先是从原先就职的事业单位离职，后与朋友合伙做生意，事业发展得不错，收入也逐年增多。只是两人的感情逐渐出现裂痕，在一次争吵后，张男还动手打了丁女。丁女提出离婚，要求分割财产，但是对张男的财产情况几乎一无所知，仅知道张男平时转生活费给自己的那两个银行账户，对于张男是否还有其他账户及平时是否买银行理财、基金等，一概不知。

这种情况下，丁女在诉讼中只能申请法院调取这两个账户的流水。作为律师，如何帮助丁女争取更多的财产利益？

我们团队接受丁女委托后，向法院申请了律师调查令，持调查令去调取相关证据。

第一步，律师持调查令至张男前工作单位调取了张男的工资收入情况和工资卡号，重点是收集张男的银行账户信息，加之丁女已知的两个银行账户，此时一共知道有三个银行账户了。

第二步，再持调查令到这三个开户银行，调取银行流水，以及在该银行购买的尚未到期的银行存款、大额存单、银行理财、国债以及黄金产品等信息。

注意，不能仅调取银行流水和存款证明，还要调取非存款类的理财、国债及黄金产品等金融资产。

第三步，分析三个账户的银行流水信息，找出大额转账，对这些大额转账提出分割要求。

除此之外，要知道生活中大家都有自己给自己转账的情况，因此要对现有的这三份流水账单仔细分析查找，看能否找出张男另外的账户信息，经过查找，我们又找到了张男的另外两个银行账户，并继续持调查令去调取该两个账户的流水清单，按照前述方法再做进一步分析挖掘。

第四步，除银行存款外，证券账户、保险等财产信息的收集也是一样，需要一步步详细地调查分析。

## 股票、基金如何分割

**案例 4-5-2**

张男和丁女结婚三年后因感情不和打算离婚，两人都同意离婚，但因财产分割问题产生分歧。其中涉及张男名下股票和基金的分割，丁女调取了张男的股票账户，发现张男持有多家公司的股票，调取账户资料时市值约 120 万元，同时另有某基金 30 万份，市值 36 万元。

丁女要求均分这些股票和基金，张男则认为自己婚后虽然一直在买卖股票，但结婚之前股票账户中的价值就已经达到了100万元，基金账户在婚后虽有追加和赎回，但绝大部分是婚前购买的，因此不同意平分。那么，法院会如何处理？

若张男的股票和基金都是在结婚之后用共同财产购买的，毫无疑问，离婚时要作为夫妻共同财产来分割，可以变卖或赎回后分割款项，也可以继续由一方持有，并向另一方支付折价款。

但是本案却不同，本案中张男名下的股票和基金，有婚前成分，也有婚后成分，那么，到底如何区分哪些是张男的个人财产，哪些是夫妻共同财产？

先说结论：

1. 如果张男的股票和基金账户在结婚之后一直没有买进卖出操作过，那么账户中的股票和基金仍然属于张男个人，丁女无权要求分割。

2. 如果张男在结婚之后继续操作账户，不断买进卖出，那么股票和基金账户的增值收益属于夫妻共同财产。

具体如何分割？

实务中分割时计算出结婚前某个时点和离婚时某个时点的市值，两者差额就是在婚后产生的增值，可以由张男继续持有账户中的股票和基金，并就婚后增值部分向丁女支付补偿款，至于增值部分是平分还是让一方多分，会依据每个案件的具体情况由法院酌情判定；如果婚后另行用共同财产追加投入的，离婚分割时当然也会考虑。

作出以上分析的法律依据在于，《民法典》规定，夫妻双方若无另外约定，婚姻关系存续期间的投资收益属于夫妻共同财产；同时，最高人民法院在其相关司法解释中也规定，夫妻一方个人财产在婚后产生的收益，除孳息和自然增值外，应认定为夫妻共同财产[①]。

所以说，张男在婚前已经持有股票和基金，如果婚后没有买进卖出操作的话，婚后三年股票和基金的增值是因市场波动而产生的自然增值，没有融入张男婚后的劳动和付出，因此仍然是张男的个人财产，丁女不能要求分割；如果张男在婚后依然频繁买进卖出，说明张男花了婚后的时间和精力，这些股票和基金带来的增值作为投资收益，就应当属于夫妻共同财产，离婚时应当分割。

大家可能会认为只是买进卖出而已，动动手指敲敲键盘的事，也算劳动吗？要知道，动动手指敲敲键盘只是结果，为了这个结果，可能张男研究了好几篇学者大咖的分析文章，听了很多经济专家的直播分享，这都是婚后的时间和精力，因此婚后买进卖出带来的增值收益当然应由夫妻双方共享。

以上处理方法是目前实务中的主流做法，我们也认为这种处理方法比较合适，既考虑了一方的财产贡献，也考虑了对另一方

① 参见《最高人民法院关于适用〈中华人民共和国民法典〉婚姻家庭编的解释（一）》第二十六条，夫妻一方个人财产在婚后产生的收益，除孳息和自然增值外，应认定为夫妻共同财产。

婚后共同财产权益的照顾，相对公平。

案例中的股票分割方法：

将股票账户婚后和婚前的价值相减，得到的金额就是婚后增值部分，两人平分婚后增值。

## 案例 4-5-3[①]

男方刘某和女方杨某于2009年6月登记结婚，后因感情不和，女方于2013年4月向人民法院提起诉讼，请求判令双方离婚，并就子女抚养和财产分割问题一并请求法院处理。

其中，涉及男方证券账户的股票证券分割问题。

法院的分割方法为：将该股票账户中婚后和婚前的价值相减，得到的金额就是婚后增值部分，该增值部分作为夫妻共同财产进行分割，其中男方40%，女方60%。

本案中，男方于2007年8月28日开立了证券账户，截至2013年9月10日，男方一共转入该账户的资金为1281100元，其中婚前分多笔共转入资金1271500元，婚后于2009年7月22日转入资金9600元，该证券账户资金余额为494.17元，股票市值8259元；由于男方在该证券账户上的资金基本上是婚前转入的，故男方转入该账户的资金1281100元属于婚前个人财产；男方于婚前从该证券账户上转出了资金921854.6元，于婚后转出了资金398000元，一共转出了资金1319854.6元。因此，男方

① 审理法院：湛江市中级人民法院，案号：（2014）湛中法民一终字第416号。

从该账户转出的资金总额1319854.6元、账户余额494.17元、股票市值8259元三项之和为1328607.77元，大于男方转入资金总额1281100元，也就是说男方在婚前投资股票在婚后取得了收益47507.77元（1328607.77元－1281100元），法院认定该股票收益47507.77元属于夫妻共同财产，并判决男方支付股票收益28504.67元（47507.77元×60％）给女方。

## 案例4-5-4[①]

男方徐某和女方孙某于2012年3月登记结婚，婚后双方常因生活琐事发生矛盾，感情破裂。女方于2015年1月向人民法院提起诉讼，请求判令双方离婚，并依法分割共同财产。

其中，涉及男方在某证券账户中的股票证券分割问题。

法院对该股票证券的分割方法为：登记结婚前，男方在该账户中的股票虽是其婚前个人财产，但因婚后多次投资交易，资金反复进出，已无法确认上述婚前个人财产在离婚时的实际金额，因此，以男方股票账户中的总资产作为基数进行分割，考虑到在该股票账户中确有男方婚前个人财产，故对男方适当多分。

就女方主张男方名下的股票属夫妻共同财产一节，法院认为，两人于2012年3月21日登记结婚，股票明细对账单显示，男方名下资金账户截至2012年3月20日有某水泥证券1000股，另有资金余额699.66元，上述股票、股票的增值部分和余额系男方的

① 审理法院：北京市第二中级人民法院，案号：（2015）二中民终字第12517号。

婚前个人财产；2012 年 3 月 21 日起，男方投资交易的金额及股票收益为夫妻共同财产。但因股票账户的特殊性，男方曾多次投资交易，资金反复进出，无法确认男方上述婚前个人财产现在的实际金额，故以男方现账户内总资产为基数进行分割，但男方确有婚前个人财产在股票账户内，因此分割时，适当给男方多分，具体数额法院将参考男方婚前个人资金数额、投入金额、提取金额等因素酌定。

庭审中，两人均同意以 2015 年 5 月 26 日收盘价为准计算股票价值，当日股票账户内总资产为 51904.49 元。原审法院于 2015 年 10 月作出判决，判令男方给付女方股票折价款 15000 元。北京市第二中级人民法院二审维持原判。

通过以上分析，我们建议：

1. 有炒股习惯，或婚前已持有大量股票的人，如果不想因为自己婚后继续炒股而引发关于股票的分割纠纷的，可以选好几只价值股，婚前买入后，婚后就不再操作买进卖出，这样股票在婚后自然升值带来的收益，仍然属于自己的个人财产，离婚时不需要与对方分割。

当然，这种方式对于喜欢炒股，喜欢体验选股买卖股票感觉的那类人来说并不现实，看到涨跌波动时难免忍不住去操作账户，一旦有买进卖出的操作，就会产生婚后收益是共同财产的结果，要预判并且接受这种结果。

2. 另外一种解决方案就是与配偶在结婚之前或之后签订财产协议，对股票、基金这些资产及其婚后收益的归属、发生纠纷时的具体处理方法等问题进行明确约定；既然双方有约定在先，万一离婚就按照约定处理，这样便可有效避免分歧和诉讼。当然，前提仍是二人能够理性接受夫妻财产协议。

## 住房公积金、养老金分不分

案例 4-5-5

张男和丁女结婚六年，张男是自由职业者，丁女在某培训公司上班，后来两人因感情不和决定离婚，离婚时对财产分割问题无法协商一致，起诉到法院要求法院依法处理。其中涉及丁女名下的养老金和住房公积金问题。

张男认为丁女在婚后交的养老保险和住房公积金里也有张男的份额，应予分割；丁女则认为养老保险和住房公积金谁交的就专属于谁，对方无权分割。

关于住房公积金、养老金，法院会如何处理？

1. 婚姻关系存续期间的住房公积金属于夫妻共同财产

《住房公积金管理条例》第二条第二款规定，住房公积金，是指国家机关、国有企业、城镇集体企业、外商投资企业、城镇私营企业及其他城镇企业、事业单位、民办非企业单位、社会团体及其在职职工缴存的长期住房储金。

简单说，住房公积金由单位和职工分别按一定比例共同缴存，存放至专用账户，归职工所有。但住房公积金并不能像自己银行卡里的钱一样随意取用，它实行由住房公积金管理中心运作、银行专户存储的原则，在职工购买、建造、翻建、大修自住住房的时候提取使用。

从性质上来看，住房公积金虽然有专门用途且专户存储，但实际上仍是职工的一项收入，可以理解为一笔“有专门用途的工资”。于是，在婚姻关系存续期间取得的住房公积金，如果夫妻双方没有例外约定，便属于夫妻共同财产，离婚时应当分割。

住房公积金的具体分割方法，并不是在离婚时将住房公积金从账户中取出来然后由两人来分，而是计算出婚姻关系存续期间缴存进去的金额，由公积金所有一方依据该金额向另一方支付补偿款。

显然，案例中丁女婚后一直在单位上班，那么丁女住房公积金账户中的款项也是丁女在婚后的收入，如果丁女和张男没有例外约定，账户中的公积金便属于二人的夫妻共同财产，张男有权分割。

2. 婚姻关系存续期间实际取得或应当取得的基本养老保险金，属于夫妻共同财产

如果丁女和张男在已经开始领取养老保险时闹离婚，那么双方每月实际领取的养老保险金也属于共同财产，离婚时应当进行分割。

问题是，张男和丁女正处在养老保险缴费期内，还没有开始领取养老保险，因此谈不上对养老保险金的分割。但毕竟丁女每月按时缴纳养老保险费，这些保费一般由工作单位从丁女的工资里代扣代缴，也就是说丁女婚后支付的养老保险费源于丁女的婚后收入。

我们知道，如果两人没有另外约定，任何一方在婚后取得的工资奖金这些收入都归夫妻双方共同所有。也就意味着丁女在婚后缴纳的养老保险费源自她和张男的夫妻共同财产，而两人离婚后，丁女名下养老保险的利益最终又归丁女自己享有，因此如果张男在离婚时要求分割二人婚姻关系存续期间丁女养老保险中由个人实际缴付的那部分资金，法院是会支持的[①]。

实际操作方式是，通过缴费清单计算出婚姻关系存续期间丁女缴付的养老保险费总额，以此为基准由丁女向张男支付补偿款；具体补偿多少，由双方协商，协商不成的，由法院根据财产的具体情况，按照照顾子女、女方和无过错方权益的原则判决。

## 网店、直播平台账号等离婚时如何处理

1. 家庭财富新形态

直播带货是 2020 年最盛的风口。线上直播带货，仿佛一下子

① 参见《最高人民法院关于适用〈中华人民共和国民法典〉婚姻家庭编的解释（一）》第八十条，离婚时夫妻一方尚未退休、不符合领取基本养老金条件，另一方请求按照夫妻共同财产分割基本养老金的，人民法院不予支持；婚后以夫妻共同财产缴纳基本养老保险费，离婚时一方主张将养老金账户中婚姻关系存续期间个人实际缴纳部分及利息作为夫妻共同财产分割的，人民法院应予支持。

进入了全民视野。淘宝、抖音、快手、京东等各大平台成为直播带货的主要战场；除职业主播外，影视明星、商界大佬、官方媒体也纷纷加入直播带货的队伍。

2020年4月起，央视新闻新媒体推出“谢谢你为湖北拼单”的公益活动，举办多场带货直播，通过媒体互动，助力湖北、陕西、山西等地复工复产，脱贫攻坚，多地特产成为网红商品，被网友争相抢购回购，截至2020年6月，带货金额累计超过21.3亿元①。

目前，直播带货逐渐深入广大民众的观念和生活。作为圈外百姓和直播卖货的消费者，自然也好奇网红主播的收入。当然，二八定律在每个行业都适用，各平台头部主播，收入自然非常高，他们之外也有很多收入平平的主播。即便如此，网络主播作为一个新的从业群体，越来越引起我们的关注。

同时，笔者注意到，除直播销售员外，另一直播群体也值得关注，他们有着自己的本职工作，平时喜欢拍拍短视频记录生活，因为形式或内容的独特性，逐渐吸引了大量粉丝，流量增加，于是主动或被动应商家邀请开始在短视频中植入广告带货，以及进行专场直播带货。笔者平时关注的一些主播，视频内容主要是家庭生活、子女互动、夫妻日常等，内容温馨搞笑，忙碌之余看看他们拍的小视频确实也是一种放松。他们偶尔会在视频中推荐商品，也会开直播卖货。作为粉丝，看到时自然也会去关注

① 央视新闻微信公众号2020年6月6日文：《3小时销售额14亿！央视Boys带货直播够“京”彩》，载于https://mp.weixin.qq.com/s/K1Pc8NRTbzJoM40y Rbxbfg，2020年12月2日最后访问。

一下他们推荐的商品。粉丝购买，就意味着流量变现带来了佣金收入，且不论收入多与少，起码拍摄小视频自我娱乐的同时，也带来了一项副业收入，这大概就是网络上所谓的“全民副业”时代吧。

2. 网店、直播平台账号等离婚时如何处理

移动互联网时代，线上经营普遍存在，不少夫妻共同经营网店，直播平台上也有很多分享夫妻日常生活或者夫妻共同经营的账号，因为长期经营，这些网店积累了客户和信誉，直播平台账号也拥有了大量粉丝。

店铺信誉和粉丝量本身就蕴含着经济价值，离婚时关于由哪一方继续经营网店或者直播平台账号的问题，如果夫妻双方达不成一致意见，法院会如何处理？

离婚诉讼中，对于夫妻双方在婚后创办并且共同经营的网店，如果二人都要求继续经营，法院首先让双方协商，协商不成的，一般会建议双方通过竞价方式取得网店的继续经营权；如果拒绝竞价，法院可以根据网店或账号的注册信息以及实际经营情况，从哪一方贡献较多、哪一方的人身依附性较强等角度去考虑。例如，不少直播平台账号，虽是夫妻两人共同运营，但视频内容主要是拍摄其中一方，粉丝也主要是因为出镜的这一方才关注账号，这种情形下从有利生产、方便生活的原则考虑，账号由视频中出镜的这一方继续经营更为合适。

一方取得网店或账号的继续经营权后，应当向另一方支付一

定补偿。目前实践中对于这些网店、账号本身的隐形财产价值没有明确的衡量标准，因此补偿金额也主要由双方协商确定或者参照网络查询价值确定。

如果网店是夫妻一方在其结婚前就注册开始经营的，婚后两人继续共同经营，若没有例外约定，他们经营网店取得的收入属于夫妻共同财产，离婚时由二人分割；对于网店本身，法院一般会判决由注册一方继续经营。

### 案例 4-5-6[①]

曹某结婚之前在某购物平台注册了网店，后与高某结婚。婚后两人因生活琐事发生争吵、分居。曹某起诉离婚。高某认为该店铺是双方婚后真正开始运行并产生收益，属于夫妻共同财产，因此要求分割淘宝店铺。

关于网店由谁继续经营的问题，法院观点如下：

高某主张分割曹某名下的网店，但该店铺系曹某于婚前注册，应属于曹某婚前个人财产。高某主张该店铺系双方婚后真正开始运行并产生收益，属于夫妻共同财产，但其未提供相关证据予以证明，法院不予支持。高某请求分割该店铺，缺乏依据，因此高某提出对该店铺价值进行评估的申请，法院亦不予准许。

① 审理法院：宁波市中级人民法院，案号：（2016）浙 02 民终 200 号。

## 本节总结

**存款、理财及股票等财产的分割问题**

**存款和理财产品如何分**

1. 夫妻双方若无例外约定，婚后任何一方取得的工资、资金、生产经营和投资收益，都归二人共有，离婚时应当分割
2. 关键是需要了解配偶有哪些账户，才能知道有多少存款和理财

**股票、基金如何分割**

1. 婚后用共同财产购买的股票、基金，归夫妻共有，离婚时可由一方继续持有并向另一方支付折价款
2. 一方婚前已经购买的股票或基金，婚后继续买进卖出操作的，婚后增值部分应认定为夫妻共同财产，离婚时要分

**住房公积金、养老金分不分**

1. 婚后取得的住房公积金属于夫妻共同财产，离婚时公积金所有人需向另一方支付补偿款
2. 婚后实际取得的养老保险金，属夫妻共同财产，离婚时要分；未开始领取养老金的，应以婚后个人缴费的养老保险费为基准向对方支付补偿款

**网店、直播平台账号等离婚时如何处理**

1. 婚后共同创办经营的网店账号，离婚时由哪一方继续经营，双方先行协商
2. 若协商不成，法院根据网店或账号的注册信息、实际经营情况、与双方的人身依附性情况等因素判决

# 第六节　离婚时债务如何承担

## 案例 4-6-1

某文化传媒公司曾是国内著名影视文化公司，投资拍摄了大量广为大众熟知的影视作品。

2011 年，某文化传媒公司获投某公司 4.5 亿元融资，某公司拿到某文化传媒公司 15% 的股权。同时，某公司与某文化传媒公司实际控制人李某等相关方签订了对赌协议。协议约定：若某文化传媒公司未能在 2013 年 12 月 31 日之前上市，则投资方某公司有权在 2013 年 12 月 31 日后的任何时间，要求李某等相关方任何一方按协议约定回购某公司所持有的某文化传媒公司股权。

由于种种原因，某文化传媒公司未能按约定期限完成上市。李某也于 2014 年 1 月 2 日因病离世。某公司随之将李某遗孀金某告上法庭，要求其为夫还债。北京市第一中级人民法院根据《最高人民法院关于适用〈中华人民共和国婚姻法〉若干问题的解释（二）》第二十四条[①]“债权人就婚姻关系存续期间夫妻一方以个人名义所负债务主张权利的，应当按夫妻共同债务处理”以及其他相关法律规定，认定这笔债务为李某与金某的夫妻共同债务，判决金某需在 2 亿元范围内承担连带清偿责任。

① 该条已失效。

金某曾对媒体表示："当年的'对赌协议'，我没有签字，巨额的投资款项，也没有用于夫妻共同生活，我甚至都没有持有过某文化传媒公司的股权，这一切为什么要我来承担？"①

金某不服一审判决，上诉至北京市高级人民法院，请求撤销一审判决。此期间，最高人民法院发布了《关于审理涉及夫妻债务纠纷案件适用法律有关问题的解释》，对前述第二十四条作出修正，对于是否属于夫妻共同债务不再单以债务的发生时间而论，而是要看债务是否基于夫妻二人共同的意思（比如都签名，或事后追认），或是看债务是否用于夫妻共同生活或者共同生产经营。

金某的二审请求能否因上述解释的出台而获得法院支持，一度受到社会关注。

2019 年 5 月 7 日，该案二审在北京市高级人民法院不公开审理，二审期间的焦点主要集中在本案中投资协议的债务是否属于李某、金某夫妻共同经营所负债务。最终，二审法院根据在案证据，认定案涉债务属于夫妻共同经营所负债务，并以此驳回了金某的上诉请求，维持一审判决，即意味着金某需在 2 亿元范围内为该项股权回购债务承担连带清偿责任②。

---

① 《成都商报》电子版 2017 年 12 月 21 日文：《丈夫签"对赌协议"后离世 妻子被判负债 2 亿》，载于 https://e.chengdu.cn/html/2017-12/21/content_613697.htm，2021 年 3 月 20 日最后访问。

② 审理法院：北京市高级人民法院，案号：（2018）京民终 18 号。

随着社会情况的发展和司法实践的完善，2018 年 1 月 16 日，最高人民法院发布《关于审理涉及夫妻债务纠纷案件适用法律有关问题的解释》（以下简称夫妻债务解释，目前已失效），修正了《最高人民法院关于适用〈中华人民共和国婚姻法〉若干问题的解释（二）》第二十四条的部分规定，就夫妻共同债务认定问题做了进一步明确。《民法典》吸收“夫妻债务解释”的内容，对夫妻共同债务的认定方法作出规定。

接下来我们对大家平时比较关心的几个夫妻债务问题一一进行分析。

## 哪些债务是夫妻共同债务

我国实行的是夫妻婚后收入共同所有制，也就是说夫妻双方如果没有例外约定，那么任何一方在婚后挣的工资、奖金、劳务报酬，生产、经营和投资收益这些财产，都归夫妻双方共同共有。财产上既然共有，二人婚后为了家庭生活、共同经营产生的债务，自然也应当共同承担。

我们可以把婚姻理解成合伙，生活中我们常常跟朋友合伙做生意，既然是合伙，就意味着收益共享、风险共担；从财产的角度去理解婚姻，婚姻又何尝不是男女双方的“合伙”，两人合伙共同生活，收益上共享，债务上共担。

到底哪些债务是共同债务，需要由夫妻双方共同偿还？

《民法典》第一千零六十四条的规定如下：

夫妻双方共同签名或者夫妻一方事后追认等共同意思表示所负的债务，以及夫妻一方在婚姻关系存续期间以个人名义为家庭日常生活需要所负的债务，属于夫妻共同债务。

夫妻一方在婚姻关系存续期间以个人名义超出家庭日常生活需要所负的债务，不属于夫妻共同债务；但是，债权人能够证明该债务用于夫妻共同生活、共同生产经营或者基于夫妻双方共同意思表示的除外。

上述法律条文的内容，总结如下：

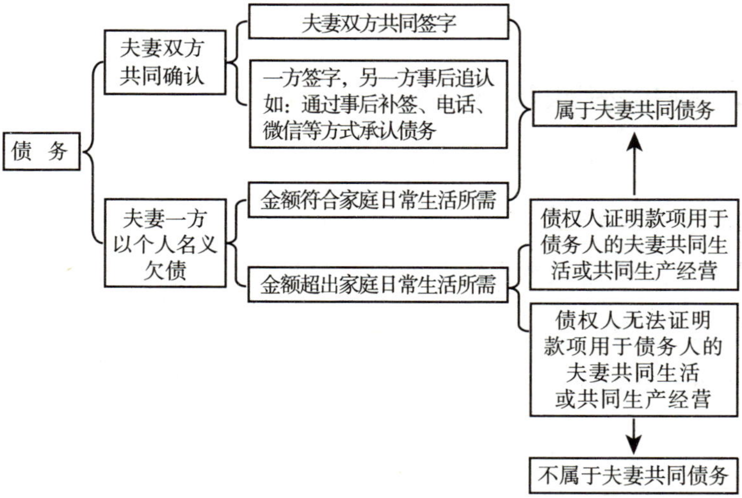


总之，夫妻共同债务强调的是共同性，要么夫妻二人都签字，或者一方签字另一方通过补签字、手机短信、微信、电话等方式事后追认；要么所借款项用于家庭日常生活，比如用于生活中的必要开支，包括衣食住行、医疗保健、交通通信、文娱教

育、子女抚养、老人赡养等，这些情形下的债务就属于夫妻共同债务。当然，具体认定中要结合债务金额、举债次数、债务用途、家庭收入状况、消费水平、当地经济水平等因素进行综合判断。

婚姻关系存续期间，夫妻一方没有经过另一方同意所借的大额债务，也没有用于家庭日常生活和共同经营活动的，则是借款人的个人债务，不能要求配偶共同承担。

一般来说，以下债务属于夫妻一方的个人债务：

（1）一方所借的超出家庭日常生活需要，且没有用于夫妻共同生活、共同生产经营的债务；

（2）夫妻一方与债权人明确约定为个人债务的；

（3）夫妻对婚姻关系存续期间所得的财产约定归各自所有的，夫或妻一方对外负债，债权人知道该约定的；

（4）夫妻一方与第三人串通、虚构的债务；

（5）夫妻一方在从事赌博、吸毒等违法犯罪活动中所负的债务。

## 个人财产会因夫妻共同债务被执行吗

### 案例 4-6-2

丁女在结婚之前打算买房，找父母拿了一些钱，加上自己工作多年的积蓄，支付全款购买了一套房产，登记在自己名下。后来丁女和张男结婚，婚后张男做生意需要启动资金，便向银行申请贷款，贷款时银行要求张男和配偶丁女共同签字，一共贷了50万元。

后来因市场环境问题，生意推进并不顺畅，没能按照合同偿还贷款。张男和丁女被银行起诉要求还款，银行胜诉后向法院申请执行，查询到丁女名下有一套房产，进而要求将房产执行还债。

此时，丁女提出异议，认为50万元债务是丁女和张男的婚后共同债务，而房产是丁女在婚前支付全款购买，并登记在自己名下，属于自己的婚前财产，因此不能将自己的婚前财产强制执行用于偿还婚后债务。丁女的说法能否成立？

关于本案的分析：

丁女和张男共同签字向银行借款，毫无疑问，借款属于两人的夫妻共同债务。

既然是夫妻共同债务，就意味着两人需要承担连带偿还责任。

所谓连带偿还责任，就是说银行可以找张男或者丁女任何一人要求清偿全部债务；至于张男和丁女他们之间关于债务的承担比例有没有约定、怎么约定的，均与银行无关；同时，张男或丁女是用自己的婚前个人财产还款，还是用两人的婚后财产还款，也与银行无关。毕竟，偿还债务本就是张男和丁女的责任。

本案中，银行了解到丁女名下有一处房产，进而向法院申请执行这套房产来偿还债务，完全是可以的。

例如，沧州市新华区人民法院审理的（2016）冀0902执异字第40号执行案件，针对被执行人提出的异议，法院裁定意见如下：

异议人（被执行人）李某以法院查封的是她自己所有的婚前房屋，而债务是婚后所借为由，提出异议。法院认为：属于被执行人个人所有的合法财产，无论是婚前财产还是婚后财产，均为被执行人偿还债务的被执行的财产。异议人李某作为案件被执行人，在法律文书规定的期限内未履行法律义务，人民法院依据发生法律效力的法律文书，对异议人（被执行人）李某合法所有的财产进行查封，并无不当，符合法律规定。

讲到这里，有较多婚前财产的人应当意识到，选择结婚对象时要关注对方的职业和债务风险，如果对方是创业人士或者从事债务风险较高的项目，结婚之后难免要继续贷款或者产生其他债务风险，而这些债务最终被认定为夫妻共同债务的话，就意味着自己的婚前财产也将被置于偿债风险之下，如果债务过大，自己的财产损失将不可估量。因此有必要通过资产代持、大额保单、家族信托等方式提前做一些资产的规划工作。

### 案例 4-6-3

张男和丁女结婚三十多年，事业有成。儿子张小丁近年创业，开办了一家科技公司，工作较忙。张男考虑到自己的年龄和健康问题，想把手上的各项财产逐步移交给儿子。

在一次银行和保险公司联合举办的客户活动中，张男了解到年金保险可以作为对子女进行财富赠与的金融工具，于是年交 300 万元，分三次交费，以儿子为被保险人投保了一份大额年金保险。

保险合同成立五年后儿子可以每年领取不菲的保险金直至身故。

这份保险投保两年后，儿子张小丁的公司因经营不善陷入债务困局，张小丁作为两笔债务共280万元的担保人也被起诉要求还债。张小丁的银行账户被冻结、名下的一辆宝马车也被用于拍卖还债，但仍有约80万元债务未能偿还。

在案件处理过程中，债权人曾提出要求张小丁用其名下的大额保单、基金等金融财产还债；涉及张男为张小丁购买的这份年金保险时，因保单的现金价值权益归属于投保人张男，张小丁作为被保险人享有的是依约领取保险金的权利，保单本身并不是张小丁的财产，因此债权人无权要求强制执行这份保单用于还债。

这便是保险合同的特殊架构所带来的功能，尤其在年金保险中，父母作为投保人，子女作为被保险人的投保方式，可以使得子女能够按照合同持续领取保险年金，也可以抵御子女的婚变和负债对保单本身带来的影响。

## 离婚后还会因婚内的债务被追债吗

### 案例4-6-4

张男和丁女结婚两年后开始创业，因启动资金不足向银行申请贷款50万元，贷款时银行要求张男和丁女共同签字。后来两人因感情出现问题而协议离婚，在离婚协议中约定向银行贷款的50万元，实际用于张男的生意周转，因此由张男负责偿还，与丁女无关。

那么，如果二人离婚后，张男没能按时偿还贷款，银行起诉时能否起诉丁女？如果起诉了，丁女能否以离婚协议的约定为由拒绝向银行还款？

先说结论：

第一，即便丁女和张男离婚，银行也可以同时起诉丁女要求还款。

因为50万元债务是丁女和张男在婚姻关系存续期间共同签字确认的，因此是他们的夫妻共同债务，二人需对债务承担连带清偿义务。也就是说，银行可以要求张男或丁女任何一个人偿还全部债务。既然欠债，便应当偿还，即便二人后来离婚，偿还债务的责任并不会因为当事人的离婚而免除。实践中，银行起诉时当然会同时起诉张男和丁女。

退一步说，即便当初贷款时，丁女并没有在贷款合同上签字，但因为债务是在丁女和张男的婚姻关系存续期间发生的，银行也同样可以将他们二人作为被告起诉，经过法院审理，债务能否最终被认定为夫妻共同债务，进而判令二人连带还款，那是另外一回事，并不影响银行在起诉时同时将张男和丁女列为被告的权利。

第二，丁女和张男的离婚协议仅对他们夫妻双方有效，离婚协议不能成为丁女拒绝还款的理由。

丁女和张男在离婚协议中约定，50万元银行贷款由张男来偿还，与丁女无关。这是夫妻双方在离婚时关于债务的处理，在内部对他们二人具有约束力。

但事实上，贷款合同由张男和丁女共同签字，是共同债务，二人需要承担连带还款责任。张男和丁女内部约定由谁实际还款，对于外部的债权人银行来说，并没有约束力，银行照样可以要求张男或丁女任何一人来偿还贷款。如果张男名下确实没有可供还款的财产，而丁女名下有存款、房产等财产，银行便可以向法院申请执行丁女名下的财产。丁女的财产被执行用于还债之后，丁女可以依据她和张男签订的离婚协议向张男追偿，要求张男归还替其偿还的款项。

因此，只要债务被认定属于夫妻共同债务，即便双方已经离婚，离婚时也已经对当初的夫妻共同财产作了分割，对婚内产生的债务也作了分配，债权人仍然可以要求男女双方偿还债务；其中一方偿还了共同债务后，可以根据他们当初签订的离婚协议或者法院的离婚调解书，向另一方追偿[①]。

## 通过离婚“避债”是否可行

### 案例 4-6-5

张男和丁女是夫妻关系，婚后育有一子，两人共同创办了一家贸易公司，张男主外经营市场，丁女主内负责管理。经营过程

① 参见《最高人民法院关于适用〈中华人民共和国民法典〉婚姻家庭编的解释（一）》第三十五条，当事人的离婚协议或者人民法院生效判决、裁定、调解书已经对夫妻财产分割问题作出处理的，债权人仍有权就夫妻共同债务向男女双方主张权利。一方就夫妻共同债务承担清偿责任后，主张由另一方按照离婚协议或者人民法院的法律文书承担相应债务的，人民法院应予支持。

中张男对公司的多笔贷款共约500万元均以股东身份提供了连带责任保证。后来因市场环境变化，公司经营出现问题，几笔贷款均出现了逾期，如果到时无法还款，将会被银行起诉进而强制执行公司财产以及张男的家庭财产。

为了保障丁女和儿子的生活不受影响，张男试图通过跟丁女离婚，将现有的夫妻共同财产绝大部分分给丁女的方式，来使丁女免受债务的影响。

问题是，这种通过离婚逃债的方法是否可行？

照样先说结论：不可行。

第一，离婚后，男女双方仍需对夫妻共同债务承担还款责任。

本案中贸易公司由张男和丁女共同创办，两人共同经营，贷款由张男提供保证并用于公司经营，如果银行起诉并提交充分证据的话，500万元贷款将被认定为张男和丁女的夫妻共同债务。

前文已经分析过，对于夫妻共同债务，即便离婚，离婚后银行作为债权人仍然有权要求张男和丁女承担连带还款责任。因此，这种情形下，离婚并不能起到逃避债务的作用。

第二，若有大额债务到期未还，离婚时将全部或绝大部分财产分给配偶，这种转让财产的行为可以被撤销。

假设本案中公司由张男和其他人创办并经营，丁女不是股东，也没有参与公司经营，经过法院审理，张男担保的500万元债务被认定为张男的个人债务。这种情形下，张男与丁女在离婚协议中约定家庭的全部或绝大部分财产都分给丁女，并办理了离婚手续和财产过户手续，这样能否使丁女分得的财产不被追债？

笔者认为：张男通过离婚协议，约定夫妻共同财产的全部或绝大部分归非债务人即丁女所有，这种约定相当于张男无偿转让了婚姻中应属于自己的那部分财产给丁女。如果张男名下没有其他财产可用于偿还债务，那么这种行为就侵害了债权人即银行的利益。银行在规定期限内，可以向法院申请撤销张男这种无偿转让财产的行为①。也就是说，夫妻共同财产中应当属于张男的部分，可以被用于偿还张男所负的债务。

深圳市中级人民法院在其《关于审理婚姻家庭纠纷案件的裁判指引》中也作了相关规定，具体如下：

> 四十、夫妻离婚协议中约定夫妻共同财产全部或者绝大部分归一方所有，若不分或者明显少分夫妻共同财产的一方在婚姻存续期间存在个人债务，债权人有权向人民法院起诉请求撤销该离婚协议中的财产分割部分；若夫妻双方在婚姻存续期间存在共同债务，债权人有权向人民法院起诉请求夫妻双方连带偿还有关债务。②

附上一则司法判例供大家参考。案例中，债务人徐某在需偿还大额债务的情况下，签订离婚协议将夫妻财产全部给了配偶和

---

① 参见《民法典》第五百三十八条，债务人以放弃其债权、放弃债权担保、无偿转让财产等方式无偿处分财产权益，或者恶意延长其到期债权的履行期限，影响债权人的债权实现的，债权人可以请求人民法院撤销债务人的行为。

② 载于 https://www.szcourt.gov.cn/article/30002445，2021 年 12 月 1 日最后访问。

子女，导致自己没有财产可用于还债，债权人起诉申请撤销离婚协议中的财产分割内容，得到法院支持。

### 案例 4-6-6[①]

被告徐某在2016年5月20日向徐甲、姚乙出具承诺书，承诺替债务人常丙担保2950000元的情况下，于同年6月2日与被告李某达成离婚协议，将两人共同所有的即本案案涉六套房产予以处分，其中四套归李某所有，两套归两人的子女小徐所有。

徐某在明知有2950000元担保债务的情况下，在该离婚协议关于其是否负有债务问题上表述为无其他债务，并约定夫妻财产全部归李某及小徐所有。徐某无偿放弃婚内财产份额，客观上减少了徐某作为债务人的责任财产，应认定为无偿转让财产。

现原告与被告徐某的保证合同纠纷案件已进入执行程序，但至今尚未执行完结，导致原告债权至今无法实现，应认定对原告的债权造成了损害。故原告主张要求撤销被告徐某与李某2016年6月2日离婚协议中关于“房产处理”的行为，理由正当，法院予以支持。

同时，法院针对本案对离婚财产分割时照顾子女和女方利益的原则进一步阐述如下：我国婚姻法关于分割夫妻共同财产应照顾女方及子女利益原则的规定，是根据妇女、未成年人处于相对弱势的地位而对其给予特殊的合法保护，并非在自身债务未偿还的情况下，通过无偿转让财产等不合法的方式进行保护。

① 审理法院：沈阳市中级人民法院，案号：（2020）辽01民终3546号。

## 离婚协议中债务分担条款怎么写

双方协议离婚的，可以通过离婚协议对子女抚养、财产分割和债务分担等问题进行约定。对于债务问题，两人共同确认的债务，以及用于共同生活、共同经营的债务，属于夫妻共同债务，两人应当共同偿还，即便离婚，也一样需要承担连带偿还责任。

但是，既然是协议离婚，就意味着双方可以自由约定债务的分担方式，比如约定双方各自承担的比例，甚至可以约定全部由一方承担，另一方不用偿还。

双方可以在离婚协议中明确列出有哪些债务，债权人是谁，金额和利率是多少，还款期限截至何时等内容；同时对债务的分割方式进行约定，哪笔债务由谁承担，双方债务承担比例；等等。只要双方能够达成一致意见，债务的分担方式就依双方的协商结果而定。

除此之外，还应当注意避免自己在不知情的情况下“被负债”。

### 案例 4-6-7

丁女和张男是夫妻关系，丁女对张男的生意并不清楚，对张男在外是否欠债也不清楚。张男有大额债务未能偿还，债权人起诉要求张男还债时，将丁女作为被告一同起诉，要求法院确认是张男和丁女的夫妻共同债务，进而要求他们夫妻二人对债务承担连带偿还责任。

张男所欠的债务能否被认定为夫妻共同债务，要依据证据情况来具体判定。

如果经过审理，债务被认定为夫妻共同债务，则意味着丁女需要跟张男一同连带还债。对丁女来说，无疑与丁女所认知的真实情况以及意愿相违背，相当于丁女因张男的行为“被负债”了。

针对上述情形中的风险，建议在离婚协议的债务分割条款中增加一项关键内容，即：

除本协议已有的约定外，男、女双方确认在婚姻关系存续期间无任何其他共同债务。若一方尚有债务未在本协议中进行说明，无论是婚前还是婚后产生，在谁的名下则由谁全额承担，与另一方无关。另一方若因法院判决或调解等司法程序确认需对外共同承担以上债务的，则在己方偿还后有权就自己承担的全部债务向另一方追偿，另一方应在收到通知后的________日内一次性支付完毕，逾期支付的每逾期一日按照________‰承担逾期责任。

这则条款的意义在于，即便配偶以个人名义所负的债务被法院认定为夫妻共同债务，导致自己也承担了还款责任，还可以依据离婚协议中的这则条款向原配偶进行追偿，最大限度地弥补自己的财产损失。

## 关于应对婚姻债务风险的几项建议

1. 要了解哪些是夫妻共同债务，哪些是一方的个人债务，并注意避免“被负债”

掌握一个原则，夫妻双方都同意的债务，以及即便一方不知晓但用到夫妻共同生活或共同生产经营的债务，是夫妻共同债务。

既然如此，对于一些大额债务需要自己和配偶都签字时，要想清楚签还是不签，一旦签字就意味着自己也确认了这笔债务，当然要对这笔债务承担责任；生活中突然接到催债电话或短信，如何回复很重要，“好的，我知道，我们会按期还”“别催了，下个月就还你”，这些回复表明了自己知道并且答应偿还债务，即便当初没有在借款协议上签字，债务也会因为事后的追认而被认定为夫妻共同债务。

因此，对于超出自己能力范围的债务，谨慎签字；对于自己不知道、不清楚的催债信息，谨慎回复，避免“被负债”。

2. 要有证据意识，关键时候证据能够定胜负

仅夫妻一方签字确认的债务，能否被法院认定为夫妻共同债务，关键在于债务款项的用途，如果用于夫妻共同生活、共同生产经营，那么它便是夫妻共同债务，需要两人共同承担。

如果你想让它成为夫妻共同债务的，就得拿出证据证明钱花到了家庭生活和夫妻共同生产经营上，银行转账记录、购物清单、相关聊天记录等，都是证据。

如果你想反驳，说明债务款项根本没有用到共同生活中，就

得拿出证据证明家庭的收入状况、消费水平、实际开支情况等事实，尤其需要证明自己的收入足以覆盖家庭生活所需，并且自己的收入确实已经用到了家庭生活上。

总之，有婚姻债务风险的人，在生活中要做个有证据意识的有心人。

3. 万一不巧遇到“不靠谱”的配偶，财产协议也很必要

一般情况下，婚姻财产协议仅在夫妻双方内部有效，如果外部债权人不知道该协议，对债权人是没有约束力的。即便如此，通过一份财产协议明确约定“谁欠的债由谁承担，与另一方无关”，起码也给自己留下万一“被负债”时向对方追偿的权利。

4. 可以提前配置大额保单，打造安全现金流

结婚前已有部分存款的，为防止婚后债务连带影响到自己的婚前财产，可以在婚前配置大额年金保险，比如让自己的父母作为投保人，自己作为被保险人，这样的投保架构，可以避免保单因被保险人的债务而被强制执行，同时年金保险还可以为被保险人的婚后生活提供持续现金流。

当然，结婚之后投保，为了打造安全现金流，以债务风险较低的父母作为投保人也是可以的。

例如，张男和丁女婚后创业，担心创业失败影响家庭财产安全，那么可在创业之初提前布局，配置安全资产。现金价值较低的重大疾病保险、传统寿险等，因其体现对生命和身体的保障，安全性更优；保单现金价值较高的年金保险，若投保人负债，保

单可以作为投保人的责任财产被用于偿还债务。因此，张男和丁女配置理财属性突出的大额保单时，可以选择债务风险低且与他们夫妻二人没有债务连带关系的人作为投保人，比如张男或丁女的父母；这样，当张男和丁女发生债务风险时，以父母作为投保人的大额保单可免予执行还债，相当于危难之时为家庭保留了一笔安全资金。

**本节总结**

**离婚时债务如何承担**

- **哪些债务是夫妻共同债务**
  1. 夫妻一方在婚后为家庭日常生活需要所负的债务
  2. 夫妻双方都签字，或一方签字另一方事后通过短信电话等方式追认的债务
  3. 夫妻一方个人所负的大额债务，债权人证明用于债务人的夫妻共同生活或共同经营的债务
- **个人财产会因夫妻共同债务而被用于还债吗**
  1. 夫妻共同债务，意味着夫妻二人需要承担连带偿还责任
  2. 一方的个人财产也属于其责任财产，应当用于偿还婚后共同债务
- **离婚后还会因婚内的债务被追债吗**
  1. 离婚与否，与债务承担没有关系
  2. 离婚后也应当继续偿还夫妻共同债务
- **通过离婚“逃债”是否可行**
  离婚时将共同财产绝大部分或全部分给配偶，相当于无偿转让了自己对夫妻共同财产的份额，如果该行为侵害到债权人的利益，债权人可要求法院撤销该无偿转让行为
- **离婚协议中债务分担条款怎么写**
  1. 明确列明各项夫妻共同债务和离婚后的承担方式
  2. 强调除了离婚协议中已约定的外，没有其他共同债务；若自己因另一方所欠的债务承担责任的，可以向另一方追偿
- **关于应对婚姻债务风险的几项建议**
  1. 要了解哪些是共同债务，哪些是个人债务，避免盲目签字或追认
  2. 要有证据意识
  3. 也可签订财产分别所有、债务各自承担的婚姻财产协议
  4. 配置大额保单，打造安全现金流

# 子女抚养篇

# 第五章　婚姻的结晶——孩子不该受伤害

## 第一节　子女的抚养权问题

### 为了不伤害孩子，离婚好还是凑合好

很多夫妻吵架都会说：要不是为了孩子，早就不和你过了！以笔者团队的实务经验来讲，生活中确实有不少人对自己的婚姻早已不抱希望，但为了给子女一个所谓完整的家，希望对孩子来说家里有爸爸也有妈妈，因此选择不离婚，维持表面上看似完整的家庭，实则经历着“空壳”婚姻。

有位朋友曾用两个字描述她离婚后的感觉：“解脱！”她说自己无数次想过离婚，但又无数次决定不离，让她选择不离的原因就是觉得离婚之后孩子蛮可怜的，别的孩子家里都有爸爸和妈妈，自己孩子却要生活在单亲家庭里，担心孩子产生自卑心理，所以一直忍着。但事实上，自己与爱人早已谈不上爱，也感受不到来自对方的温暖。有一次同闺密夫妇一起吃饭，席间看到闺密的先生抬手帮闺密捋了一下散乱的头发，突然觉得心头一凉，才猛地发现这样的互动在自己和爱人之间已消失了很久。此后她又深入思考了一番，最终决定离婚，她说下定决心的那个瞬间，居然有种“解脱感”，觉得此后终于可以摆脱这种别扭的感觉，眉宇舒展

地做自己了。

我曾特意问她:“那时候不担心影响孩子了？”她说:“想通了，两个人天天在家流于形式的简短对话，孩子虽然小但很聪明，其实完全能感受到父母的状态不对，这样对孩子应该更不好。”我不禁感叹，旁人说再多也没用，自己若是想通了，道理看得比谁都透彻。

作为财富律师，笔者有一个感受，每年中考或高考完，咨询离婚和委托离婚诉讼的父母会突然多起来，因为终于“熬”到孩子考上高中或大学了，这时候离婚不至于对孩子的学业产生太大影响，于是觉得终于可以结束这段婚姻过自己的日子了。

其实，夫妻双方已经没有了爱，或者因为一方的过错已经给对方造成了伤害，另一方为了孩子，选择不离婚，但是在生活中却不停地谴责对方，甚至在孩子面前不忌讳、不回避，一有机会就翻旧账声讨；更有甚者，特意在孩子面前长期谴责诋毁对方，这更会使孩子形成敌对、仇恨、多疑以及不相信婚姻的心理。这对小孩造成的负面影响很可能远远大于父母离婚本身。

父母离婚对孩子有伤害是肯定的，只不过是程度的问题。离婚，还是虽没离婚但长期争吵相互指责或彼此冷漠，哪种情形对孩子的伤害更大？每对父母都应当去认真考虑。

更何况，虽然夫妻双方没了感情，但对孩子都有爱，即便离婚，对孩子的爱依然不变。可以告诉孩子，父母分开是因为大家选择了不同的生活方式，虽然不像以前一样住在一起，但爸爸妈妈仍然爱你。这样，父母在结束了不愉快的婚姻后，以轻松的心情保持与孩子的互动，也能把离婚给孩子造成的伤害降到最低。

总结一下，离婚或不离婚，哪种方式对孩子更好，这不是律师能够回答或帮当事人决定的，需要当事夫妻双方自己认真考虑。如果不能修复感情，那么到底是以所谓“为了孩子”的理由，去维持或争吵或冷战的婚姻，还是彼此放手用另一种方式去参与孩子的成长？这个问题，值得认真思考。

## 哪方经济条件好，就会把孩子判给哪方吗

### 案例 5-1-1

张男和丁女结婚第二年儿子张小丁出生，丁女的母亲从老家过来一同照顾。因为儿子的出生，丁女比之前更忙碌，产假结束后就回到单位上班，下班回家后要与妈妈一起照顾孩子。张男并没有过多参与到对家庭的照顾中，却也比以前更忙了，每天回家都很晚，丁女每每问起，张男都说是公司加班。两人多次争吵，感情受到影响。也尝试坐下来沟通过，但沟通后没几天又回到了之前那种彼此疲惫又经常争吵的状态。

丁女向张男提出离婚，孩子由丁女抚养。张男同意离婚，但提出孩子得由他来抚养，离婚后他会把父母从老家接来照顾孩子。孩子满 4 岁刚上幼儿园半年，自己的收入没有张男多，丁女不清楚这种情况下如果起诉到法院，法院会把孩子判给谁。

关于离婚后子女由哪一方抚养的问题，与《婚姻法》相比，《民法典》规定得相对更清晰，我们一起看一下：

《民法典》第一千零八十四条

父母与子女间的关系，不因父母离婚而消除。离婚后，子女无论由父或者母直接抚养，仍是父母双方的子女。

离婚后，父母对于子女仍有抚养、教育、保护的权利和义务。

离婚后，不满两周岁的子女，以由母亲直接抚养为原则。已满两周岁的子女，父母双方对抚养问题协议不成的，由人民法院根据双方的具体情况，按照最有利于未成年子女的原则判决。子女已满八周岁的，应当尊重其真实意愿。

可见，法院判决子女抚养问题，根本原则是结合父母双方的情况，看由哪方直接抚养最有利于未成年子女，就判决由谁直接抚养。

我们知道，能够让一个孩子健康快乐成长的，不单单取决于经济条件，还与亲子关系是否亲密和谐、抚养人能否给予更多的陪伴和关注、抚养人本身的工作情况及健康情况等因素相关。因此，决定由哪方直接抚养子女更有利于其成长，也要综合各方面因素来考量，而不是单看谁经济条件好就把孩子判给谁。

具体来说，司法实践中，一般的处理原则是：

1. 孩子不满两周岁的，一般随母亲生活

除非母亲有特殊情况实在不适合直接抚养孩子，比如：母亲患有久治不愈的传染性疾病或其他严重疾病，孩子不宜与其共同生活的；母亲有抚养条件但不尽抚养义务，而父亲要求孩子随其生活的[①]。

当然，如果父亲有抚养条件，父母双方又协商同意不满两周岁的子女由父亲直接抚养，也是可以的。

2. 父母双方对 8 周岁以上的孩子随父或随母生活发生争执的，应当考虑孩子的意见

8 周岁以上的未成年孩子，已经有了一定的辨别能力，一般能够根据自己在生活中的实际状况和感受，决定更愿意跟着哪一方共同生活。因此对于 8 周岁以上的孩子，决定由哪方直接抚养时，应当考虑孩子的个人意愿。

另外需要注意的是，并不是说只要孩子已满 8 周岁，法院就会直接依据孩子的意见判决由哪方抚养；而是当父方母方都争抚养权，并且双方都具有抚养孩子的条件时，才考虑孩子个人的意见。如果一方坚决不同意直接抚养孩子，或者虽然要求抚养，但因为工作、生活习惯或者身体健康状况明显不适合直接抚养的，即便孩子本人愿意随其共同生活，法院也不会判决由这一方抚养。

① 参见《最高人民法院关于适用〈中华人民共和国民法典〉婚姻家庭编的解释（一）》第四十四条，离婚案件涉及未成年子女抚养的，对不满两周岁的子女，按照民法典第一千零八十四条第三款规定的原则处理。母亲有下列情形之一，父亲请求直接抚养的，人民法院应予支持：（一）患有久治不愈的传染性疾病或者其他严重疾病，子女不宜与其共同生活；（二）有抚养条件不尽抚养义务，而父亲要求子女随其生活；（三）因其他原因，子女确不宜随母亲生活。

3. 孩子在两周岁以上 8 周岁以下的，或者虽然 8 周岁以上但对于跟谁生活没有发表意见的，法官会根据有利于孩子成长的原则，综合考虑父母双方的条件后进行判决

通常来说，在父亲和母亲双方条件都能保障子女生活教育的情况下，法院会了解平时谁对孩子照顾得比较多，孩子跟谁比较亲近，就将孩子判给谁直接抚养，也就是说会尽量维持孩子已经形成了的生活习惯和稳定的生活环境。

如果孩子与父母双方一同居住的，法院会综合考虑祖父母或外祖父母哪方平时照顾较多，离婚后哪方有能力和条件协助照顾等因素进行判决[①]。

除此之外，还有一些情况也会影响到子女由哪一方直接抚养的问题，比如：（1）父亲和母亲都要求孩子的抚养权，而其中一方已做绝育手术或因其他原因丧失生育能力的；（2）自己没有其他子女，而另一方还有其他子女的；（3）自己有条件和能力抚养孩子，而另一方虽然要求抚养权，但却患有久治不愈的传染性疾病或其他严重疾病，或者有不利于孩子身心健康的其他情形的，这些情

① 参见《最高人民法院关于适用〈中华人民共和国民法典〉婚姻家庭编的解释（一）》第四十七条，父母抚养子女的条件基本相同，双方均要求直接抚养子女，但子女单独随祖父母或者外祖父母共同生活多年，且祖父母或者外祖父母要求并且有能力帮助子女照顾孙子女或者外孙子女的，可以作为父或者母直接抚养子女的优先条件予以考虑。

况对于孩子由谁直接抚养也会产生影响[①]。

当然，在有利于保护子女利益的前提下，父母双方也可以协议轮流直接抚养子女。

经过以上分析，我们可以知道，如果丁女想争取儿子的直接抚养权，需要向法院提交能够证明由她抚养更利于儿子成长的证据，比如：丁女可以整理收集平时生活中她照顾儿子、陪伴儿子外出游玩、接送儿子幼儿园上下学的照片，上下班打卡记录（用以证明能够准时下班回家陪伴儿子），工资流水或工资证明（用以证明有经济条件抚养儿子），以及自己母亲三年多以来一直一同照顾并且能够继续照顾儿子的证据等；通过这些证据向法院证明判儿子由丁女抚养能够保持儿子生活环境和生活习惯的稳定，自己也有能力、有条件抚养儿子，并且自己母亲这边也愿意继续帮助照顾儿子，由丁女直接抚养更有利于儿子健康成长。有了这些证据，案件中丁女争取到抚养权的概率还是比较大的。

## 两个孩子，离婚时一定是一人一个吗

关于这个问题，先说结论：不一定。

---

① 参见《最高人民法院关于适用〈中华人民共和国民法典〉婚姻家庭编的解释（一）》第四十六条，对已满两周岁的未成年子女，父母均要求直接抚养，一方有下列情形之一的，可予优先考虑：（一）已做绝育手术或者因其他原因丧失生育能力；（二）子女随其生活时间较长，改变生活环境对子女健康成长明显不利；（三）无其他子女，而另一方有其他子女；（四）子女随其生活，对子女成长有利，而另一方患有久治不愈的传染性疾病或者其他严重疾病，或者有其他不利于子女身心健康的情形，不宜与子女共同生活。

前面我们分析过，法院判决子女抚养问题时依据的原则是要最有利于子女的成长。

如果有两个孩子，判父母双方一人直接抚养一个最有利于子女成长的话，就会判一人一个；如果其中一方有明显不利于子女成长的因素，比如患有久治不愈的传染性疾病或其他重大疾病、有赌博酗酒等恶习，或者常年外地出差无暇照顾子女等，即便是有两个子女甚至更多，也不应当判子女跟随其共同生活。

在笔者团队过往代理的一起离婚纠纷中，当事人夫妻双方有两个女儿，都正在读小学，夫妻双方都要求两个孩子的直接抚养权。我们代理女方，向法院提交了多组证据，用于证明两个孩子由女方直接抚养，男方支付抚养费的方式更有利于孩子的成长，最终法院支持了我们的诉求，将两个孩子都判给女方抚养。

法院判决的出发点是要最有利于子女的成长。到底怎样判才最有利于子女成长，需要综合多种因素考虑，而不单单是考虑经济条件、子女性别等个别因素。

我们一起看一个案例。法院在判决书中对两个子女由谁抚养更适合的问题阐述得非常清楚，说理也非常透彻。

## 案例 5-1-2[①]

男方杨某、女方徐某结婚后育有一儿一女。两人在 2011 年 9 月发生争执后，女方带着儿子回娘家居住，在娘家居住期间发现

① 审理法院：河南省新乡市中级人民法院，案号：（2016）豫 07 民终 1714 号。

怀孕，后继续居住且在娘家居住期间女儿出生，这样，两个孩子均跟随女方在其娘家共同生活。

两人分居期间，女方先后两次起诉到法院要求离婚，法院基于男方的要求和考虑到两个子女抚养的需要，都判决不准离婚。期间，女方一直带着两个孩子在娘家生活。2015年9月，女方第三次提起离婚诉讼，男方同意离婚。但双方对子女的抚养问题存在分歧。

案件经历一审和二审，法院判决两个孩子归女方直接抚养。

一审法院认为：通过本案的庭审以及书面和口头的调解，双方均系真心想抚养子女，也相信无论由谁抚养子女都会尽心地、全心全意地对待子女。但抚养子女并不是权利，而是一种义务，在获得抚养权的同时意味着要尽心地照顾和抚育子女，让其能够安全、健康地成长。

法院在处理双方离婚问题时，关于由谁抚养子女，要综合考虑双方的条件和环境是否对子女的身心健康成长和学习更为有利，而并非有两个子女的话，必须平均分配给父母进行抚养，如子女现在生活条件较为稳定的话，以不改变现有的生活条件和生活、学习环境为前提进行处理。

在本案中，婚生女儿自出生后一直住在女方娘家，从未见过自己的父亲，贸然改变其生活的环境，让其重新去适应一个陌生的环境，对其成长极为不利。且作为女儿，随着年龄的成长和身体的发育以及思想的变化，由其母亲抚养和照顾更为有利，故法院认为婚生女儿应由女方抚养。

婚生儿子出生于男女双方关系尚好的阶段，在男方家一直生活至2011年9月；作为男孩，随着年龄的增长和身体的变化，本由男方抚养为宜，也能减轻女方单独抚养子女的压力。但是在男女双方分居后，儿子一直随母亲即女方生活在女方娘家，由女方抚养照顾，上学也是由女方安排在城区，其已经适应目前的学习和生活环境。虽其年龄已经较大，具备了一定的自主和适应的能力，但是如现在变更其成长、学习的环境，也不利于其的健康成长。且在法院询问其本人的时候，其也明确表示目前不愿意同父亲一起生活。女方的母亲也向法院明确表示愿意帮助女方照顾两个子女，故男女双方的儿子也由女方抚养，对其学习成长有利。

最后，一审法院判两人的一儿一女都由女方抚养。男方不服，提起上诉，要求二审法院改判儿子由其直接抚养。

二审法院认为：本案中，双方婚生儿子自2011年9月男女双方分居后，就一直随女方生活在其娘家，由女方抚养照顾，并在城区安排其上学，其已经适应了目前的生活、学习环境，如现在改变其生活、学习环境，将不利于未成年人的健康成长，故原审判决双方婚生子由女方直接抚养并无不当，男方要求改判儿子由其直接抚养的上诉请求不能成立，法院不予支持。

## 离婚后，还能变更子女的抚养权吗

**案例 5-1-3**

张男和丁女结婚第二年儿子张小丁出生，在张小丁 9 岁时两人因感情不和离婚。

离婚时张男坚持要求儿子的抚养权，当时丁女考虑到因自己多年没有参加工作，刚找到的那份文员工作薪水又比较低，担心自己不能给儿子提供较好的生活，于是同意由张男直接抚养儿子。

离婚两年后张男再婚，婚后与配偶又生育了一个女儿。丁女担心张男组建新家庭后对儿子的关爱变少，探望儿子时会了解儿子的生活情况，儿子也表达出愿意随母亲生活的想法。丁女认为，离婚后这两年她工作比较顺利，工资也比以前高了很多，近期也没有再婚的打算，目前已经有条件更好地照顾儿子。于是丁女与张男商量，希望能由自己抚养儿子，张男每月支付抚养费，张男不同意，仍然认为儿子应由其抚养。

如果丁女想变更儿子的抚养关系，是否可以，该如何做？

生活中很多人认为，经过双方签订离婚协议或者法院判决之后，孩子的抚养问题已经确定，以后就不能再变更了。其实并不是这样。

关于子女的抚养问题，法院一直围绕“最有利于子女成长”的原则进行处理，判决生效后，如果直接抚养子女的一方，实际情况发生变化确实不适合再抚养子女的，另一方可以要求变更子女的抚养权。

《最高人民法院关于适用〈中华人民共和国民法典〉婚姻家庭编的解释（一）》第五十六条中就规定，具有下列情形之一，父母一方要求变更子女抚养关系的，人民法院应予支持：

（1）与子女共同生活的一方因患严重疾病或者因伤残无力继续抚养子女；

（2）与子女共同生活的一方不尽抚养义务或有虐待子女行为，或者其与子女共同生活对子女身心健康确有不利影响；

（3）已满 8 周岁的子女，愿随另一方生活，该方又有抚养能力；

（4）有其他正当理由需要变更。

具体到本案中，张男再婚且又育有一女，丁女离婚后一直没有再婚，工作逐渐顺利，收入也提高了，关键是儿子目前 11 岁，又明确表示愿意跟随丁女共同生活，这将是丁女争取儿子抚养权的有利因素。

丁女可以与张男先行协商，协商不成时向法院起诉要求变更儿子的抚养关系，届时丁女向法院提交相关证据证明自己具有直接抚养儿子的条件和能力，并且儿子本人愿意随丁女共同生活。本案这种情形中丁女的诉讼请求一般来说会得到法院的支持。

需要提醒的是，夫妻双方协议离婚或通过法院调解离婚时，对于子女的抚养问题要考虑清楚，一旦商量好了子女由哪一方直接抚养，进而在离婚协议或者法院的离婚调解书中确定了下来，如果没有充足的理由，很难要求法院再判决变更子女的抚养关系。尤其是为了快点离婚而在子女抚养问题上暂时妥协的人，如果离婚后短时间内又因为想孩子、担心孩子跟另一方生活不快乐等原因后悔了，想要回孩子的直接抚养权，如果对方不同意，仅凭这些理由是不会得到法院的支持的。

**本节总结**

子女的抚养权问题

- 为了不伤害孩子，离婚好还是凑合好
  - 以“为了孩子”这一理由，去维持一份或争吵、或冷漠的婚姻，是否真的有利于子女成长，值得认真思考
- 哪方经济条件好，就会把孩子判给哪方吗
  1. 离婚时，经济条件不是决定孩子由哪一方直接抚养的唯一因素
  2. 不满两周岁的子女，一般由母亲直接抚养
  3. 已满两周岁的子女，父母双方对抚养问题协议不成的，法院根据双方的具体情况，按照最有利于未成年子女的原则判决
  4. 子女已满8周岁的，应当尊重子女的真实意愿
- 两个孩子，离婚时一定是一人一个吗
  1. 父母双方同意一人抚养一个的，按双方意见处理
  2. 不同意一人抚养一个的，法院依据最有利于未成年子女的原则判决
- 离婚后，还能变更子女的抚养权吗
  1. 如果发生特定情况，有必要变更子女抚养关系的，可以变更
  2. 有以下情形时，法院会准予变更子女的抚养关系：
     与子女共同生活的一方因患严重疾病或因伤残无力继续抚养子女
     与子女共同生活的一方不尽抚养义务或有虐待子女行为
     8周岁以上未成年子女，愿随另一方生活，该方又有抚养能力的
  3. 确定子女抚养关系后，短期内又反悔的，若无正当理由，法院一般不予支持

# 第二节　子女的财产权

## 抚养费争取攻略

### 案例 5-2-1

张男和丁女结婚第二年儿子张小丁出生，后来两人因为子女教育观念不同，常常发生争吵，加之张男忙于事业，对家庭的照顾也比较少，两人感情出现裂痕，修复无果，丁女提出离婚，张男同意。此时儿子张小丁刚满8岁，正读小学，两人在协商儿子的抚养费时又出现分歧，张男认为丁女提出的抚养费要求过高，占到自己每月工资的三分之一，不同意支付这么多。丁女则认为，这个标准是她在对平时花在儿子身上的开支进行测算后提出的，并不算高。

两人争执不下起诉到法院，法院会如何处理？

我国《民法典》规定，离婚后，子女由一方直接抚养的，另一方应当负担部分或者全部抚养费，负担费用的多少和期限的长短，由双方协议；协议不成的，由人民法院判决。

可见，关于子女抚养费的问题，首先由夫妻双方协商，若能对抚养费的金额、双方的承担比例以及具体支付方式等问题协商一致，就按照双方的协商意见执行；如果不能协商一致，则由法院进行判决。

1. 抚养费的构成

通常来说，“抚养费”包括子女生活费、教育费、医疗费等费用[①]。

生活费，比如用在子女身上的衣、食、住、行等费用；现在很多父母尤其是母亲喜欢给孩子买款式新颖的衣服，在孩子饮食上也非常讲究，餐具和食品本身都非常注重品牌和健康，所以子女的生活费确实比上一代人要高很多。

教育费，包括上学的各种费用以及子女参加课外辅导班、兴趣班的培训费用等。实务中，要求对方支付这类费用的一方，一般需要提交过往支付费用而产生的发票、收据、转账记录等相关证据来说明支出的必要性与费用标准。

医疗费，偶发的医疗费其实占不到抚养费的多大比例，法院在判决抚养费时会将此类医疗费考虑在内，如果是子女本身患有需要定期治疗的疾病，则需要提交相关证据，这种情况下医疗费才会对抚养费的金额产生较大影响。

2. 抚养费的数额标准[②]

法院确定抚养费的数额，要考虑三个因素：（1）子女的实际需

---

① 参见《最高人民法院关于适用〈中华人民共和国民法典〉婚姻家庭编的解释（一）》第四十二条，民法典第一千零六十七条所称“抚养费”，包括子女生活费、教育费、医疗费等费用。

② 参见《最高人民法院关于适用〈中华人民共和国民法典〉婚姻家庭编的解释（一）》第四十九条，抚养费的数额，可以根据子女的实际需要、父母双方的负担能力和当地的实际生活水平确定。有固定收入的，抚养费一般可以按其月总收入的百分之二十至三十的比例给付。负担两个以上子女抚养费的，比例可以适当提高，但一般不得超过月总收入的百分之五十。无固定收入的，抚养费的数额可以依据当年总收入或者同行业平均收入，参照上述比例确定。有特殊情况的，可以适当提高或者降低上述比例。

要;（2）父母双方的负担能力;（3）当地的实际生活水平。

比如，即便父亲或母亲某一方收入远高于当地平均收入水平，法院一般情况下仍会根据子女实际生活需要判决，而并不会因为不直接抚养子女的一方收入高，就判他支付过高抚养费。

一般来说，不直接抚养子女的一方，抚养费大致占到其每月固定收入的 20% 到 30%，负担两个以上子女抚养费的，比例可以适当提高，但一般不超过月总收入的 50%。这里的比例是基本参考，并不是说必须按照这个标准判决。例如上面提到的一方收入非常高，按照这个标准计算远远超过了子女实际需要的，法院会参照实际需要确定抚养费的金额，而不绝对按照每月固定收入的 20% 到 30% 这个比例去判。

如果没有固定收入，确定抚养费金额时会依据其当年的总收入或同行业平均收入来计算。

实务中，作为直接抚养子女的一方，要求对方支付抚养费的，需要收集整理能够证明子女实际需要的证据提交给法院，比如日常为子女购买衣服、食物、玩具，为子女支付课外辅导和兴趣班等费用的相关证据，发票、购物明细、转账记录等。这样才能最大限度地争取到相应的抚养费，而不必然局限于对方每月固定收入的 20% 到 30%。对于上述案例中的丁女来说，也是同样道理。

3. 离婚时可以要求对方一次性支付抚养费吗?

抚养费的支付方式一般是定期支付，比如按月支付、按季度支付，也有每半年、每一年支付一次的。比较常见的是这种定期支付方式，如果条件允许，也可以一次性给付抚养费。

常常有客户担心离婚后对方不按时支付抚养费，或者对方因为经济条件变差而不能持续支付抚养费，又或者不想因为每次催抚养费而与对方产生牵扯，于是提出对方在离婚时一次性支付抚养费的要求。最高人民法院在《关于适用〈中华人民共和国民法典〉婚姻家庭编的解释（一）》第五十条中也确实规定，抚养费应当定期给付，有条件的可以一次性给付。

具体到实际案件中，是否采用一次性支付的方式，法院要看不直接抚养子女一方的实际支付能力以及意愿，如果对方同意离婚时一次性支付抚养费，法院当然会允许。

但是，如果对方明确表示不同意一次性支付，或没有条件一次性支付抚养费，一般来说，法院判决一次性支付的可能性不大。

### 确定了抚养费之后，可以要求增加吗

夫妻双方离婚时，确定了子女抚养费的支付标准，离婚后因物价上涨等因素，原抚养费金额确实不足以抚养子女的，直接抚养子女的一方可以代理子女，要求增加抚养费，若与对方不能协商一致，则可以到法院起诉。

一般来说，具备以下情形，且不直接抚养子女的一方有支付

能力的，法院会判决增加抚养费[①]：

（1）原定抚养费数额不足以维持当地实际生活水平的；

（2）因子女患病、上学，实际需要已超过原定数额的；

（3）有其他正当理由应当增加的，比如直接抚养孩子的一方因债务、健康等问题收入锐减的。

再次强调，凡是诉讼，都需要提交证据证明自己的主张。起诉要求增加抚养费，得向法院证明目前的抚养费标准低了，不能满足子女的实际需求。

另外需要提醒的是，生活中常常有人为了快速离婚，在财产分割或子女抚养问题上暂时做出让步，离婚后又后悔，于是又起诉要求重新分割财产，或变更子女抚养权，或增加抚养费，这种情况下很难得到法院的支持。原因是，离婚时双方对于财产分割、子女抚养等问题应当是经过深思熟虑和慎重考量的，双方协商取得一致意见后，达成了离婚协议或离婚调解书，就应当受到协议的约束；如果没有合理理由，离婚不久又反悔而起诉的，基于诚实信用原则和对双方的公平，法院一般不会支持。

作为具备完全民事行为能力的人，在协议上签字就意味着自己对协议内容认可，就需要受到协议的约束，按照协议的内容去履行相关义务。全面考虑，慎重签字。

---

① 参见《最高人民法院关于适用〈中华人民共和国民法典〉婚姻家庭编的解释（一）》第五十八条，具有下列情形之一，子女要求有负担能力的父或者母增加抚养费的，人民法院应予支持：（一）原定抚养费数额不足以维持当地实际生活水平；（二）因子女患病、上学，实际需要已超过原定数额；（三）有其他正当理由应当增加。

## 离婚协议中把房子赠给子女，能反悔吗

### 案例 5-2-2

张男和丁女结婚第二年儿子张小丁出生，后来两人因为子女教育观念不同，常常发生争吵，加之张男忙于事业，对家庭的照顾也比较少，两人感情出现裂痕，修复无果，丁女提出离婚，张男同意。张男和丁女婚后一共购置了两套房产，其中一套已付完全款，登记在丁女名下，另一套登记在张男名下，房贷还有三年还完。

离婚时两人对财产进行了分割。对于两套房子的处理，两人在离婚协议中约定：登记在丁女名下的那套房子，由丁女所有并向张男支付了折价款；登记在张男名下的那套房子，由两人赠给儿子张小丁，因为尚有贷款无法办理房产过户手续，剩余三年房贷由张男和丁女在离婚后每月各承担一半，在贷款还完能够办理过户登记后一个月内，张男需要配合将房子登记到儿子张小丁名下。

两人办理离婚登记后，张男因生意经营问题资金不足向丁女提出，儿子未来需要的费用自己以后慢慢挣，但现在房子先不能给儿子了，并提出要将这套房子卖掉。丁女不同意，张男向法院提起了诉讼，要求撤销对儿子的房产赠与，法院会如何判决?

先说结论，本案中对于张男的诉讼请求，法院是不会支持的。

原因是，当事人在离婚协议中将财产赠给子女的约定，并不是一项独立的内容，它与解除婚姻关系、子女抚养、其他财产的分割等内容共同构成了离婚协议的整体，虽是关于财产的处分，

但也具有身份关系的特征。

比如上面案例中，丁女之所以同意离婚，或者之所以同意其他财产的分割方案、子女抚养费的支付标准，很可能是考虑到这套房子给了儿子；如果离婚协议中没有写把房子赠给儿子，也许丁女会提出其他的财产分割方案，或者要求张男支付更高的抚养费。

总之，双方在离婚协议中约定将那套房子赠给儿子，这项约定不是孤立的，是与其他条款相互联系、相互影响的，同时还具备身份关系和道德义务[①]的特征，而不单单是涉及财产赠与的问题，因此，在整个离婚协议已经生效的情况下，一方不能反悔而要求撤销对子女的房产赠与这项条款。

## 未成年子女名下的房产，父母欠债会被执行吗

笔者团队在给金融机构培训以及帮客户做财富规划时，都会碰到资产代持问题。所谓资产代持，简单来说就是将自己的财产放到他人名下，比如房产代持、股权代持等。之所以选择让他人代持资产，可能是基于隐私维护、债务规避，也可能是因为暂时无法办理过户等客观原因。

虽然资产代持确实能够实现一定的隐私保护和资产保全作用，但也存在诸多风险，比如代持人不承认，以及代持人婚变、负债或身故带来的财产争议风险。

① 参见《民法典》第六百五十八条，赠与人在赠与财产的权利转移之前可以撤销赠与。经过公证的赠与合同或者依法不得撤销的具有救灾、扶贫、助残等公益、道德义务性质的赠与合同，不适用前款规定。

每当我们向学员或客户提示，关于代持人欠债而导致所代持财产被执行的风险时，大家常常会问：那把财产（比如房产）登记在未成年子女名下呢？未成年子女一般不会有债务风险，是不是就可以避免这一问题？

实践中，确实有部分人在购置房产时将产权登记在未成年子女名下。认为，欠债了法院会执行自己和配偶名下的财产，总不能也把子女名下的房产执行去还债吧？那么，父母欠债时，登记在未成年子女名下的房产到底会不会被执行还债？

先说我们的观点：

1. 生活中绝大多数未成年子女并没有独立的经济来源，日常生活尚且需要父母供给，因此，除非未成年子女通过继承、奖励、父母之外其他人的赠与、劳务报酬（现在很多未成年小网红、小明星就属于这种有劳动收入的情况）等途径获得财产，否则父母登记在未成年子女名下的房产，大多会被法院认定为属于家庭共有财产，当父母欠债时，房产需用于还债。

2. 如果已经欠有大额债务，而将家庭房产登记在子女名下的，这属于隐匿财产、逃避债务的行为，这种情形下法院更加可以执行这些房产用于还债。

3. 打算通过将房产登记到子女名下来规避债务执行的做法，可行性不大。

4. 财富规划安排，应当根据资产的具体形态，整合运用赠与、代持、遗嘱、保险、家族信托等工具，并且需要注意这些工具的特点和使用边界；避免简单武断地通过转移财产的方式来规避债务。

法谚有云：“法律不保护在权利上睡觉的人。”那什么是在权利上睡觉的人呢？比如有些人因为相信爱情，所以丝毫不关心对方的经济活动与资产情况；有些人相信友情，把资产放在朋友名下，却什么代持证据都不保留。一旦出事了，寄希望于法官是包青天，寄希望于律师是万能的，这现实吗？各位聪明的读者，您说呢？

**本节总结**

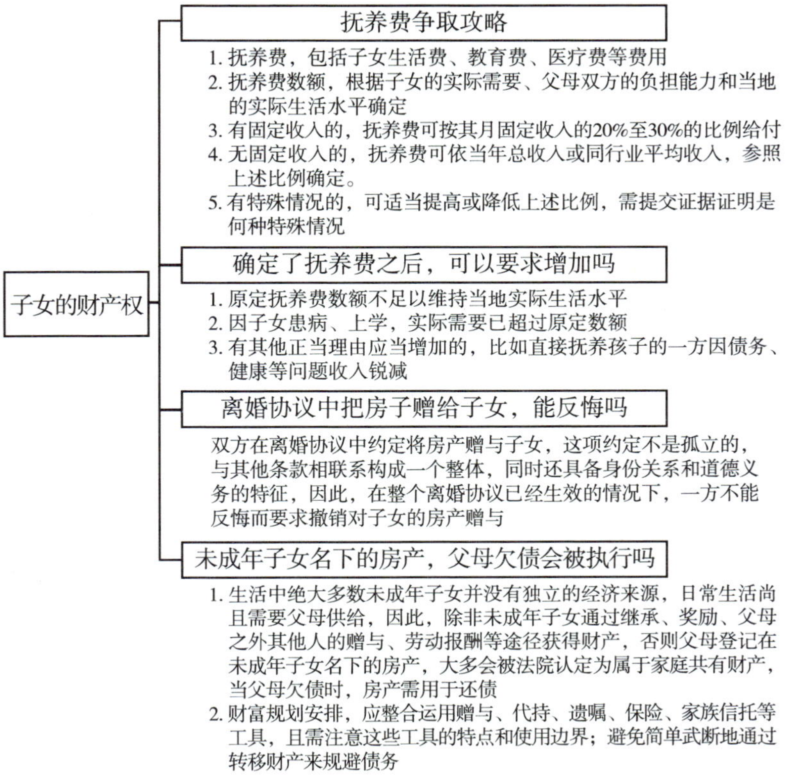

# 第三节　非婚生子女问题

## 非婚生子女的抚养权怎么判

生活中，非婚同居的现象还是比较多的，有的是恋爱期间同居，有的是自行选择不登记结婚但以同居的方式共同生活，当然也有已有配偶者与其他异性在婚外同居。与之相伴而生的非婚生子女问题也日益成为一个社会问题。

我国《民法典》关于非婚生子女权利的规定如下：

第一千零七十一条　非婚生子女享有与婚生子女同等的权利，任何组织或者个人不得加以危害和歧视。

不直接抚养非婚生子女的生父或者生母，应当负担未成年子女或者不能独立生活的成年子女的抚养费。

可见，非婚生子女享有与婚生子女同等的权利，父母对非婚生子女同样应当承担抚养教育的义务。

具体到男女双方结束同居关系时，子女由谁抚养以及抚养费标准等的问题，首先由双方协商，协商不成时由法院判决，法院会根据最有利于子女的原则，结合双方的实际情况作出处理。这点跟离婚时判决子女由谁直接抚养的问题所依据的原则是一致的。

一般来说，两周岁以内的子女，原则上由母亲抚养，如果父亲条件好，母亲又同意的，也可以由父亲抚养；已满两周岁的子女，父母双方对抚养问题协议不成的，由人民法院根据双方的具体情况，按照最有利于未成年子女的原则判决；如果子女已满8周岁，在决定由谁直接抚养时，应当征求子女本人的意见，毕竟这个年龄阶段子女已经能够根据自己的生活状况和感受，辨别出更愿意跟着哪一方共同生活。

至于抚养费的问题，不直接抚养的生父或生母，应当负担未成年子女的抚养费。抚养费的金额，也是结合子女的实际需要、父母的负担能力和当地的生活水平综合考虑。

争取抚养费的注意事项，具体可以参考本章第二节的内容。

## 对方不配合做亲子鉴定，如何认定亲子关系

### 案例5-3-1

张男和丁女是恋人关系，两人在同居期间因为琐事经常争吵，后来分手。分手之后丁女发现自己怀孕，做检查时医生基于丁女的身体状况建议保留孩子。最终丁女生下了一个女儿，丁女要求张男支付抚养费，张男认为不是自己的孩子，拒绝支付抚养费。丁女提出做亲子鉴定，张男也不配合。

于是丁女起诉到法院，要求法院确认张男与女儿之间的父女关系，并判决张男支付抚养费。诉讼期间，张男仍然表示自己不是孩子的亲生父亲，也不同意做亲子鉴定，法院会如何处理？

关于该问题，如果丁女能够提交必要证据证明女儿和张男之间可能存在父女关系，比如证明自己与张男的同居时间段、第一次检查怀孕的证据，甚至是与张男发生亲密关系的相关证据，包括但不限于聊天记录、照片、转账记录、同居期间水电费支付记录等，可以向法院申请亲子鉴定，如果张男无正当理由拒绝的，法院就会推定张男和女儿之间存在亲子关系[①]。

之所以这样规定，是因为虽然丁女确信女儿就是张男的孩子，但是在张男否认的情况下，丁女也仅能提交证据说明女儿是她在与张男恋爱同居期间怀上的，并不能直接证明女儿就是张男的孩子。丁女此时申请做亲子鉴定，如果张男拒绝，又没有相反证据说明孩子不是他女儿的话，法院就会推定就是张男的孩子。潜台词相当于"人家都提交了证据，证明大概率是你的孩子了，既然你说不是，那做一下亲子鉴定也无妨，但是你却拒绝做鉴定，又说不上来为什么拒绝，那就推定是你的孩子了"。

因此，本案关键在于看丁女是否提交了能够初步证明女儿和张男之间存在亲子关系的必要证据；如果没有提交证据，或者证据不足，张男又坚决否认的情况下，法院也没有办法认定其女儿和张男的亲子关系。

---

① 参见《民法典》第一千零七十三条第一款，对亲子关系有异议且有正当理由的，父或者母可以向人民法院提起诉讼，请求确认或者否认亲子关系。

《最高人民法院关于适用〈中华人民共和国民法典〉婚姻家庭编的解释（一）》第三十九条第二款规定，父或者母以及成年子女起诉请求确认亲子关系，并提供必要证据予以证明，另一方没有相反证据又拒绝做亲子鉴定的，人民法院可以认定确认亲子关系一方的主张成立。

## 给非婚生子女的抚养费，配偶有权要回吗

### 案例 5-3-2

张男与丁女是夫妻，两人育有儿子张小丁。同时张男在外与王某也生有一子张小武。张男每月都会转给王某 6000 元作为张小武的抚养费，已经持续支付了三年多，除此之外当王某以抚养费不够等理由找张男要钱时，张男也会支付。

丁女在一次偶然的机会发现了张男在外有非婚生子且一直在给抚养费的事实，丁女要求张男解释，张男承认前前后后给的抚养费近 40 万元，另外还有一些其他费用。丁女伤心之余又很生气，认为张男私下给出去那么多钱，侵害了丁女的共同财产权，打算起诉要求对方返还。

如果丁女起诉，张男给出去的那些钱能要回来吗？

关于这个问题，我们认为：

结合张男的实际收入、张小武的生活需要以及当地的生活水平，如果张男每月支付 6000 元抚养费是一个合理水平的话，那么对于抚养费部分，丁女很难要回来。

原因是，根据我国法律规定，非婚生子女享有与婚生子女同等的权利，不直接抚养非婚生子女的生父或者生母，应当负担未成年子女或者不能独立生活的成年子女的抚养费。这是作为父母对子女的法定义务。虽然张男擅自向非婚生子女支付抚养费的行

为确实影响到丁女的共同财产权，但在非婚生子女的利益保护面前，只要抚养费金额是合理的，就应当优先保护未成年子女的利益。

当然，如果丁女能够证明张男支付的金额是不合理的，比如张男每月收入 8000 元，仅支付非婚生子女的抚养费就占到了 6000 元，如果没有特殊理由的话，这个金额显然过高，丁女可以要求降低支付标准。

## 非婚生子女能够继承生父母的遗产吗

### 案例 5-3-3

张男生前与丁女是夫妻，两人育有儿子张小丁。同时张男在外与王某也生有一子张小武。后来因张男意外身故，张男的父母以及丁女和张小丁，作为张男第一顺序的法定继承人，打算对张男名下的房产、银行存款等财产办理继承过户手续。

这时王某找到丁女及张男的父母，提出张小武也是张男的亲生儿子，有权继承张男留下来的财产。面对突如其来的非婚生子张小武，张男的父母不知所措，丁女则认为张小武无权继承张男的财产。

那么，张小武到底能否继承张男留下来的个人财产？

先说结论：如果张小武确实是张男的儿子，即便是非婚生子，也同样有权继承张男的遗产。

我国《民法典》中关于法定继承人的规定，第一顺序的继承人是配偶、子女和父母，其中的子女，包括婚生子女、非婚生子女、养子女和有扶养关系的继子女。可见，作为非婚生子女，与婚生子女享有平等的继承权，对于生父生母的遗产都有继承的权利。

问题是，在实际案件中，作为要求以子女身份继承遗产的张小武这一方，首先需要提交证据证明自己与张男的亲子关系。

最直接、最有力的证据，当然是亲子鉴定。但是此时被继承人张男已经过世，很难再拿到可以做亲子鉴定的检材，如果又不能提交其他充足的证据证明亲子关系，自然无权要求以子女身份继承遗产。

大家可能会说，虽然张男不在了，但是张男的父母和婚生子张小丁还在，张小武与他们是祖孙关系和兄弟关系，让张小武与他们做亲缘关系鉴定不就行了？

这个方法是否可行，在目前司法实践中具有很大的不确定性，我们不建议将胜诉关键押在这一途径上。

一是因为，目前多数鉴定中心的技术条件并不能得出“同父异母”或“同母异父”的唯一结论。

比如，在济南市历城区人民法院审理的（2016）鲁0112民初5077号法定继承纠纷一案中，原告向法院申请，要求对其和另外两被告做亲缘关系鉴定，以证明是同父异母姐妹，法院依申请确实委托了鉴定，但结果如下：

根据原告的申请，法院依法委托司法鉴定科学技术研究所司法鉴定中心对原告与两被告的血亲关系进行鉴定。因目前我国尚无此类亲缘关系鉴定的行业标准或技术规范，也缺乏公认的判断依据，超出司法鉴定中心的技术条件和鉴定能力，司法鉴定中心将鉴定材料退回。后原告又申请对原告与被告2是否符合同父姐妹遗传条件进行鉴定，但因该项鉴定在目前条件下并不能得出原告与被告2就是同父姐妹关系的唯一结论，法院对原告的该项鉴定申请不予准许。

二是因为，部分法院认为：父母子女之间有配合进行亲子鉴定的义务，但婚生子女并没有配合非婚生子女进行亲缘鉴定的义务。因此，当婚生子女拒绝配合做亲缘关系鉴定时，法院不会要求他们必须配合[①]。

如此说来，如果没有与被继承人的亲子鉴定，非婚生子女就继承不到遗产了吗？

其实也不是，非婚生子女是否与被继承人存在亲子关系，是否享有继承权，要综合全案证据来判断，即便没有亲子鉴定，但有其他证据能够证明存在亲子关系的，非婚生子女也能依法参加继承。

---

① 例如，在（2018）苏08民终2655号法定继承纠纷一案二审中，淮安市中级人民法院即采这种观点；同时，该案一审法院淮安市清江浦区人民法院也持同样观点，认为亲子关系推定的适用范围为父母子女之间，婚生子女没有必须配合非婚生子女进行亲缘鉴定的义务。

例如，在以下案例中，虽然没有亲子关系鉴定，但原告提交了充分证据，法院也认可了他们之间的父女关系。

## 案例 5-3-4[①]

冯小某出生于 2004 年 1 月 17 日，冯小某的母亲与冯某曾是夫妻关系，二人于 2003 年 7 月 10 日离婚。冯某 2005 年 12 月 14 日去世时留下位于北京市某处的房屋一套。冯小某起诉至法院要求确认其与冯某的父女关系，并要求依法分割该房屋。

冯某的其他子女等继承人认为，冯小某的母亲与冯某离婚时未怀孕，冯小某不是冯某的女儿，因此冯小某无权继承房屋。

冯小某提交了《出生证》等一系列证据用于证明其与冯某的父女关系，法院审理后观点如下：

本案中，冯小某提供的《出生医学证明》、《某县妇幼保健院手术同意书》、《保险金领取通知书》、化验报告单、B 超检查记录、住院病历材料等虽不是冯小某与冯某系父女关系的直接证据，但《出生医学证明》上载明的母亲为刘某、父亲为冯某；《某县妇幼保健院手术同意书》中有冯某的签字同意；冯小某与冯 1、冯 2、王某（注：该三人是冯某的婚生子女和母亲）共同领取过冯某的死亡保险金；化验报告单、B 超检查记录、住院病历材料亦证明了刘某怀孕并于 2004 年 1 月 17 日孕 39 ＋ 2 周时行剖宫产术生产的情况，且根据冯小某提供的刘某 B 超检查记录，刘某 2003 年 9 月 10

① 审理法院：北京市第三中级人民法院，案号：（2014）三中民终字第 14203 号。

日为孕20＋5周，由此推定刘某2003年4月即已怀孕，而刘某与冯某离婚日期为2003年7月10日，故刘某与冯某在婚姻关系存续期间即已怀孕。

因此，上述证据相互印证，具有高度的盖然性，已然达到证据规则所要求的证明标准，足以推定冯小某与冯某系父女关系。

当然，也存在大量因为没有亲子鉴定这一直接证据，提交的其他证据又不足以证明与被继承人存在亲子关系的案件，最后没有被法院认定存在亲子关系，也就谈不上能够继承遗产。毕竟，一起游玩的照片视频等证据，仅能说明关系比较亲密，不能说明就是亲子关系；疫苗接种卡、就诊记录这类证据上填写为“父女/父子关系”，是当事人自己填写的，医院不会审查是否真的是“父女/父子关系”，所以仅凭疫苗接种卡这些证据也不能说明具有亲子关系。

因此，我们建议，对于有非婚生子女的人，为了保障子女将来的财产利益，亲子鉴定要提前做并保存好；除此之外，也可以通过生前赠与、购买保险或者订立遗嘱的方式给非婚生子女留下一部分财产，这会大大降低非婚生子女在未来财产继承中的风险。

## 本节总结

**非婚生子女问题**

- **非婚生子女的抚养权怎么判**
  1. 由父母双方协商；协商不成由法院依据最有利于子女的原则判决
  2. 不满两周岁的子女，一般由母亲直接抚养
  3. 已满两周岁的子女，父母双方对抚养问题协议不成的，法院根据双方的具体情况，按照最有利于未成年子女的原则判决
  4. 子女已满8周岁的，应当尊重子女的真实意愿
- **对方不配合做亲子鉴定，如何认定亲子关系**
  1. 首先提交必要证据证明子女与对方存在亲子关系
  2. 提出亲子鉴定要求
  3. 若对方不配合，又无相反证据的，法院会推定具备亲子关系
- **给非婚生子女的抚养费，配偶有权要回吗**
  1. 不直接抚养非婚生子女的生父或生母，有义务负担未成年子女的抚养费
  2. 为未成年的非婚生子女支付的合理金额的抚养费，配偶无权要回
- **非婚生子女能够继承生父母的遗产吗**
  1. 子女是第一顺序的法定继承人
  2. 非婚生子女也是子女，有权继承生父或生母的遗产
  3. 关键是要证明与被继承人存在亲子关系，建议提前做亲子鉴定

# 财富保卫篇

# 第六章　守卫幸福，保护财富

## 第一节　当婚姻遇见爱

这些年英国动画片《小猪佩奇》在我们国家非常火，小朋友们都爱看。记得有篇文章分析《小猪佩奇》受欢迎的原因，说它展示了一种最让人认同的家庭生活状态。里面有温和的妈妈，宽厚的爸爸。妈妈从来不愤怒、不指责，永远不慌不忙、温和而坚定；爸爸则是家庭的搞笑担当，并且愿意陪伴子女一起游戏玩耍；同时猪爸爸和猪妈妈非常相爱，沟通顺畅，彼此宽容。父母相爱是孩子最大的幸运。父母向子女展示爱的力量，会在孩子心里埋下一颗种子，成为他们将来组建家庭时模仿的范本，核心就是父母互相尊重和彼此相爱。真心希望我们能够为自己、为子女营造这样一个温暖有爱的家庭。

### 夫妻同心，婆媳友爱

**案例 6-1-1**

张某和王某在 2011 年经朋友介绍认识，二人见面几次后觉得比较聊得来，相处时彼此都觉得轻松愉快。于是很快确定恋爱关系，并于一年后登记结婚。

2014 年二人生育了儿子张小某，产假结束后王某需要回岗工作。对于接下来小孩的照顾问题，夫妻二人商量后想把张某的妈妈从老家接过来照顾儿子，这样更放心些，毕竟请保姆照顾，即便保姆很尽心，也比不上亲奶奶让人放心。张某把这个想法告诉了自己的母亲，希望母亲能够过来帮忙照顾小孩。母亲同意了，收拾行李过来长住。

接下来的日子里，婆媳相处的矛盾、两代之间育儿观念的冲突、儿子夹在中间左右为难的调和，一样都不少。面对妻子的诉苦和母亲的抱怨，张某一度觉得筋疲力尽。没想到原来甜蜜的二人世界，因为小孩的到来和母亲的参与，一下子变得如此不平静。

庆幸的是，张某和王某一直保持理性沟通的习惯，每每遇到问题，二人都能平和地分析原因，并一起总结解决方案。对于与母亲之间的矛盾，二人经过深度沟通后达成以下一致意见：

1. 母亲是长辈，尊老是根本原则

母亲能够离开自由自在的老家生活，同意过来带小孩，这不是母亲的义务，而是帮忙，要感恩。尊敬老人是处理家庭事务的根本原则。

2. 遇事不发脾气，温和沟通

生活中遇到问题，尤其当老人的做法与自己的习惯不一致时，不发脾气、不摆脸色，尽量温和沟通，不适宜当时沟通的，暂且搁置，待双方情绪平和时再尝试沟通。

3. 要包容，彼此尊重，不强求他人必须符合自己的习惯

要认识到彼此之间观念和生活习惯的不同，尊重差异，尤其

是老人的一些方式方法与自己不同时，不能一味用自己的标准要求他人；如果多次沟通后，仍无法取得一致，那就调整自己，或尽量由自己动手处理具体事务，避免冲突。

4. 心怀感恩，万事皆是修行

茫茫人海，相遇是缘分，组成家庭更是缘分。生命中遇到的这些人和事，都是自己的缘分，彼此之间的相处即是修行。要心怀感恩，内省自己，以修行之心待人处事。

案例中的夫妇二人是笔者的朋友，案例中提到的四条原则，是他们夫妇沟通后达成的一致意见，生活中也确实看到他们在践行尊老、包容、沟通的原则，与老人共同生活几年下来，作为外人，笔者都能感受到他们之间从最初的磨合不适发展到现在这种平和温暖、婆媳友爱的状态。体现在他们家庭中的尊老、包容、沟通、愿意改变的这几项原则，非常值得我们学习。

## 半路夫妻，携手同行

### 案例 6-1-2

赵先生与李女士都有一段不幸福的婚姻，二人经朋友介绍认识，接触一年多后登记结婚，组成新的家庭。赵先生与前妻育有一女儿，女儿跟随母亲生活，赵先生每月支付抚养费，定期探望女儿。李女士与前夫育有一儿子，儿子跟随李女士共同生活。赵先生与李女士结婚后，再次组成三口之家。

截至2020年，赵先生与李女士已经结婚九年，婚后二人又生育了一个女儿，现在女儿6岁。四口之家，幸福温暖。在婚后的这九年间，二人齐心协力，李女士主要负责照顾家庭，赵先生先是在一家企业担任高管，后来自己创业开办了一家工厂。事业发展相对顺利，几年时间，从最开始组建家庭时的仅有一套住房，发展到现在在广州、惠州两地共五套房子、存款若干的状态。

赵先生也感叹，感觉自己无论是心情状态，还是事业财富，各方面主要是与李女士结婚后这几年有了重大转变，生活幸福感大大提升，事业发展虽在具体业务中偶有挫折，但大趋势可以用顺风顺水来形容。

赵先生是笔者团队服务多年的客户，我们见证了赵先生公司业务和家庭财富的逐年增长。在与赵先生本人及其妻子李女士的接触中，也能感知其二人的相处状态。为本书该部分内容，特意与赵先生进行访谈，征得其同意后将访谈内容分享如下：

问：赵先生，从个人感觉上说，您现在对家庭的感受如何，家庭让您觉得有压力，还是让您觉得愉悦？

答：感觉上来说，现在的家庭生活非常幸福，在家里让人觉得轻松愉悦，忙完公司的事情回到家，看到妻子在忙碌，孩子们在家学习、玩耍，觉得很放松很知足。

问：是的，从跟您多次的接触中能感觉到您的心情。您知道，我们作为律师，其实经常接触各种各样不幸福的婚姻，想问您，您认为决定婚姻幸福的关键是什么？

答：这个问题我觉得我还是有资格回答的，你也知道我有两段婚姻，上一段婚姻以失败结束。现在回想，第一段婚姻也有幸福的时候，但总的来说比较短暂，尤其是那时候经济条件不好，常常因为挣钱花钱而争吵，吵来吵去，时间长了感情就吵没了。后来跟现在的太太结婚，刚开始其实也没钱，每个月工资就那么多，生活花销、两个孩子的费用，后来我们又生了一个孩子，相当于是一共三个孩子的费用，我们结婚前几年可以说是月光的，根本没什么积蓄。

但区别就在于，我们两个人心态非常好，觉得钱多就多花，钱少就少花，尤其是我太太，从来不会说我挣钱不多，不会说让我干这干那去多挣钱，反而总是劝我放松心态，让我慢慢来。人家不催，我作为男人反而觉得肩上的责任大，于是看准机会出来单干了。借助这些年积累的经验和资源，公司发展得比较顺利，我公司的情况你也看到了，一年比一年好。可能是运气到了，也可能是因为心情好了，所以干什么都比较顺利。

问：我也觉得您太太很好，前几次见面，给人的感觉非常亲和，生活中应该是个性格很好的人。

答：确实是。她性格很好，比如辅导孩子写作业吧，其他家长辅导得鸡飞狗跳的，我也辅导过几次，不试不知道，一试才知道原来辅导孩子写作业真的非常考验耐心。看着孩子在那里抠铅笔、搓橡皮，真的想发火。我太太就很少跟孩子们大吼大叫，她总有办法去跟孩子互动和沟通，现在我都觉得孩子变化很大。

我总结原因吧，首先，肯定是因为她本身性格就比较温和，这应该是天生的；其次，她蛮爱学习，经常看她关注一些儿童教育的节目和书籍。在她的影响下，我也学了不少子女教育的知识。

问：看来家庭中沟通很重要，不管是与孩子的沟通，还是夫妻之间的沟通。您和您太太平时吵架吗？

答：吵架是肯定有的，哪对夫妻不吵架。但跟上一段婚姻相比，我们两个的吵架其实算不上吵架，就是因为某个事情拌几句嘴，吵完之后好多次我太太不到十分钟就像没事了似的又跟我说话，刚开始我还不适应，还问她，不是刚吵完架吗，我没给你搭梯子，你这就自己走下台阶了？我太太居然说，因为别人影响自己的好心情，划不来。见她不生气了，我自然也就没事了。

时间久了，我们现在拌嘴都很少，顶多是争论几句，就事论事，都不会带气，这也是一种沟通吧。

平时我们有事都会跟对方说说，比如我工作上的事，公司管理、客户经营什么的，都会跟她说，这也是我自己梳理思考的一个方式；她会跟我聊孩子在家里和学校的趣事，会把社会热点跟我分享，你也知道我比较忙，没太多时间看各种新闻，正好晚上回家她跟我说说，我跟客户和员工聊天时有时还真能用上。

问：真替您感到高兴。看来婚姻中两个人彼此尊重、平和沟通非常重要。

答：对，确实是。就是彼此尊重，我从我太太那里感受到的就是尊重，她以前不抱怨我挣钱少，现在也不催我做大做强，反而总是愿意听取我的想法，尊重我的决定，当然有时她也会提提自己的看法，但总的来说，我想好的大思路，她都会支持。受她影响，她对子女教育的做法，包括对我工作的一些看法，我也会尊重。然后就是你提到的沟通，沟通确实很重要，有啥话说出来，对方才能知道是不是，而且沟通的方式要平和，不能带着气去沟通。这也是我目前对婚姻的感悟吧。彼此尊重，平和沟通，另外还要自我反思，自己错了就得承认，没什么不好意思的，认识到问题，改就行了，我觉得我这些年改变进步还是很大的。

以上是笔者跟赵先生的部分对话，聊天过程中，赵先生对妻子李女士赞不绝口，能够感受到他对妻子发自内心的认可和欣赏。人和人之间其实是相互的，相信在生活中赵先生对妻子也是呵护有加。

眼里有爱的人，生活中才会有温情。

**本节总结**

当婚姻遇见爱

- 夫妻同心，婆媳友爱
  1. 父母是长辈，尊老是根本原则
  2. 遇事不发脾气，温和沟通
  3. 要包容，彼此尊重，不强求他人必须符合自己的习惯
  4. 心怀感恩，万事皆是修行
- 半路夫妻，携手同行
  1. 彼此尊重，平和沟通
  2. 就事论事，事过言和
  3. 家庭和睦为事业助力

## 第二节　幸福家庭的财富密码

本书围绕婚姻和财富风险，结合我们团队多年的法律服务经验，向大家展示了我们所看到的婚姻故事和财富案例。列夫·托尔斯泰在其著作《安娜·卡列尼娜》的开篇就写道："幸福的家庭都是相似的；不幸的家庭各有各的不幸。"笔者倒认为，幸福的家庭确实是相似的，不幸的家庭虽然表面上看各有各的不幸，但内核也是相似的。无论是"贫贱夫妻百事哀"的古语，还是"经济基础决定上层建筑"的经济原理，都告诉我们一个道理：幸福的家庭固然需要尊重、包容和爱，但也需要能够培育和滋养幸福的财富土壤。

就笔者团队观察和服务过的家庭来看，财富管理得当、资产稳中有升的家庭，相对更安定和幸福；反之，投资失败、债务冲击、争产纠纷等，常常是引发婚姻破裂、家庭解散的重要原因。

### 优质房产，资产进阶之道

笔者有位朋友，这些年工作表现平平，连续跳槽，工资收入几乎没有提升。但他颇有投资眼光，早在身边朋友感叹工资增长赶不上房价增长的时候，他就接连买了三套房，哪儿来的钱？找父母亲戚借的。经历了 2015 年那次房价大涨之后，三套房的市值翻了三倍都不止。目前留下市中心的两套优质房产，另一套在

2019 年卖了 300 多万元，还清了亲友的借款后还有剩余。五六年间，笔者朋友这波房产投资所赚的钱远远超过工资收入，一下子实现了资产跃升。

相信大家身边也有类似笔者这位朋友的人，借助时代和机遇实现了财富升级。2000 年以来的这 20 年，可以说是我国房地产的黄金时代，几乎所有城市的房价都在上涨。提前买了房子的，其收益远超同期理财产品。朋友聚会聊天时谈及房价，大家的态度基本都是趁早买、赶紧买，越拖越买不起。仿佛房价真的会一直上涨。

问题是，“闭眼买房，躺着都赚”的时代还会继续吗？答案当然是否定的。

从经济学角度讲，一直上涨的房价本身就是违背价格规律的。当越来越多的人掏空“六个口袋”买房，或者为了获取财富增值不惜加杠杆借贷买房时，房产持续吸引太多的社会财富，以房产为主要组成部分的家庭资产看似升值了，但手上可以用于消费的钱却少了，长此以往必然会影响消费和实体经济的发展，这也是这轮房产调控始终坚持“房住不炒”的原因。随着房地产调控政策的加码和坚持，我国房价上涨的势头被遏制住了。

未来的房价走势与人口相关，人口决定着需求。人口净流入的城市，购房需求旺盛，房价自然会企稳甚至继续升高；人口不断流出的城市，房价下跌则成为必然。即便是同一城市，不同区域的房价也不同。从投资角度考虑，最重要的因素是位置，宁要核心地段的“老破小”[①]，也不要远郊的大别墅。

基于此，关于房产投资，笔者建议：

1. 放弃房价会一直上涨的观念，尤其避免“高利贷”投资房产。

2. 地段、学位、面积、小区、户型等因素均会影响房产的变现难易和价格，需综合评估、慎重考量；必要时建议咨询专业的房产投资专家，相信专业和知识的力量。

3. 对于房产数量较多的家庭，可以考虑及时出清流动性较差的房产，保留核心城市、核心位置的优质房产。

## 善用保险，转移风险和规划传承

对个人健康而言，免疫力很重要；对家庭财富而言，“免疫力”同样重要。面对重大风险，一个家庭是平稳过渡，还是因变返贫，考验的就是家庭的财务规划和抗风险能力。

因此，做好家庭常态“防疫”，提高抵御风险的能力，非常值得我们重视。保险是一种成熟的风险分散机制，能够分担我们在疾病和意外中所产生的经济损失，也能够在意外来临时，以身故保险金的形式替我们履行对家人的爱和责任。

那么，个人或家庭应当配置什么保险呢？

① 笔者为便于理解做的对比，实际上，“老破小”房产金融属性较差，对居住来说也不是最佳选择。

1. 医疗保险

发生疾病或意外时，会产生门诊、住院、手术等费用，没有社保或社保并不能全报的情形下，解决这些医疗费的保险，就是医疗险。它是费用报销型的，例如一次生病治疗共产生了 5 万元费用，即便买了不同保险公司的多份医疗险，报销的金额也不会超过 5 万元。

医疗险并不贵，尤其现在市面上多家保险公司都推出了“百万医疗险”，一年几百块钱，就可以解决几百万元医疗费的问题，而且多数产品的报销范围不限社保用药，性价比很高，非常推荐配置。

2. 意外保险

意外面前人人平等，风险不会因为我们的身份、财产、年龄等因素的区别而不发生；人又不是孤立的，有父母、子女和爱人需要照顾，在意外风险尤其是交通事故高发的现代社会，意外险是必备险种，它能在意外来临时给家人留下一笔钱，替我们履行责任，让老有所养，幼有所依。

当然，意外险除了赔意外身故，一般也含有意外残疾责任，这种情况下的赔偿金，兼具对自己和家庭的照顾作用。

和医疗险一样，意外险也不贵，一年期的消费型意外险，两百元左右就能买到三五十万元的保额。所以，没钱，真不是不买保险的理由。

3. 重疾保险

重疾保险与医疗保险同属健康险。发生重大疾病时医疗费要支出，因为治疗和康复，自己的收入会受影响（中断），但生活还要继续，车贷、房贷、子女教育等费用仍会产生，这些费用不是医疗险能解决的，毕竟医疗险只解决已经实际发生的费用。

这种情况下需要的是重疾保险，它是定额给付型的，若符合保险合同约定的赔偿条件，保险公司就会支付保险金，至于说这些保险金是用于治疗还是用于家庭生活，在所不问；买多少保额，保险公司就会支付多少重疾保险金。重疾险的赔偿金，可以解决因重大疾病导致收入中断的问题，确保家庭生活在一定时期内能够平稳过渡。

4. 人寿保险

人寿保险顾名思义，保的是寿命。生老病死乃自然规律，万一因意外或因病身故，自己不能赡养父母、照顾子女了，寿险赔的钱能够帮我们继续履行责任，使得老幼有所慰藉和依靠；具体赔多少，也是看投保时买了多少保额。

有人可能会问，意外险也赔身故，还要买寿险吗？笔者认为是需要的，因为意外险赔的身故只是“意外身故”，即外来的、突发的、非本意的事件所导致的身故，最常见的就是交通事故。也就是说，疾病身故、自然身故等非意外身故，意外险是不赔的，这时就需要寿险，寿险的身故责任则包括意外身故和疾病身故。总之，关于意外险和寿险的投保安排问题，资金实在有限时，可以首先投保费率相对较低的意外险；具有保费支付能力的，建议考虑同时投保意外险和寿险。

## 案例 6-2-1

张男和丁女婚后生育了两个女儿，目前张男创业，生意刚刚起步。同时人到中年，母亲健在，上有老下有小，肩上的责任不小。张男在理财经理的建议下为自己投保了一份保额 400 万元的人寿保险，指定两个女儿为受益人，受益比例各 50%；同时也投保了一份保额 100 万元的人寿保险，第一顺序受益人为自己的母亲，第二顺序受益人为两个女儿。

如果张男不幸身故，这两份保险能够起到的作用如下：

（1）替代张男履行对子女的抚养义务

依据第一份保单，两个女儿可以各取得 200 万元的保险金。如果当时女儿未成年，丁女作为孩子的母亲，也是法定监护人，可以代为管理这笔保险金。这些钱在较长一段时期内可以解决母女三人的生活、孩子的教育等问题。

（2）替代张男履行对母亲的赡养义务

依据第二份保单，张男的母亲可以取得 100 万元的保险金用于养老，相当于张男通过保险继续履行对母亲的赡养义务。如果张男身故时，母亲已经身故，那么 100 万元保险金则由第二顺序的受益人，也就是两个女儿取得，同样可以用于女儿的生活和教育支出。

（3）受益人取得的身故保险金无须用于偿还被保险人张男的生前债务

两份保单指定的受益人，或是女儿，或是母亲。父母和子女之间不存在法定的债务连带关系。如果张男身故时尚有大额债务没有偿还，张男留下来的房产、存款、公司股权等这些财产作为遗产是需要用于偿还债务的[①]，但是女儿和母亲作为保单的受益人，从保险公司领取的保险金，依法不属于张男的遗产[②]，也就意味着这些保险赔偿金不会因为张男的债务而被强制执行，进而真正由受益人取得。

5. 年金保险

如果说买意外险和寿险，是解决活得时间太短而不能照顾亲人的问题，那么买年金险便是解决活得时间太长，被保险人本身需要照顾的问题。在自己尚有余力时，强制留下一笔钱，待将来需要时领取，这就是年金保险。关于年金险有个很通俗的说法：年金险是保险公司的超长待机老母鸡，你一次性喂饱（趸交）或者定时投喂几次（期交），到了约定的若干年后，母鸡准时定量下蛋很多年，养活你或你的孩子。

如果不着急领取年金（钱），希望保险公司先帮忙管理以获取更多收益，可以选择年金保险加万能账户的保险产品计划，也就是说每年产生的年金不领取，进入万能账户产生理财收益。一

---

① 参见《民法典》第一千一百五十九条，分割遗产，应当清偿被继承人依法应当缴纳的税款和债务；但是，应当为缺乏劳动能力又没有生活来源的继承人保留必要的遗产。

② 参见《保险法》第四十二条，被保险人死亡后，有下列情形之一的，保险金作为被保险人的遗产，由保险人依照《中华人民共和国继承法》的规定履行给付保险金的义务：（一）没有指定受益人，或者受益人指定不明无法确定的；（二）受益人先于被保险人死亡，没有其他受益人的；（三）受益人依法丧失受益权或者放弃受益权，没有其他受益人的。受益人与被保险人在同一事件中死亡，且不能确定死亡先后顺序的，推定受益人死亡在先。

般来说，这个理财账户会有保底利率，不同公司的保底利率不同，同时各家保险公司理财账户的结算利率也会有所不同。

从投保安排上来讲，建议具备一定经济基础之后再配置年金类保险产品；如果尚未购买健康险、意外险和寿险，应当优先投保此类保障型保险，先保障、后理财，是投保的基本原则。

## 家族信托，富贵传家

### 案例 6-2-2

张男和丁女夫妇创业半生，目前主要经营一家机械厂。两个儿子成年后，一个在大学任教，一个自己创业从事互联网行业。儿子对父母经营的机械厂都无接班意愿。张男和丁女商量后，决定将机械厂转让，预估价款 4000 万元，加上二人这些年积累的存款、银行理财、信托理财等资产，约有 5000 万元。

目前两个儿子各有各的事业，暂时不需要大额的资金支持，张男和丁女也不愿意现在就把钱都给儿子，一是认为年轻人应该自己体验创业和生活，如果一次性从父母这里拿到几千万元，可能会对他们的心态造成不好的影响；二是考虑到，如果现在就将财产给儿子，万一儿子将来婚变或负债，这些财产则可能被分割或用于还债。但现在不把财产给儿子，待到将来张男和丁女身故，儿子一次性继承这些财产的话，现在担忧的这些问题其实也是存在的。

这 5000 万元到底如何给子女更合适？

张男和丁女可以将这5000万元设立家族信托。

张男和丁女作为委托人与信托公司或者有家族信托业务的其他机构签订信托合同，将该5000万元委托给信托机构，合同上关于这笔信托财产如何给受益人，可以按照张男和丁女的意愿拟定各条款，例如每年每个儿子可以领取多少，儿子结婚时、生育第三代时、出国深造时可以领取多少，甚至是第三代、第四代在何种情形下领取多少等内容均可按照委托人的意愿拟定。

家族信托设立后，这5000万元便不再属于张男和丁女的财产，也不属于信托机构，它是一笔独立的信托财产，由受托人按照信托合同负责管理。

这笔信托财产设立后，因为它独立于委托人张男和丁女，也独立于作为受益人的两个儿子，因此不会受到张男、丁女夫妇以及两个儿子债务纠纷的影响，儿子的婚姻风险也不会影响该笔信托财产；同时，5000万元资产不是一次性给儿子，而是通过作为信托财产管理人的信托机构按照合同约定依次给他们，这样可以避免儿子短时间内大额投资或者挥霍一空。

当然，还可以约定在信托存续期间由信托机构的专业人士进行投资管理，以实现信托财产的保值增值。目前，家族信托在我国正处于稳定发展阶段，前景可期。

## 本节总结

- 幸福家庭的财富密码
  - **优质房产，资产进阶之道**
    1. 放弃房价会一直上涨的观念，尤其避免“高利贷”投资房产
    2. 地段、学位、面积、小区、户型等因素均会影响房产的变现难易和价格，需综合评估、慎重考量；必要时建议咨询专业的房产投资专家，相信专业和知识的力量
    3. 对于房产数量较多的家庭，可以考虑及时出清流动性较差的房产，保留核心城市、核心位置的优质房产
  - **善用保险，转移风险和规划传承**
    1. 保险是一种成熟的风险分散机制，能够分担我们在疾病和意外中所产生的经济损失
    2. 如果尚未购买健康险、意外险和寿险，应当优先投保此类保障型保险，先保障、后理财，是投保的基本原则
  - **家族信托，富贵传家**
    1. 家族信托，是提供财产规划、风险隔离、资产配置、子女教育、家族治理、公益事业等定制化事务管理和金融服务的信托业务

# 后记：守卫婚姻和财富的66条建议

本书依据《民法典》的最新规定，从结婚、离婚到子女抚养和财富保卫等阶段，分门别类地进行了阐述和分析。作为本书结尾，笔者再结合全书内容和法律实践的感悟，总结66条具体建议，希望对各位有所帮助。

## 结婚有门道

1. 婚前同居，共同购置汽车、房产等大宗财产时，最好以书面形式写清楚各自的出资比例和占有份额；如果没有签订协议的，要注意保留出资证据。

2. 同居期间共同创业，建议签订书面协议说清楚彼此的出资份额和利益分配方式；涉及股权登记的，最好也把自己登记为股东。

3. 结婚之前给对方送车、送房，最好说明是为结婚而送，这意味着这些财产赠与附加了结婚的条件，如果将来未能结婚，送出去的房子和车子还能要回来，当然前提是要有证据证明当初是为结婚而送。

4. 如果不放心，可以做好婚前财产的隔离工作，防止婚后与共同财产混同。

5. 关注婚前财产与婚后夫妻共同财产混同的问题，比如存放婚前存款的银行账户婚后继续使用，时间长了，与配偶或者自己的其他账户转账次数多了，自然就分不清哪些资金是婚前的，哪些资金是婚后的，离婚时难免都作为共同财产进行分割。

6. 防止婚前财产在婚后混同，最简单的做法就是隔离出专门的银行账户用于存放婚前存款，避免在婚后与其他账户频繁转账，起码做到“只出不进”。这样，万一不幸离婚，感情保不住了，至少账户中的这笔钱还能保住。

7. 婚前财产协议签不签，要考虑两个人是否都能理性接受；如果因为签婚前协议埋下了感情隐患，反而得不偿失。

8. 择偶要谨慎，毕竟，万一过不下去，离婚不是说离就能马上离的。

9. 与外貌和财富相比，男女双方“三观”同频、彼此认可和欣赏，更能成就幸福的婚姻。

10. 结婚前要了解对方的性格特点，性格偏执、有暴力倾向的人，不适合与其结婚。

11. 结婚前要了解对方的征信和负债情况，央行征信中心官方网站和央行分支机构都可以查阅征信报告，中国执行信息公开网可以查询执行或失信情况。

12. 要有成长意识，结婚不是终点，而是起点。好的婚姻需要两个人共同成长，最怕一方成长了，另一方却一直原地不动。

13. 除非签了“AA 制”的财产协议，否则婚后任何一方挣的钱都是夫妻共同财产。

14. 父母在子女结婚后给子女大额财产时，可以通过赠与协议明确说明仅赠给子女一方，是其个人财产；否则会推定为对子女夫妻双方的赠与。

15. 如果不希望两个人的财产混到一起，即便结了婚，依然可以签订财产协议。协议中可以约定婚后所得的财产以及婚前财产归各自所有、共同所有，或者部分各自所有、部分共同所有。

16. 已经积累了不少财富且担心婚姻不稳定的晚婚人士、不希望财产混同的再婚人士、持有公司股权的创业人士，为避免纠纷，可以考虑签订婚姻财产协议。

17. 为避免夫妻一方擅自抵押或者卖掉房产，婚后用夫妻共同财产买房时，建议写上两个人的名字。

18. 房产加名保护不了感情，也挽回不了注定结束的婚姻。

19. 婚后一方承诺把自己的房子给另一方，口头说、有协议都不行，需要签了协议并办理房产过户；如果暂时办不了过户，那就去把协议公证一下，因为经过公证的赠与不能撤销。

20. 子女结婚后，父母资助子女买房的，是赠与还是借贷，最好白纸黑字说清楚；作为子女，要知道父母对成年子女早已没有抚养义务，对父母的资助，主动提出打借条是值得提倡的方式。

21. 夫妻之间应当相互忠诚。夫妻一方赠送婚外情人大额财产的行为，侵害了另一方的共同财产权，可以要求受赠人返还。

22. 不要指望抓到对方出轨就能让其净身出户。当然，出轨的一方自觉愧疚，自愿净身出户的除外；但是，极少。

23. 忠诚协议保不了忠诚，真正忠诚的人不需要忠诚协议。

24. 对方出轨后如果愿意写保证书或签忠诚协议，其实这时不妨直接写个更有用的财产协议；如何写，要注意什么，最好问问专业人士。

## 出轨、家暴不可忍

25. 不管是协议离婚，还是诉讼离婚，时间、精力和经济方面的成本都不低。

26. “离婚冷静期”制度下，民政局登记离婚不能再当场拿证。综合评估自己的情况，如果离婚协商难度大，或者对方可能借“离婚冷静期”拖延时间转移财产的，不妨直接诉讼离婚。

27. 没有普遍适用的离婚协议模板，根据协商的具体结果，把财产分割、债务承担、子女抚养和探望等问题写清楚；问题复杂或实在不放心的，可以请律师起草或把关。

28. 商量好的离婚协议，只要没有办理离婚登记，都是可以反悔的；所以，如果谈妥了，建议尽快办手续，以免夜长梦多。

29. 并非只要起诉到法院，法院就一定会判离婚；夫妻感情确已破裂，调解无效的，法院才会准予离婚。要想离婚的一方，需要向法院证明夫妻感情破裂。

30. 出轨，可能满足了好奇心和欲望，但逃避了问题，也制造了问题。

31. 发现配偶出轨，可以气愤和伤心，但别沉溺于这些情绪；镇定下来，是走是留，冷静思考，寻求帮助，规划下一步该如何做。

32. 无论男女，要对家暴零容忍。

33. 有施暴习惯的人，有第一次就会有第二次，一味地隐忍，寄希望于对方改变，终将失望。建议及时寻求帮助、固定证据，避免自己遭受更多伤害。

## 离婚财产分割

34. 离婚时，婚后积累的所有共同财产，别管在谁名下，由谁掌握，都应当拿出来公平分割。问题是对方其实并没有都拿出来，但你却不知道。于是只能分割离婚时看得见、查得到的财产。

35. 要有主人翁意识，留意、收集家庭各项财产的信息，做到心中有数。

36. 隐藏、转移、变卖、毁损、挥霍夫妻共同财产，或者伪造夫妻共同债务企图侵占另一方财产的，在离婚分割共同财产时，法院会判该方少分或不分。

37. 一方因为抚育子女、照料老人、协助另一方工作而付出较多的，离婚时有权向另一方请求补偿，但补偿金额不会太高；所以如果不是迫不得已，不建议做全职太太。

38. 因一方重婚或与他人同居，或因有家暴、虐待遗弃家庭成员等重大过错导致离婚的，无过错方可以要求对方进行损害赔偿；

实践中的赔偿金额并不高，建议不要寄希望于通过赔偿让对方赔到心疼，会失望的。

39. 父母全款出资购房，仅登记在自己子女名下，无论是在子女婚前还是婚后，这套房子都是子女的个人财产。

40. 非持股的一方，可以不必执着于要股权；尤其自己不懂经营又没资源的情况下，要了股权很可能就是空头支票，还不如合理协商或估价，股权给对方，自己要折价款。

41. 婚前就有的股票或基金，婚后持续买进卖出，会产生婚后收益和婚前财产混同的问题。如果不想混同，那就在婚前选择几只值得价值投资的股票，婚后长期持有，避免追加。

42. 夫妻双方共同确认的债务，或者用于共同生活、共同经营的债务，属于二人的夫妻共同债务。

43. 不明文件，谨慎签字。

44. 不经自己同意，配偶单方所借的大额债务，面对催债电话和信息，谨慎应答，建议明确表示不知情、不认可；如果在应答中表示了知情和认可，债权人便可以此为证据要求法院认定这是你们夫妻二人的共同债务。

45. 通过离婚逃债行不通。自己欠债，离婚时把财产都分给配偶，债权人有权起诉要求撤销离婚协议中的财产分割内容。

## 子女抚养

46. 很多人说自己不离婚是“为了孩子”；如果不离婚，又不为了孩子而改变，反而让孩子生活在一个父母或争吵或冷战的家庭中，这真的是为了孩子吗？

47. 离婚后，孩子能否由自己直接抚养，关键在于向法院证明孩子跟随自己生活最有利于子女。

48. 一般来说，不直接抚养子女的一方，抚养费大致占到其每月固定收入的20%到30%，但并不是说法院一定会按照这个标准判决。

49. 父母把房子登记在未成年子女名下以此来逃避债务的行为，在多数情况下是行不通的。因为若未成年子女没有收入来源，父母出资买的房子即便登记在孩子名下，也属于家庭共同财产，父母欠债时，自然应当用于还债。

50. 非婚生子女享有与婚生子女同等的权利。

51. 非婚生子女与婚生子女一样，平等享有对生父以及生母的财产继承权。

52. 出于对非婚生子女利益的保护，建议提前做好亲子鉴定，这是证明子女与其生父具备亲子关系最直接的证据。

## 守护幸福

53. 能够做到尊重、平和、包容、沟通的家庭，往往更安宁幸福；缺乏这些元素的家庭，一般来说则被争吵、抱怨和指责充斥着，难言幸福。

54. 父母相爱是孩子最大的幸运。

55. 父母向子女展示爱的力量，会在孩子心里埋下一颗种子，成为他们将来组建家庭时模仿的范本，核心就是父母的互相尊重和彼此相爱。

56. 老人帮忙带孩子，不是他们的义务，要心怀感恩。

57. 不能太随心所欲，因为家庭承载着责任，既然选择了婚姻，就要接受它的规则。

58. 安全性，应当作为家庭资产配置的首要原则贯彻始终。

59. 家庭对风险的免疫力，与身体对疾病的免疫力同样重要。在突发的意外和重疾面前，一个家庭是平稳过渡，还是因变返贫，考验的就是家庭的财务规划和抗风险能力。

60. 无论贫富，都应当购买保险。尤其经济条件不好的家庭，更应当买保险，保险是用小额资金转移大额损失。

61. 购买保险的基本原则：先大人，后小孩；先保障，后理财。

62. 没钱，不是不买保险的理由；正是因为没钱，才更要买保险，尤其是保障型保险；当重疾或意外风险发生时，羡慕同病房那些有保险的人，是件让人很懊悔的事。

63. 年金保险，优在安全和确定。

64. 闭眼买房，躺着都赚的时代已经结束。放弃房价会一直上涨的观念，尤其避免“高利贷”投资房产。

65. 信托，即信任并托付；家族信托，把家庭财产委托给信托公司，实现家庭财富的保护和传承。

66. 守护幸福是一生的修行。

**图书在版编目（CIP）数据**

守护幸福：婚姻家庭财富管理密码/韩宇，杜钘格著. —北京：中国法制出版社，2022. 8
ISBN 978-7-5216-2800-5

Ⅰ. ①守… Ⅱ. ①韩…②杜… Ⅲ. ①婚姻家庭纠纷-案例-中国 Ⅳ. ①D923. 905

中国版本图书馆 CIP 数据核字（2022）第 134268 号

责任编辑：朱丹颖（投稿联系：ss-nuannuan@hotmail.com）　　封面设计：杨泽江

---

**守护幸福：婚姻家庭财富管理密码**

SHOUHU XINGFU：HUNYIN JIATING CAIFU GUANLI MIMA

著者/韩宇，杜钘格

经销/新华书店

印刷/三河市紫恒印装有限公司

开本/880 毫米×1230 毫米　32 开　　印张/ 10. 25　字数/ 201 千

版次/2022 年 8 月第 1 版　　2022 年 8 月第 1 次印刷

---

中国法制出版社出版

书号 ISBN 978-7-5216-2800-5　　定价：58. 00 元

北京市西城区西便门西里甲 16 号西便门办公区

邮政编码：100053　　传真：010-63141600

**网址：http：//www. zgfzs. com**　　**编辑部电话：010-63141667**

**市场营销部电话：010-63141612**　　**印务部电话：010-63141606**

（如有印装质量问题，请与本社印务部联系。）